北京的隐秘角落

陆波 著

社会科学文献出版社
SOCIAL SCIENCES ACADEMIC PRESS (CHINA)

自　序

　　2015 年的初冬，我选择自行退休。我离开了 1998 年亲手创立的律师事务所，回归家庭，决定展开另一种生活。

　　那时候我已经过掉了半生，或者是大半生，内心却是空空如也，感觉懵懵懂懂中荒废了珍贵的此生。

　　刚刚退休的那段时间我常常陷入忧郁和低落的情绪中，理性告诉我这是我过了二十余年紧张而忙碌的律师生涯硬着陆急刹车后的正常反应，我必须适应。在北京乍寒还温暖的初冬，我经常在万柳一带街区行走，漫无目的，看着寒鸦向一片碧蓝天空飞去。然后，我会到华联一层的肯德基餐厅，找一个靠近落地窗的铺满阳光的位置，要一杯现磨咖啡，消磨整个下午。窗户正对着海淀工人文化宫不断闪烁的电子屏幕，上面展示的大约是宣传贺岁片的广告。但我的脑子是空白的，我不愿意回顾我的前半生，那惊心动魄的律师事业。我宁愿忘掉它，永远不把它放在心上。

古人说的"安身立命"，大概就是人之于世，首先解决基本的生存，然后立起自己心仪的那条"命"。在2015年的初冬，我才有时间选择自己剩余的"命"。这个命不应是被生存重压裹挟下的无奈，而应是发自本心的热爱。这似乎让我回到了我的童年少年时代，初识世界，对于世界的历史、万物的来龙去脉充满着无限的好奇与热爱。

回想十八岁那一次高考志愿的选择，那时候我还不能遵从本心，我把自己热爱的文学、历史专业放在了法律专业的后面，虽然高考考了高分，但我选择了更加接近现实人生的专业，与那些消匿的历史与精神上的创作的学科告别了。但此时，我希望重新纠正十八岁那年的实用选择，找到可以圆满一生志愿的事情。因为这个时候，我才真正懂得人生的珍贵。

时光荏苒，今天，我身边开始有朋友重病，甚至离去，珍贵的人生只能以每一天每一个小时来计量。我要抓紧时间。

没有比一想到人生将要无声无息地结束而只是蝼蚁般为生计忙碌一辈子更令人悲哀的了。我在喝着那些苦味咖啡的时候，以为我的人生就剩下等待老去来临而别无选择。二十余年忙碌的律师生涯，与其说我身不由己，时间没有完整性，不如说我无法收拾起凌乱的心情和细腻的情致，虽然我始终保持着对文史的热爱，但那只是作为读者的消遣，思索也是片段的，转瞬即逝。我写过少量的散文杂记，但不能集中主题，也过于随性散漫。这时候，巨大的空荡荡的悲哀似乎以一种紧迫的方式触发了我内心的灵感：我觉得我必须做点什么。在最终来不及之前，我可以以我熟悉的北京的寺院为线索与介体，写出一系列关于北京历史文化文明演变的文字，尽力去收集与整理那些散落在星辰瀚海里闪光的碎片，让它们的内在联系重新勾连交织。我们这一代人，生于 20 世纪 60 年代的一代人，用此刻的眼光与思考留下这些整合与梳理出的雪泥鸿爪。或许对于后人而言，这些较为翔实的文字是有益处的。

　　我对寺庙文化的挖掘是从一些不起眼、不宏大，甚至只是传说的记录开始的。这个过程令我大开眼界，而我发现以往人们对于这些历史文物遗迹的记录和表述往往过于浮皮潦草，讹传多多，我希望钩沉稽古，发微抉隐，以"正史""正名"的精神尽最大的努力揭出那些被历史尘封的真相，去勾画历史中的小事件、小场景、小人物、小性命的往事遭际，这让我体会到历史中更本真的事相。这或许是职业的后遗症，算是为他（它）们伸张不曾有过的名分。如此做法，得益于我的法律专业训练，追求实证，追求证据，敢于对不合理的听闻提出质疑，这是我写作的根基与出发点。

更为机缘巧合的是，我在联系到"腾讯·大家"的主编贾永莉女士并尝试性地将九篇旧稿发给她看后，当天她便用邮件正式回复我将采用其中八篇，她为我在"腾讯·大家"频道开设了一个叫"北京的隐秘路径"的专栏，注释为："在北京每一处屋檐下，都可能藏着故事。"

2015年12月12日第一篇稿子在"腾讯·大家"频道发表后，我的创作激情与灵感便一发不可收拾，在续发旧稿的同时，我几乎是以每个月两篇文稿的速度写作，似乎我过往的一生便是默默而无形的累积，终于等到了薄发的这一天。

我的文稿集中在两个方面。一方面，考察北京城隐秘角落的文物遗存，重要的不是它们自身的前世今生，而是围绕这些因缘起合隐藏于更深处的人与事，可能是帝王将相，可能是草根平民，那一份真挚的血肉人生正是我极为感兴趣和努力挖掘的。我时常畅想另一个时空里的生命的感受与思索，那些会抵消我们今人狭隘的优越感，让我们理解他们与我们契合的某种精神。另一方面，我希望更多地挖掘那些已不存在的"过去的北京"，沧海桑田已是面目全非，而每一代人总是活在自己当下极小的视野里，不知道过往，更不愿意思考未来。我试图用文字以物转星移的变迁来阐释我们应该具有的开阔思想和博大胸怀，如《寻找淹没于现代北京城的皇家古寺》《一槐一柏一柳树，一座七百四十年古镇的守望》。这一创作思路来源于侯仁之先生等前辈在历史地理学方面的探索，也是我试图以"大历史观"思维寻找更新颖的历史叙述方式而做的努力。

我出生在北京，上学和成长在北京，工作也在北京，算是个完全的北京人，对今天这个已经在某种程度上面目全非的城市有着深植于内心的热爱，如同一体般不可分割。这座城市仅用了区区几十年的光阴就已从千年古城变为现代化的大都会，雾霾，拥挤，对有限资源的竞争导致的快节奏生活，等等，这都让我这类见过老北京的人多少有些失落，但更多的是幸运，幸运我的生命并不是被投放在过往千年的某一个时间点，而是见证了它的历史巨变期。或许，再过千年，它会是另一番样貌，或许不复为一国之都，或许它会重新定位到那个有着苍凉冬季的古朴的北方城市，但它曾经拥有一切是如此辉煌灿烂的文明，曾经拥有一代又一代坚韧、智慧而善良的人民，生息不止，生命之花勃勃绽放。

我只是一个生于 20 世纪 60 年代并将终于 21 世纪某个时间点上的微不足道的人物，为北京这个伟大的古代都城梳理钩沉点滴的往事，时常令我感到如此幸运，不枉此生。

北京的隐秘角落

　　这个集子选用的文章基本是 2016 年在"腾讯·大家"频道发表的，感谢这个优秀的编辑部慧眼赏识，他们认真辛苦的工作让我受益良多，心存感激；当然，我也从内心感激那么多的读者朋友对我的鼓励，是你们如此踊跃而真诚的分享，使我保持写作的热情而不敢有丝毫松懈。

　　最后需要说明的一点是，本书引用的某些古籍文献及碑文记录，有一些别字，有可能就是原著使然，也可能是后人誊抄过程中的差失。尤其碑文部分，很多抄录者是在极为漶漫的碑石上极力辨识，录下可以录下的文字，弥为珍贵。我没有再以自己的判断进行修改，因为我认为保持原本状态也是尊重前人的付出，且这些错漏之字词并不影响整体意思。

2017 年 2 月 2 日　于万柳

目 录

北京的隐秘角落

姚广孝，
庆寿寺双塔下的过客高僧

庆寿寺双塔下的过路僧人

让我们从西长安街上一座消逝的寺庙说起吧。今天的长安街是近几十年发展起来的，两侧高楼林立，商业繁华，双向十车道的现代化交通设施，气派、恢宏！而金、元至明至清至民国，这条大道（东单到西单）并未有很大变迁，其旁侧一间八百年的寺院及两尊八角密檐砖塔，秀丽挺拔，卓尔不群，始终如一。这两座塔分别建于大蒙古国宪宗蒙哥汗七年（1257）和宪宗蒙哥汗八年，是庆寿寺两位高僧——海云大师及其弟子可庵禅师的灵塔，而庆寿寺建于金章宗大定二十六年（1186）。八百年景物未变，众生误以为时间也凝固不动。换种说法，寺与塔巍峨八百年，宇宙星辰转换，朝代更迭，阅尽人世间的悲悲喜喜，你方唱罢我登场，不知是否也已厌倦之至？

北京的隐秘角落

到 20 世纪 50 年代中期，这寺院与灵塔终于到了寿终正寝的时刻。为了修建西单电报大楼及拓宽西长安街，主管北京市市政建设的某副市长下令拆掉它们，因为在建设规划上，寺与塔成了钉子户。这时梁思成出来说话了，他提及"燕京十景"之一的"长安分塔"的弥足珍贵之处，情感与文学色彩俱佳。所谓"长安分塔"，即清晨时刻浪漫的光影投射，在太阳欲出时分，站在西单牌楼东南角——长安大戏院门外往东观瞧，就会看到庆寿寺两座塔一在路南，一在路北。走到近前再看，两座塔却都在路北的庆寿寺里面，挨得挺近，师徒俩的灵塔，仿佛长幼相携。这光与影的错觉便是老城的神秘与浪漫。

梁思成建议至少保留双塔，即使它们在路中央，可以以环岛的方式辅以绿化，让双塔继续矗立人间至千年。但 1955 年已是梁思成陷入人生委顿的开始，4 月 1 日，林徽因去世。她以独有的倔强在指着鼻子指责前面那位副市长对文物的摧毁之后，以很合宜的尊严离开一场毁灭古城之战。而清华大学建筑系主任梁思成则陷入那场批判资产资级唯心主义思想的运动，他开始写检讨书。

梁思成的言论只是在几十年后的今天才被人们津津乐道，他对庆寿寺的关怀只是美谈而已，他还保住了北海团城，但那种文人的无力感在当年不会引起更为重要的讨论。庆寿寺及双塔在 1955 年前后全部被拆除，西长安街扩建，西单电报大楼的钟声为一个新时代敲响。如果这个声音可以倒流往昔，它可否又惊着了另一位在庆寿寺圆寂的高僧的灵魂？那高僧便是姚广孝，住持庆寿寺二十余年，只是庆寿寺过路僧而已，寺与他无关，塔更与他无关，他只是与大明朝奠定的厚重的开国基石相关。

世上总有必然的相遇，
注定的因缘无法错过

世上或许存在这样的人，他们应该相遇，为了历史的大事件而相遇，为了成就伟大的事业而相遇，相遇的焦灼感只在于：人生之短，相遇的因缘是否可以具足到来。

明洪武十五年（1382）八月朱元璋的正宫皇后——马皇后过世，朝廷召集分散于各地的有些声望的僧人前往应天府（南京）皇宫为其超度法事诵经荐福。正是此次机缘，四十七岁的僧人姚广孝（时名"道衍"）初遇从北平奔丧过来的四皇子——燕王朱棣。两人一见如故，相谈投契。

九月，在奉天门，高祖朱元璋亲自为即将返回藩地的各位皇子挑选德行高尚的僧人，以陪伴他们回到自己的藩地，协助治理一方，固守边防，即所谓"阴翊王度"。这个决策与朱元璋早期出家的经历有关，他希望治理领地也可以得到佛教智慧的裨益。他见到僧人道衍时，内心有惊异的触动，他恩准了四皇子朱棣将道衍带走的请求，并任命道衍住持北平庆寿寺。

朱棣与道衍注定不会辜负此生相逢，结下了"注定之缘"。彼时僧人道衍已四十七岁，在前一年已经接受了弟子供养的一根紫竹手杖，意味着进入长者行列。而二十二岁的朱棣如朝阳，即将喷薄而出，他容颜俊朗，身形伟岸，文武双全，更重要的是已显示出一代大帝所应具备的坚强意志与自信。早在两年前他已经就藩燕地，多次受命参与北方边境抵御清剿蒙古人势力的军事活动，曾两次率师北征，招降元太尉乃儿不花，其军事才能在各大藩王中都算顶尖。

后人一直好奇这两位年龄相差二十五岁的君臣是如何一见如故，彼此吸引的。从此后他们几近四十年的君臣之谊可知，伴君如伴虎的臣子少有姚广孝这样始终与君王保持着平稳、平和且始终受到信赖的关系。他们一定是在初次结缘时彼此看到了对方身上映出的自己的影子，而这正是他们内心中最为欣赏却不会轻易示人的。再者，虎眼僧人道衍空有大志，到了人生的第四十七年终于等到了这一天……

他们一去北平便是二十年，等到朱棣以血腥屠杀的方式入主应天府的时候，已经是 1402 年。这二十年中的十七年他们在大明的北方边境，恪勤职守，保卫国土。后三年便是掀起了强藩与中央王室的对抗，即朱棣为争夺皇权发动的"靖难之役"。

一生笃持佛教的道衍和尚始终以高僧身份出入俗尘，以最深入、最直接的方式卷入这样一场残酷的屠戮杀生之役，长久以来为后世诟病，甚至将其列入宗教参政的典型，说其直接损害到佛教的声誉。

"道衍"是法名，其幼时名天僖，字斯道，又字独闇，号独庵老人、逃虚子，苏州府长洲人，医家出身，十四岁出家至苏州妙智庵。至今没有他俗家姓氏的记载，"姚广孝"是后期朱棣赐姓赐名。虽为佛弟子，但他交游广泛，好学不倦，精通儒释道、兵法医学甚至星象卜测。相士袁珙见过他后称其面相异于常人，三角眼犹如病虎，有嗜杀貌，类似元初佛家出身的名臣刘秉忠一般的人物。（"是何异僧！目三角，形如病虎，性必嗜杀，刘秉忠流也。"）这次相面不知是否对道衍产生了强烈的暗示作用，但他喜欢这样的称呼。

他唯一存世的画像收藏在故宫南熏阁里，名《姚广孝像轴》，确证了前述说法：虽说是他老年画像，但三角眼炯炯有神，目光澈亮，英武之气洋溢。他在赠袁珙的诗里这样写道：

> 岸帻风流闪电眸，相形何似相心忧？
>
> 凌烟阁上丹青里，未必人人尽虎头。

此诗证实了袁珙相面之说。虎头燕颔专指王侯的贵相或
武将威武之相。此诗表面自谦，说那些供奉于名臣大夫
的"凌烟阁"里的，未必都是虎头燕颔之像，但实则颇
为自赏。

　　燕王朱棣与建文帝朱允炆的彻底翻脸是历史的必然，
其祸根埋于明高祖朱元璋之作为。按理说，原来的嫡长子
朱标立为太子继承王位没有任何问题，朱标本人品性温厚
忠良，对兄弟关爱有加，包括朱棣在内没有不信服尊重这
位兄长的，朱元璋也是将其作为储君来精心培养的。但想
不到的是天不假年，朱标竟于洪武二十五年过世，给朱元
璋沉重打击，这之后的几年基本上是他悲伤恍惚、情绪混
乱、不思理朝的垂暮之期。他对朱标的钟爱使其没有理性
思考这个王朝平稳发展的问题，而是对孝顺善良的朱标之
子、皇孙朱允炆爱屋及乌，将其立为皇太孙，直接继承帝
位大统。他忘了在天寒地冻的遥远北方为其忠守江山的其
他儿子，此时他们都是拥有领地的藩王。按照朱元璋立下
的祖训，藩王们不得任意返回帝京应天府。但祖训中开了
一条例外，那就是一旦朝中出现奸臣，藩王们应该责无旁
贷立马扬鞭疾驰而来杀灭乱臣，曰："清君侧"。

一生只为这件事：
君王大统与天下苍生的艰难共存之道

洪武三十一年（1398）六月，朱元璋七十岁薨逝，皇太孙朱允炆继位，即建文帝。他年仅二十一岁，文雅温和，熟读儒家经典，是儒家推崇的仁心之帝。他有三位学习治国之道的老师，分别是黄子澄、齐泰和方孝孺。可悲的是，斯文的君王与只懂空谈而不切实务的儒生并不是最佳的搭配，这些儒生饱读经卷，将治国理政过于理想化，甚至梦幻得不切实际。他们指导年轻的皇帝奉儒家"修齐治平"说为经典，试图纠正朱元璋遗产中的种种弊端，希冀行改良之举以达成有效的治国方略，他们以《周礼》为蓝本，为其描述未来国家的仁政理想景象，幻想传统儒家的政治理想可以在当时的社会实现。这些大儒都是满腹经纶的书生，用后来乾隆帝的话说："齐泰、黄子澄等轻率寡谋，方孝孺识见迂阔，未足辅助少主。"（《钦定胜朝殉节诸臣录》）他们轻视了朱允炆那些羽翼丰满的藩地皇叔。皇叔们这时候刚刚步入中年，十几年的历练摔打让他们文韬武略兼备，有理论有实践，对于统治之术已不再陌生，尤其是他的四叔朱棣。

朱棣在北平藩地已镇守十八年，1398年时他已四十不惑，他信赖的高僧道衍也已跟随他十六年有余，道衍住持庆寿寺，上朝朝服加身，下朝必换回僧袍。朱棣经常来寺中探访，两人密谈，避开外人。（"出入府中，迹甚密，时时屏人语。"）直到今天，后人仍找不到朱棣谋反在先的证据，他们密谈了什么只有天知道。

儒师怂恿朱允炆"削藩"，他们从相对弱势的藩王动手，譬如削掉周、齐、湘、代、岷几位藩王，直接把他们圈禁在帝京。不过，建文帝这一行人的书生气还表现在"削藩"都要搜罗"名正言顺"的理由。燕王朱棣长年戍边有功，找不出甚大过错，他们为寻找处置朱棣的方法浪费了时间，又派出密探张昺任北平布政使，派谢贵、张信为北平都指挥使，去监视朱棣，随后还命都督宋忠屯兵开平，并调走北平原属燕王管辖的军队，这等于公开地不再信任朱棣。他们扣留着朱棣全部三个儿子在皇宫作为人质，朱棣当然不敢动手。想着三个沦为人质的儿子，朱棣装病装怂甚至装疯，乞求侄子放回他的三个儿子，而昏聩的黄子澄竟然以不要打草惊蛇为由，让朱允炆放虎子归山。这下好了，朱棣脸色大变，决意起兵，先下手为强。不过，他内心纠结自己挑战中央朝廷还是有"忤逆"之嫌，敢想并未敢干，怕触犯天伦。他问和尚："民心向彼，奈何？"毕竟朱允炆是朱元璋名正言顺的接班人，然而这时候，同样深谙儒学之道的道衍和尚给了他振聋发聩的灌顶之言："臣知天道，何论民心！"他让朱棣抛开伦常之道而顺天意，不用管民心，不用管老皇帝的属意，即使天下人都不支持你，你也要顺天意（趋势）而行。貌似强藩之王的朱棣也迫切需要和尚给予高屋建瓴的精神指导，才有行动的信心。道衍和尚打开了他"叛臣逆子"的心结，指出大明朝不能由所谓文弱仁君统治，不应由一些夸夸其谈而不懂实务的儒生制定法度规则，因为如此下去分裂之虞随时可能发生，各种不服气的地方势力以及休养生息的北方游牧民族都会虎视眈眈如此坐而论道、执行力弱化的书生朝廷。

在道衍和尚那里，什么是天道？在 1382 年随朱棣乘船北上的那个秋天的夜晚，他已胸有成就大业之想，做好艰难准备，决心帮助朱棣建立一个强悍的绝对权力中心。此说有诗为证："历尽风波艰苦际，无愁应只为宾王。"（《十月一日金陵发船之北平》）

作为今人的我们，在世界范围经过几百年的民主专制论战较量以及建立和实践着的各种政体、国体形式之后，可以回过头对道衍和尚当时的政治理想提出各种批判。最主要一点是他追求的强君强权的中央集权统治，这是自秦始皇以来中国不可能突破的政治理想——大一统与强权中央，反之，则是各种地方政权的割据与地方势力制造的各种阻碍，这于经济民生，于抵御北方强敌，都是一个更差的选择。大一统君临天下自始至终是中国文化，也是中国地理地貌要求的不二之选，而道衍选择强势之君，为那个早晚必将实现的强权稳定社会找一条快速解决之道，长痛不如短痛，即使会有大规模的杀戮发生。

如果说靖难之役不是道衍极力挑唆的，至少也是他和朱棣无数个"屏人密会"而最终达成的决定。建文元年（1399）七月，正值燕藩发难挑战前夕，某夜狂风大作，吹落了藩邸的房屋瓦片，那是一些蓝色的泛着冷艳之光的瓦片，有着强悍大心脏的朱棣竟也踟蹰并心生畏惧起来。他问道衍，这是不是上天对忤逆之心的惩罚。当然，"忤逆"这个词他不会说，但内心多少还是有些踟蹰。虎头三角眼法师只是冷冷地拨弄了一下这些碎瓦，说：这是吉祥的征兆，自古飞龙在天，必有风雨相从，坠瓦（低等级的蓝瓦），是说您的殿宇应该换上黄瓦（按照规制，黄瓦属于皇宫）。

靖难之役历时三年。朱棣于1399年夏末起兵，被视为冒天下之大不韪之举，他是孤独的，除了燕地的臣僚部属，几乎没有人支持他。他以《皇明祖训》中"朝无正臣，内有奸逆，必举兵诛讨，以清君侧"为由，直指齐泰、黄子澄为奸臣，蛊惑皇帝扰乱朝纲，必须诛讨，并称自己是正义之举，名为"靖难"，即平定祸难之意。但当时朝内从上到下，从文人到百姓，无不视其为逆臣造反，即使那些同情他的藩王兄弟也一半以上被削藩、圈禁，或者已经死掉，无法做他的同盟，只有忠诚的和尚幕僚道衍极力为其打气加油，不惜以天象卜测，搞神秘主义，忽悠他具备所谓符合"天道"的"正义"。

当然，道衍和尚希望的天下强势大一统的过程并不可能是一次速决的短痛。自建文元年七月初四起至建文四年六月十三日南军守军金川门投降为止，双方在广阔的中国北方领土展开了多次大规模的残酷战争。在今天的河北、山东，甚至辽东，最后决战于安徽灵璧，直至瓜州渡江直抵应天府，在这么大范围的土地上惨烈厮杀，彼此军队损失惨重，而被战争践踏的土地及人民更是生灵涂炭，所谓"淮河以北鞠为茂草"。后来山西洪洞县大槐树下移民大迁徙，正是为了填充赤地千里的荒凉，与三年战争造成的华北平原、中原及山东地区的人口凋零、土地荒芜有最直接的关系。

总体评价靖难之役，虽然其间互有胜负，拉锯相持，但比起朝廷的南军，朱棣的燕军从数量到兵器装备都不是一个量级的。南军组织过号称百万大军讨伐（实际不过五六十万），而藩王的军事规模最初只被限定在三千名禁卫军，并无更多，所以朱棣更像是一次疯狂的以卵击石。朱棣早有预谋筹划，据说道衍和尚还出主意在藩邸内打造兵器，为了防止朝廷派来的耳目打探，便养了大量鸡鸭鹅等，它们发出各种叫声，以掩盖打造兵器的噪音。后来即使如通州主动归附，但燕藩还是要用武力收服那些并不认同"靖难"理念的地方势力及军队。首先，朱棣攻破蓟州、遵化、密云，令其归附；七月十一日，攻破居庸关；七月十六日，攻破怀来，擒杀宋忠等；七月十八日，永平府归附。在扫清北平周边之后，他才收编了数万军队，后来他软硬兼施，与其说是说服不如说是胁迫另一藩王——宁王朱权加入他的阵营，这才使其军事势力有了一定规模，但燕军兵力也只达南军的三分之一。

然而，朱元璋给自己孙子朱允炆埋下了更为致命的祸根：他几乎杀光了所有开国武将，基本上完成了"卸磨杀驴"之举。南军迎战朱棣时竟然找不出像样的武将，而是派个老迈武将耿炳文率十三万军队号称百万大军迎战，中秋之夜大败燕军于河北滹沱河北岸，史称"真定之战"。之后中央朝廷换将李景隆再次集结号称五十万大军于河间，准备直捣北平，此时朱棣已前往永平解那里的朝廷军队围困之急，北平城中兵力十分薄弱。而老和尚在这个时候挺身而出，走到前线，竭尽全力辅佐守城的燕王世子朱高炽。

朱高炽继承了朱棣帝业，是明朝第四代皇帝，但那是后话。他是朱棣三子中最不尚武之人，不像他的弟弟朱高煦那般从小跟着父亲四处征战。他体胖身虚，很年轻时走路都要人搀扶，遑论武功几乎为零，但此人仁厚智慧，后来证明也是治理国家的明君。道衍和尚是世子的老师，同样与他建立了深厚的感情。在这场北平保卫战中，可以认定主要的指挥者就是和尚本人，他在北平城的城墙上巡视，下令死守，并得以击退南军的几次进攻。实际上，南军都督瞿能曾率千余精骑杀入彰义门（后来的广安门），但援军上不来，只得撤退，这是好大喜功的李景隆犯下的致命错误，他不支援瞿能一举攻占北平，而是要等更大规模部队的到来，来一场华而不实的攻城秀。

但是很快，北平城迎来了天气的帮助，那时候十月的北平比今天寒冷得多，交战期间迎来了一场朔风寒流，世子在足智多谋的和尚等幕僚的帮助下，让兵士泼水冰冻城墙，顿时天寒地冻，城墙似铁，这下李景隆的军队根本无法攀爬城墙，而朱棣也已解救永平之围杀回北平。此时他已挟持了宁王朱权带来骁勇善战的蒙古骑兵，城内守军也出城迎战，里外夹攻，李景隆率领的南军大败。

北平保卫战是和尚亲自主导并参与的唯一一次战役，北平若是被攻陷，损失的不仅是世子、臣民与城池，朱棣老巢亦将被捣毁，他将彻底沦为流寇，前功尽弃。可以想象，已是六十五岁高龄的老僧瑟瑟伫立于北风呼啸的城墙之上，僧袍浮动，俯瞰苍生。在万千人看来，此刻，他的心已沦陷阿僧祇劫不能复还，而他的现世肉身还在血腥的战场上行走腾挪。作为佛弟子是触犯杀戒还是为更广泛意义上的众生行菩萨拯救之道呢？这一定是他个人的独特困扰。

1400～1401 年的两年时间里，南军与燕军的数次交战集中在河北、山东等地。燕军虽屡战屡胜，但也曾被南军的优秀将领如盛庸击败于东昌（今山东省聊城市），朱棣亲信、将领张玉死于战阵，朱棣自己也被包围，险些遇难。"东昌之战"是南军的一次大胜利。征战两年，南军始终占据数量优势，燕军并不能巩固攻城略地的成果，其真正控制的地盘只有北平、保定、永平三府而已。如果继续耗下去，燕军没有前途。在这期间，朱棣也感觉疲惫困扰，看不到他理想大业的前景，"成祖意欲稍休，道衍力趣之。益募勇士，败盛庸，破房昭西水寨"。这时，道衍再次激励朱棣不能功亏一篑，而是要顶住最后的困难。后人无论如何都无法想象，一代强君永乐大帝朱棣这样的人，一个一生戎马厮杀在血色天空下的人，还要靠着一位年近七旬的老和尚鼓励打气，去坚持艰难的伟业征程。

最后，"道衍语成祖：'毋下城邑，疾趋京师。京师单弱，势必举。'"朱棣大悟："频年用兵，何时已乎，要当临江一决，不复返顾矣。"果然，1402 年，朱棣绕过山东的纠缠，按照和尚的指示直抵兵力空虚的京师，他们在安徽灵璧与追随而至的南军打了最后一场大的战役——

"灵璧之战"。起初，燕军大败，双方相持于泗水。但此时建文帝接受臣僚建议，把主力军队调回南京，削弱了前线的军事力量，后南军粮运又为燕军所阻截，于是燕军抓住时机，大败南军于灵璧，俘获南军将领几百人。"灵璧之战"的转败为胜奠定了朱棣胜利的基础。自此，北南局势反转，南军益弱。燕军势如破竹突破淮河，攻下了扬州、高邮、通州（今江苏省南通市）、泰州等要地，准备强渡长江，奠定大局。

和尚了解朱棣的心性，他知道燕军一举夺下京师意味着什么，那将是一次残酷无情的血腥屠杀，是燕王朱棣踏上帝王宝座之前对对手肉体的一次彻底消灭。北平出征之前，和尚只为一人跪求朱棣，请他务必放过此人，那就是方孝孺。和尚说：南京城攻下之日，他一定不会投降，希望不要杀他，杀了方孝孺，天下的读书种子就灭绝了。（"杀孝孺，天下读书种子绝矣。"）。朱棣点头应承。方孝孺在当时以博闻强识、满腹经纶名满天下，是建文帝身边的第一御用文人，建文帝批文常命他趋前斟酌，而朝廷讨伐燕军的檄文诏书等皆出自此人之笔。

但金川门打开，方孝孺绝不可能是跪在路旁等待朱棣饶命的降臣，朱棣甚至放下身段以温和的态度对待建文帝朝廷的第一文人，请他起草朱棣新朝的即位诏书，方孝孺把笔掷到地上，边哭边骂道：死就死吧，诏书我绝不能起草。朱棣发怒，命令将方孝孺腰斩于街市，不止于此，朱棣还创下灭人十族的虐行，不仅诛灭方孝孺家九族，连他的门生、朋友亦不放过，其凶狠暴虐胜过秦始皇的"坑儒"。方孝孺之死是天下文人心中最痛的恨，同时也将朱棣牢牢捆绑于历史的耻辱柱上。

后人不能知晓道衍和尚得知方孝孺之死后的心情，也不知道这会不会勾连起他怀想洪武时期被朱元璋杀害的好朋友高启。高启是"吴中四杰"以及"北郭十友"之一，与宋濂、刘基并称为明初诗文三大家，只因不愿趋附朱元璋，其作《上梁文》中有"龙盘虎踞"四字，被疑为歌颂张士诚，被朱元璋判腰斩且亲自监刑。

生前繁华终虚幻，死后哀荣已是空

靖难之役的残酷及朱棣对建文帝朝廷旧臣的残暴屠戮，已远远脱离道衍和尚辅佐明君、为天下众生开创祥和太平景象的初心。天下的确已是强君的天下，但儒家期望的君王仁政仅方孝孺一案就彻底宣告破灭。朱棣开创永乐之年，道衍和尚已近七旬，古来稀有，身随心境，均已垂垂老矣。

永乐二年（1404），道衍和尚被朱棣亲赐姓名姚广孝，并评价其在靖难之役中居功至伟（"道衍力为多，论功以为第一"），拜僧录司左善世、资善大夫及至太子少师，这是正二品的官位，于一位僧人是破例。朱棣对姚广孝从不直呼其名，总是称"少师"，以示敬服。他命姚广孝蓄发还俗，不要僧俗两界来回忙活，要真正成为大明的权臣重器，还赐予姚广孝两名宫女侍候，并准备为其建一所漂亮的宅邸。但除了接受"姚广孝"这一名字，朱棣的其他要求一律被婉拒了，这种不识抬举拒绝君王，而且还是拒绝朱棣，甚为罕见。朱棣赏赐的金银财宝姚广孝全部散发给乡里，他"常居僧寺，冠带而朝，退仍缁衣"，后世称其为"缁衣宰相"。世人只是艳羡其身份显贵，并不在意他退朝后匆匆卸下朝服，换上僧衣，赶回他住持的庆寿寺，依然当个跏趺而坐的世外僧人。

姚广孝被后世诟病的主要原因就是他没有守住僧人本分，是"异僧"，既然出世，却不愿困围于十方丛林，而如同儒士臣僚入世事功，一双虎眼总是关照人间事态，如何了然脱生死，获得阿耨罗三貌三菩提之正等正觉？姚广孝亦是一位诗人，他留给后世九卷诗集，确有对世间大业的热情执迷，如洪武年间尚为青壮年的姚广孝途经丹徒北固山，曾写下这样仰慕古贤功业的诗句：

谯橹年来战血干，烟花犹自半凋残。

五州山近朝云乱，万岁楼空夜月寒。

> 江水无潮通铁瓮，野田有路到金坛。
>
> 萧梁帝业今何在？北固青青客倦看。

一旁的僧人宗泐听后，颇不以为然，说：对小南朝如此上心，这是释门弟子说的话吗？

为朱棣斩获帝业的功臣姚广孝，在燕王藩邸时期只是幕僚而已，即使过从密切，二十年的光阴基本消磨在庆寿寺的梵音香火之中，而朱棣大业已成之时他已是垂暮之年，功名的意义不知何在？他曾以少师身份回故土苏湖赈灾，为乡里族亲所厌弃。他拜见自己的亲姐姐以及少年时期的朋友王宾均被拒之门外。民间广泛传言他亲友的回绝之辞："和尚误矣！和尚误矣！"这个故事有些许夸张，因为从王宾留世的文集里可以看出，他始终对姚广孝保有深厚情谊和敬重，但是，借王宾之名的说法反映了当时姚广孝的品性是被民间人士质疑的。

读姚广孝年谱，会发现他在永乐时期主要做的事情有两件：一是负责撰修《永乐大典》，二是继续做皇室继承人的老师。曾经侍学的朱高炽已荣升皇太子，而姚广孝在1407年被指令继续教导皇长孙朱瞻基。这两位后来都位尊皇帝，也是对姚广孝始终心存感念的人。他们仁慈宽厚，施政贤明，开创了明朝最好的"仁宣之治"时代，与这位佛教徒老师不能说没有直接的关系。

姚广孝作为佛弟子，晚年最重要的贡献还包括主持铸造永乐大钟。铸钟的缘起今天已无从考证，是朱棣深为杀业惶恐，还是姚广孝会意祈旨，都不得而知。或许是同样对佛教有深入研究的朱棣与姚广孝再次达成的默契。从朱棣的角度，当然是为彰显其丰功伟绩，以期皇天后土，基业永昌。此外，是不是靖难三年、南京屠臣，需要安抚那些四处游荡的冤魂野鬼，超度那些不安的亡灵呢？这也是充分的理由。

永乐大钟是中国现存的体量最大的青铜钟，外观恢宏、工艺精湛，是青铜铸钟的卓绝奇迹。大钟铸好后，先挂在宫中，明万历年间移置万寿寺，清雍正十一年（1733）移置觉生寺（即今天的大钟寺）。此铜钟通高 6.75 米，钟壁厚度不等，最厚处 185 毫米，最薄处 94 毫米，重约 46 吨。钟体内外遍铸经文，共 22.7 万字，经文的书写者是被朱棣称为"我朝王羲之"的沈度。就经文部分，朱棣把他亲自撰写的《大明神咒回向》铸到诸经环绕的最醒目部分，更多是彰显其以儒入佛，期许以儒家精神披载佛教形式，教化臣民建立和巩固他理想的大明社会秩序，维护"大明一统"永驻世间的愿景。其主要十二大愿为：

惟愿如来阐教宗，惟愿大发慈悲念，惟愿皇图万世隆，惟愿国泰民安乐，惟愿时丰五谷登，惟愿人人尽忠孝，惟愿华夷一文轨，惟愿治世常太平，惟愿人民登寿域，惟愿灾难悉清除，惟愿盗贼自殄绝，惟愿和气作祯祥。

虽说此大钟还是以保佑皇权永固为根本的政治大钟，但古往今来，勒刻约二十三万字的佛教经文于大钟并鸣响天地间，譬喻远播佛法，警示后人，必须承认这是一次具象化的弘化佛法的壮举。同样，在此事上老和尚居功至伟。

在晚年，姚广孝已看到了世人对其质疑之心，但他并未因此而动摇在世间的行动力，他坚信自己践行的是"菩萨行"，虽然个中复杂故事远非他理解的佛教义理可以解释。他的积极心态始终如一。从年谱记载看，他坚持上朝几近坐化前夕。（"十六年三月，入观，年八十有四矣，病甚，不能朝，仍居庆寿寺。"）

永乐十六年春天，姚广孝已临近人生的终点，重病中，朱棣多次到庆寿寺看望他，史书说是"谈甚欢"，还亲自赐金唾盂，这是他们相处三十六年以来最后的也是最珍贵的时光，朱棣对和尚的尊重与友善始终如一，这是朱棣冷酷多疑残暴的个性中罕见的。从史书记载看，三十六年里他们的关系没有出现过嫌隙，和尚也从未因什么过失而受到处罚，朱棣把自己的长子与长孙均交由和尚教育便是最大的信任。这时候，他问姚广孝还有什么要求，姚广孝提出请求赦免建文帝时的主录僧溥洽。朱棣一直疑心建文帝是假冒了僧人逃遁出南京城的，而其中僧官溥洽嫌疑最大，所以将溥洽关押了十多年。和尚说："关太久了，放了他吧。"朱棣允诺，同意立即放人，和尚伏地叩谢。

没过多久，姚广孝在庆寿寺坐化圆寂，终于走完了以高僧面貌示现人间的艰难长途，世寿八十四年。朱棣悲痛，辍朝两日（也有载三日）。有传闻说，朱棣将姚广孝养子姚继叫来问话，问道："你父临终时可有话说？"养子叩首不止，说："我父亲说请皇上厚待我们家。"朱棣当即翻脸，说："我和你父亲相处这么多年，他从来没为自己的利益提过丁点要求，明显你要欺君吗？"朱棣后来还是给这个养子一个尚宝司少卿（五品）的官做，但很快养子也死了。姚广孝作为僧人的一生没有后代，连养子也没有承袭多少荫庇。

朱棣对姚广孝品性的尊敬不能允许哪怕是其养子的玷污。他亲自为姚广孝撰写碑铭，而其他臣僚无人获此殊荣。朱棣还命人建了姚广孝墓塔，位于今天的北京市房山区常乐寺村北，为八角九级密檐式砖塔，高约 33 米。塔前立有明成祖朱棣"敕建姚广孝神道碑"一座，基本完好保存至今。

姚广孝死后，他的英名延续至仁、宣二帝。仁宗朱高炽刚登上皇帝宝座就加赠"少师散官勋爵，谥号悉如旧"，配享成祖庙庭，并亲自撰文歌颂和尚的功绩。他盖棺姚广孝的功绩为与其父皇"相与合德协谋，定大难，成大功"。不要说姚广孝的僧人身份，牌位能够供奉在成祖朱棣庙堂已是给予姚广孝最高的荣誉。明太祖、明太宗开国两朝配享太庙的十六位功臣中，自中山王徐达以下，全部是为朱家王朝出生入死的武臣。以文臣身份位列功臣配享荣誉的，仅姚广孝一人。朱高炽在祭文中提到的这一句非同一般："生则同其富贵，殁则陪其祀享。"这句话表达了他对朱棣与姚广孝一生相伴因缘的解读。

　　但是如此功臣，其辉煌荣誉至宣帝朱瞻基过世后就迅速陨落了。首先是因为和尚无后，没有沿袭的血脉族亲，以僧人身份浸染世俗在佛教界也不会得到很高评价。而最重要的一点是，他晚年为佛教辩护而批驳以程朱为代表的"辟佛论"（指斥佛教，驳佛理），写下了洋洋万余字的《道余录》。该文于永乐十年（1412）十一月整理完成，距他离世不到半年的时间，可见老和尚为佛教而战只争朝夕的精神。纵观《道余录》，不能说这是一部以学理思辨胜出的学术著作，更像一篇批判稿。和尚列举二程（程颢、程颐）二十八条、一朱（朱熹）二十一条辟佛言论，重点针对的是"略识佛理"的朱熹，给予一对一的答辩批驳，而其激扬义理，非佛教徒的一般读者很难信服。而朱熹理学思想对元、明、清三朝自官方至民间影响甚大，可称为三朝的官方哲学，因此朱熹被视为中国教育史上继孔子后的又一儒学义理圣人。所以，可以理解为什么姚广孝为佛教辩护不能得到当时乃至后续社会的接受。《道余录》问世后甚至被姚广孝的朋友厌弃，他的友人张洪"但见《道余录》，辄为毁弃"。官方民间一致认为其诋毁先儒，为君子所鄙视。如果不是作为姚广孝的崇拜者的李贽积极收集并校阅，在万历四十七年（1619）由钱谦益出资出版，恐怕今人难得再见此文。

而综观《道余录》，集中于姚广孝对二程一朱在"佛经之辩""本体论之辩""修行之辩"上，其说服性的弱势在于佛教儒教根本属于不同体系不同认知的哲学思想范畴，程朱只为扬儒而抑佛，对不存在孰对孰错、比较基础的认知哲学牵强分别，姚广孝也意识到这个问题，他直指朱熹是为强儒学而辟佛，这是一种私心私利，毫无公正可言。他还举出朱熹早年的一首诗证明其从佛法中获益良多，暗讽其"格物致知"恐怕也曾受益于佛家。换言之，他认为以如此功利思想而不能客观评价佛、道之说是有失公允的。

姚广孝的佛教徒本质始终没有变过，他发表《道余录》只是对当时社会主流的程朱思潮提出一点佛家的建议，那就是其前言所云"三先生因辅名教，惟以攘斥佛、老为心"，并称这三位排斥佛、道"必当据理，至公无私，则人心服焉！三先生因不多探佛书，不知佛之底蕴，一以私意，出邪诐之辞，枉抑太过，世之人心，亦多不平"。虽然姚广孝始终没有形成三教合一的哲学观点，也不愿意论及儒释道互为体用缠绕，但其一生践行了他对儒学道学一切利益世间学说的吸纳和运用，因为本质上说他认同儒家的"仁"和道家的"道"与佛教的"无"是相通的。

他意识到后世会对《道余录》产生误解，故而写道："士君子，有过余览是录者，知我罪我，其在兹乎！"连天下杀名都可以承受的和尚，告诉后人你们对他的理解或者怪罪都在这里，显示其不以介怀。

老和尚留在世间的著作有《逃虚子诗集》十卷，续集及补遗各一卷，《逃虚类稿》五卷，《道余录》《净土简要录》《佛法不可灭论》《诸上善人咏》各一卷，均收录于《四库全书存目》集部第二十八册，对于研究他的佛学思想、政治理念、人生态度极其重要。他交游广泛，文人墨客、官僚公卿、佛道高人，各地古刹名寺、秀美山川亦都留下过足迹，他经历了漫长而丰富的一生。

老和尚功过是非任凭后人说

姚广孝有一幅画像留存于今天的故宫博物院，那就是南熏阁《姚广孝像轴》。当年乾隆检视所藏的历代帝王皇后及名臣的肖像，要求重新装裱收藏于南熏阁中，其中历代名臣肖像二十一幅中，便有我们今天看到的姚广孝着紫色僧衣跏趺而坐之肖像，根据画像上的金字题识"敕封荣国恭靖公赠少师姚公广孝真容"，可知此像是朱高炽洪熙元年（1425）追赠少师之后所绘。

姚广孝画像总共有四幅，三幅僧服像，一幅官服像，唯独存世的这幅画像是他身后之作。他生前对每一幅自己的画像都做了如"本色衲子言"般的题赞，其中供奉于崇国寺（即后来的护国寺）的画像上他自己如是题赞：

看破芭蕉拄杖子，等闲露骨露风流。

有时摇动龟毛拂，真得虚空笑点头。

这幅画像非常有名，因为明清不少文人游览崇国寺时都观赏过此画，并留下观后感，但乾隆游历崇国寺时题写的游记诗已不见提及，《日下旧闻考》也称这幅画像无存，推测佚失于乾隆早年。

今天我们看到的这唯一一幅老和尚身后画像也有着一番不凡的因缘。画像上有另一位被称为明代四大高僧之一的紫柏真可大师的题赞：

染衣而官，蝇点冰颜。以道反常，慈波奚宽。知公罪公，星有定盘。咦，接的无初传正脉，从来明暗不相参。

题赞署名：

> 万历壬辰冬十月望后四日题于潭柘山嘉福寺一音
> 堂后学释真可

也就是说，1592 年冬天，紫柏真可云游潭柘山某寺庙偶然见到了这幅画像。"接的无初传正脉"是说，原本寺院的住持僧无初和尚是姚广孝的法脉传承人，这位僧人来自日本，永乐年间经姚广孝举荐被朱棣钦命为潭柘寺住持，姚广孝晚年也常来此住住，至今寺院里还有"少师静室"，如此便不难理解这幅画像与潭柘寺结缘了。但最终它又是怎么回到故宫南熏阁的，个中曲折便无人得知了。

　　紫柏真可对姚广孝的评价比较中性，他的批评点非常明确，"染衣而官，蝇点冰颜"，对高僧出仕为官还是不能释怀。但"以道反常，慈波奚宽"似乎又是极大的赞赏，也就是说，虽然和尚的行为行事有违释家，但其行为本身是以反常规之道，以方便法门行菩萨大化人间的善行，故慈波奚宽，利益众生。"知公罪公，星有定盘"，从这句话可知，真可和尚是读过《道余录》的，即是与"知我罪我，其在兹乎！"对应。但"知公罪公，星有定盘"还是关心后世的人心尺度，后人的评说，追求"自有公道"，而并不是姚少师"知我罪我，其在兹乎！"的真实意思。求真大义者，只是告诉后人，理解我也好怪罪我也好，均由此出，他并不在乎人世间的功过评说。

李贽云："我国家二百余年以来，休养生息，遂至于今。士安于饱暖，人忘其战争，皆我成祖文皇帝与姚少师之力也。"他认可在朱棣这般强势君王之侧，姚广孝是目光高远的大智慧者，而单论理学经论与教条治国不可能获得如此大的成就。所以他总结道，永乐年至万历年两百多年的安稳和平都仰赖朱棣与姚广孝。

靖难三年，南京屠臣，的确是一个特定时期的灾难，具体到那个时代反朱棣阵营里面，就是具体的个人与家族的灭顶灾难。在中国传统文化君权天授思想的主导下，朱棣的功过自在另一个评价体系之内。总体而言，成就伟业获得四海宁安，大一统中央集权的稳固，国家的强盛，这些可以轻易淡化其实施过程中的残酷暴行。而姚广孝则完全不同，他毋庸置疑要背负天下杀名，而且是以一个始终如一的坚定佛教徒的身份背负这个杀名，这令佛教界倍感尴尬，无法为其入世参政做出更好的背书。

姚广孝晚年作诗《少师真容自跋》，也是为其某幅画像而题，其写道：

幼读东鲁书，长习西方教。抹过两重关，何者为悟道。不厌山林空寂，不忻钟鼎尊荣。随缘而住，任运而行。犹孤蟾之印沧海，若片云之浮太清。了无他说，即此，便是人问我，更何如手里栾珠一百八。

这段自跋概括了他自己的生平作为、心路历程，并最终回归于其佛弟子的世界观与宇宙观。

"成佛在人间，人成佛成，是为真现实"，这是近代高僧太虚法师提出的"人间佛教"概念，与世俗社会紧密联系。而早在明初的姚广孝用一生紧系世间，竭尽身心为朝廷行事。背负杀名而行大义者，不为取悦众生而行小善，或许更能概括少师的生平。其实，把姚广孝看作一位有佛教信仰的佛弟子入世为官也好，把他拔高为行菩萨道的度化人间者也好，这些都不是重点，他只是随着机缘，遇到了那个雄心勃勃的俗世帝王，不论出于怎样的发心，制造了一场保后世两百年太平岁月的大事件，赞誉与毁谤无非是人们的口头是非，无关紧要。我们也不应该抱着品评和尚一生功过的心去看那些消失的人和事，"随缘而住，任运而行"，诸法平等，万法为空，和尚就是和尚，衲子言，衲子心，一切空性了无踪迹。

2016 年 10 月 21 日　初稿于万柳

2016 年 11 月 23 日　修改于万柳

一名女尼
与明英宗跌宕起伏的一生

在京城，明清以来皇家敕建的寺院不少，皇亲贵胄的家庙也不稀罕，倒是民间小寺庙庵躲到远远的荒郊野外，或依傍荒凉坟场，或隐没草木山林，香火供奉是否兴旺就看自己的造化了。但有一家俗称"皇姑寺"的庙堂——这个俗称于皇家而言好生刺耳——却是千折百转不屈不挠地从明清一直存活到民国，且今天被再次复建，不是一般地简单。要知道，这是一家尼寺，那些心如静水不复波澜的比丘尼是以怎样的坚韧、坚持，甚至不惜手段维持了它的传承啊。

无论哪个皇室都不能容忍一间尼寺号称"皇姑"。皇姑是什么人？皇帝的御妹，有册封的公主。哪朝哪代有皇帝的妹妹自行出家建庙？所以不可能有正史的记录，它只能算是一则民间攀龙附凤的传言。但这个传言实在是太过众口一词了，无论笔记杂录还是曲艺传唱，几乎没有差异，且明皇室对其态度也极度暧昧遮掩，欲说还休，故而可以确定民间传闻并非空穴来风。

"皇姑寺"是民间说法，朝廷敕封寺院名号断不会如此。在明朝，皇室敕赐额封为"顺天保明寺"，至清朝，由康熙皇帝改敕为"显应寺"。"顺天保明寺"本身就是极为奇特的寺名，不大符合寺院起名的规制，且"保明"是明显地护佑大明本朝之意，而"顺天"恰又是明英宗复辟后另起的年号"天顺"之反写，所以，民间记载并非无据揣测，其寺庙缘起并非虚妄。

明英宗朱祁镇一生的跌宕起落折减了他的寿数，他只活到三十八岁，而且，是惊心动魄地活到三十八岁。他九岁登基，除去一年北狩、七年幽禁，足料当了二十年皇帝。这二十年里蠢笨之事不少。在他的两段皇帝生涯中，第一段最大的过失当然是"土木之变"，简单说是英宗被蒙古的瓦剌部诱敌深入至今天河北省怀来县一个叫"土木堡"的地方，大臣和军队被剿灭，自己也被瓦剌人掠走。如果读到《明英宗实录》卷之一百八十一，自"壬戌"（1449 年 9 月 1 日）起，那必定是鲜血淋漓的史书，一行行文字记载了几十位朝廷大臣当场被斩杀。史书记载了他们的尊名、朝廷官职、出身籍贯、追封谥号，那不是冰冷的文字，而是带血的生命。此外还有更多被剿杀的士兵：二十万大明精锐几尽全灭。后人有无数的不忿，为此役写过诸多追责论文，大致的归责都指向宦官王振，认为二十三岁的年轻皇帝轻信身边人而导致大军覆灭。其实，"土木之变"的本质是，明朝经过仁、宣二朝富贵和平惯了，几十年的和平岁月哪里还有强势军队，更遑论强悍武将。和平松懈的大明疏荒陌生了何为残酷的战争，贸然出塞居庸关外，找堪称军事天才的瓦剌统领也先挑战，覆败乃必然之果。所以英宗说："将骄卒惰，朕为所误，复何言？"

皇姑寺的传言即缘起"土木之变"。各种民间笔记中皆有相同记载，大同小异。以《长安客话·郊坰》为例，其载：

> 自平坡东转，望都城，平沙数十里。中经黄村，有保明寺，是女道尼焚修处。寺建自吕姑。吕陕人，云游此。正统间，驾出御虏，姑逆驾谏阻不听。及蒙尘虏营，上常恍惚见姑阴相呵护，皆有词说。后复辟，念之，封为御妹，建寺赐额。故又称皇姑寺云。自后凡贵家女缁髡皆居其中。有寺人司户，人不易入。

这个故事有其他类似的版本，说是明军出征，吕姓尼姑在居庸关或者紫荆关处劝驾。说当时这位有神通之修炼之人化身为一个疯婆子，挡在英宗的车前极力劝驾回朝，说此次亲征必是凶险不应贸然。

如果真有此事，一个疯婆子应该不能够亲见英宗龙颜。姑妄算这些是民间传言，但我在正史里面发现了非常蹊跷的一笔记载：当夜，在龙虎台（今北京市昌平区南口镇）驻扎的军队的确遭遇异象。《明英宗实录》卷之一百八十有记录："乙未，车驾次龙虎台，夜，一鼓军中惊。"这事情后来无人解释。无缘无故夜里居然有鼓声大作，人马俱惊。英宗此次御驾亲征一出门就没有好兆头。接着记载："丁酉，车驾过居庸关，群臣请驻跸，不允。"这两条奇怪的记载有可能掩盖了一些事实，即英宗车马在快要抵达大明北界关隘居庸关时的确受到了阻挠，甚至有导致军中大惊的无缘无故的"夜鼓声"，提示了这次北伐前路叵测。

《帝京景物略》的记载更为骇人，说是军队到达紫荆关（今河北省易县），吕姓尼姑上前谏行，英宗大怒，令武士捶打，这吕尼竟然坐地而化，死了。但死后，其多次于英宗左右示现，护佑圣驾。其他记述同《长安客话》，也是说英宗蒙难一年间，这吕尼多次化身安慰英宗，甚至在他饥寒交迫之时送来饼食，让处于不利之境的英宗总能化险为夷。英宗被放回北京后便幽闭南宫，这位吕尼依旧常常化身而来，娓娓言说，保护并抚慰英宗。

正史是不会记录这些神玄之事的，至于有无人阻挠过英宗出战北塞，一定有。在《明英宗实录》里有不少君臣之间关于这场战争的争论，甚至英宗的人马到达大同，大同守吏苦口劝谏圣驾回京。神玄之事或许出自臆造，但绝非凭空而来。臆造或者说夸大事实来自英宗、臣属或者民间，都不重要。因为经过"土木之变"这一几乎亡国的事件，英宗用了足足八年的时间来反省自己的愚蠢和轻率。顺势而出"吕尼救主"的故事，也可视为英宗为证实其得道天助，理当从弟弟朱祁钰手里夺回王位的一个造势舆论。

英宗的神奇命运的确有不可思议之处。土木之役，明军被杀得昏天黑地，几乎就是困兽挨打，毫无还手之力，战死的大臣兵士伏尸满地，人马践踏，血腥滔天，而穿着龙袍坐在车舆里的年轻皇帝竟然毫发无损，实在不可思议。史书记载，瓦剌人把英宗抓来，也先根本不能相信，让被俘的明朝人指认，他们见到了英宗也是一时没了淡定，还上来施礼。瓦剌部当时表面上还是臣服大明，但另一方面也效忠那个当年从北京城落荒出逃的元朝遗皇室——北元的脱脱不花。

虽然明朝廷果断另立新皇帝——代宗朱祁钰，遥尊英宗为"太上皇"，且兵部尚书于谦死守北京城，也先并没把攻占大明当作终极理想，只是押着这位明皇帝当作人质，到大同、宣府，甚至北京城下，要挟大明。英宗保持了大明皇帝的体面和气度，但城墙上的官员除了痛哭几声（正

史记录他们伏地悲哭），毫无向瓦剌人妥协的意思——绝
不开城门。也先跳脚痛骂："连你们自己皇帝都不认得？
养狗要看主人的！"但这还是枉然，最后连也先都觉得拖
着英宗无用又无趣，简直成了累赘。

根据杨铭《正统北狩事迹》记载，也先受身边近臣
挑唆，起过对这个无价值皇帝的杀心，但他的三弟伯颜帖
木儿坚决反对。伯颜帖木儿说："这位大明皇帝是云端里
安坐的人，不知怎么被推下来了，此役他于'万众死伤
之中，镞矢不沾，寸兵不染'，这定是天意，有朝一日还
是把他送回去，咱们留得美名。"从此英宗便住伯颜帖木
儿的帐篷。而也先带着英宗去大同、宣府招摇，还是索得
了不少银两财物，暂且先留人。伯颜帖木儿简直是喜爱上
了这位中原皇帝，还让英宗给他四个儿子分别起了汉姓
白、梅、安、梁，这四个姓氏还真是诗情画意美妙得紧，
说明英宗的情商还是相当之高的。

后来，也先发现明朝新皇帝朱祁钰并不买账，要来的
东西日渐稀少，而他去其他地方抢掠也屡屡失手，便又起
了对英宗的杀心。这时，又有些神通灵异出现了。史书及
各种民间传言说英宗修得了不死之身：也先想用剑砍死英
宗，结果剑断了；也先想把英宗扔到水里淹死，结果英宗
自己浮起来了（大概会游泳）。这些很符合《观世音菩萨
普门品》里观音菩萨施救于各种危难的描述。《明史》及

蒙古史书《黄金史》中均记述，某个风雨交加之夜，也先想将英宗悄悄干掉算了，但没遂愿。一种说法是也先接近帐篷的时候突然帐内红光乍现，似有龙影（说不定是英宗读书看不清，多点了几支蜡烛），他以为异象，以为此乃所谓的汉人"真龙天子"显灵。另一说法是，也先来到帐侧，突然上天惊雷，他倒是没事，他的坐骑竟然受惊吓而亡。也先这聪明人倒是畏惧天意，从此止住了杀心。

乱军之中毫发无损的英宗，虽然被瓦剌人拖着东跑西颠，没有在北京城里那么娇贵舒服，但也没遭侮辱没被虐待，何况身边尚有袁彬、杨铭（哈铭）这两位忠仆侍候。虽然吃不来牛羊肉、少了生鲜蔬果，但伯颜帖木儿及不少瓦剌贵族庇护关照他，常奉送野味。事实上，英宗北狩（皇帝被掳到北方去的委婉说法），的确比当年北宋二帝被金人掠走所受苦难及辱没强了许多。至少，瓦剌贵族对英宗还保有敬服与尊重，英宗总算保全了明皇室的体面。

英宗被放回北京算是一件奇事，而且是被俘刚满一年的时间放回，虽说明朝与瓦剌进行过双边关系谈判，但这些谈判并非以交回已被尊为太上皇的英宗为条件。代宗朱祁钰内心并不希望英宗回朝，就如同当年的宋高宗不希望徽、钦二帝被送回一样。皇帝之尊位多么让人迷恋啊。也先在并没有获得什么优渥条件的前提下，竟视英宗如烫手山芋快快出手了，也先自己都不明就里。也因为英宗命里的另一位贵人杨善出现了（吕尼的弟子一定认为又是吕祖显灵）。杨善是带回英宗的功臣，而且是唯一的。这又是一桩不可思议之事。

明朝是极其看重科举晋身、讲究文臣资历的朝代。满朝大臣少有不是进士出身、满腹经纶治国安邦之英才。唯独这位杨善，大兴（今北京市大兴区）人，只是秀才出身，"然无学术，滑稽，对客鲜庄语"，但他"伟风仪，音吐洪亮"，这在冯梦龙《智囊全集·语智部·辩才》里有所记录。其因堂堂外表被朱棣赏识，专事鸿胪寺，到英宗时已是服务三朝的年过六旬的老臣。"土木之变"时，杨善亦在军中，死了那么多大臣兵士，皇帝都被抓了，他一个六十五岁的老人却逃脱了战场，又从今天的河北省怀来县逃回北京城，他的神奇脱逃为一年之后救回英宗做了铺垫。

关于杨善出使事迹，史书及民间笔记均有记载，朝廷只是让杨善去也先处看望英宗，但目的并不明确，没有让也先释放英宗的谕旨，也没有给也先备下什么奇珍异宝，就是让杨善空手去的。但杨善这个学问不高且常被同事鄙视为粗俗狡诈之人，却是公关奇才，他变卖自己家里财物，买了给也先的礼物，也买了给英宗的日用。他见了也先就云山雾罩一通夸夸其谈，故作神秘，连吓唬带吹捧，不失其辩才，力劝也先放人，还说要在史书里把也先释放英宗之事好生颂扬。（"我监修史书，备细写上，着万代人称赞。"——吹牛奇秀才离监修史官还有好大距离呢!）也先本也不想继续留着这个累赘，就顺势而为，笑曰："者! 者! 都御史写的好者!"第二天，也先就为英宗设酒钱行。这就是在没有任何谕旨敕文的情况下，凭借巧舌如簧能言善辩，一位六十六岁的老大爷杨善愣是把英宗接回北京城的故事。故此，才有了七年之后"夺门之变"英宗复辟的可能性。

李贽说得好：

> 故论社稷功则于谦为首，论归太上皇功则杨善为最。然则杨善其真有意之人哉，故能以无意得之。

妙就妙在杨善"其真有意"，他这份"意"来得好生神奇，而且还恰到好处靠一根舌头立下奇功。

这位死战中幸存、以娇生惯养之身被拖到塞外东奔西跑的皇帝，大难不死，且屡有贵人无形之手扶掖。英宗坚信自己是受到了某位神祇的护佑，无论有无吕尼、杨善。虽也先有杀心，但有伯颜帖木儿等众贵族善待于他，英宗坚信冥冥中有无形之手佑护他复还京城甚至夺回帝业。

伯颜帖木儿送英宗至今天张家口北野狐岭。野狐岭送别正值 1450 年仲秋之时，塞北风萧叶落，苍茫无际，似有今日古装片之浪漫情怀。伯颜帖木儿说："皇帝，虽然你的弟弟取代了你，但那是你的位子，此还一定要回到那个位子（好操心的蒙古王爷）。皇帝，此次一别不知道今生还有没机会再见？如果我将来落难了，就投奔皇帝去！"这番生离死别般的告别情景记录于杨铭所撰《正统北狩事迹》中，或许杨铭确有夸大美誉英宗之嫌，但作为英宗蒙尘一年不离左右的忠诚侍者，也并非全是虚浮之辞。当然，这段缘分终是决绝。几年后，英宗仍被代宗幽闭南宫的时候，这位帖木儿和兄长也先就被属下杀害了。

佛教徒笃信，菩萨会以各种面貌示现，庇护蒙难者。前面提及的各种民间笔记，甚至宝卷，都是叙述吕尼劝谏失效但在英宗蒙尘之时又有各种灵异神通示现，最终佑护其回京复夺皇权。皇姑寺诞生于英宗复辟八年后，坐落于远离京城正西的"阜城关外香山乡黄村"，即今天石景山区西黄村八大处路与西黄村路交叉口之东北处。天顺（英宗复辟后的年号）年间，竟然有吕姓尼姑买下六百多亩土地，建起寺院，且声称有敕谕三幅。这项大手笔投资绝非普通贫尼可以办成，大量土地、寺院、声称的敕谕，让人不得不相信背后有朝廷的支持。

英宗过世三十六年之后，在明孝宗弘治十二年（1499），吕尼向孝宗请求敕谕寺院门额，且得到孝宗皇帝的敕文并有碑石镌刻。这通碑石今天尚存，其内容如下：

皇帝敕谕

官员军民诸色人等：朕惟佛氏之教，自西土流传中国已久，上以阴佑皇度，下以化导群迷，功德所及，幽显无间，是以崇奉之者，遐迩一焉。顺天府宛平县香山乡黄村女僧吕氏，先年置买田地六顷七十六亩，起盖寺宇一所，奏乞寺额，并蠲免粮税。特赐额曰顺天保明寺，俱蠲免地亩、粮草。今仍与其徒弟女僧杨氏居住管业，颁敕护持之。凡官员军民诸色人等，自今已往，毋得侵占田土，毁坏垣宇，以沮坏其教。敢有不遵朕命者，论之以法。故谕。

弘治十二年六月十五日

这通碑刻可正视听：黄村女僧吕氏"先年"已购地建寺，来请求当朝皇帝赐寺额，并要求免除粮税；孝宗皇帝同意并赐额曰"顺天保明寺"，这是皇姑寺最初的寺院名称；皇恩浩荡，自此以后，免除一切粮草税赋，官员军民诸色人等不得侵犯损坏寺庙。

这是何等不同寻常的敕谕！"顺天保明"暗示了英宗朝发生的一切过往，暗示了吕尼与英宗的神秘关系。

这道护符佑护了皇姑寺几朝，但到了世宗当政，就不那么灵验了，因为嘉靖皇帝一度想毁灭此寺。喜好黄老之道的嘉靖皇帝借某大臣请奏，准备下旨毁掉这间寺院，但不知何人神通，事先知道了此事，马上禀报两宫太后，其中一位蒋太后正是嘉靖的生母，她声称正想建造一间寺院，正好可以将顺天保明寺交给她。皇帝迫于"慈谕两颁，宜即顺命"，于是收回了毁寺敕谕。但皇帝还是心有不甘，认为此寺收留"妖尼"，尤"皇姑"之名在百姓中广泛流传有损皇家颜面，令今后不许另行收留新的尼姑入寺。

但明朝皇室的女性并未搭理嘉靖对该寺的贬抑，反而更是热衷亲近，有两座皇室送来的铸钟为笃诚之证。一座钟为前言世宗两宫太后率皇亲国戚翻铸原天顺六年（1462）铸造的铜钟，并于嘉靖十二年（1533）翻铸完成，悬挂在皇姑寺的钟楼上。另一座钟铸于隆庆六年（1572）十月，是万历皇帝之母李太后率领皇亲国戚铸造的，这座钟挂在鼓楼上。太后们合力保卫皇姑寺倒是成就了一番妙景：这是一个鼓楼无鼓唯有钟、钟楼之中更有钟的景象，成了一座双钟寺院，好不奇特！现今这两座大钟均存放于北京大钟寺内，上面满是当年皇亲国戚的名号，雄浑厚重，可想见后宫女眷们护法护寺的拳拳之心。

明清之交兵荒马乱，皇姑寺毁于一场火灾。到清康熙帝御宇朝堂，皇帝喜欢到京西山野间游历名胜，听闻此寺缘起传说，大概也是认为甚是不可思议，就下令在原基础之上重新建寺，于康熙五十八年（1719）完工，重新命名为"显应寺"。我认为此名定是缘于各种神通传闻所示现的灵感。有石碑"御制显应寺碑"为证：

都城之西有佛舍一区，创自前明中叶，虽历加修葺，而岁月寖久，复毁于火。旧观既替，香界就荒，非所以崇象教广禅悦也。朕以古刹胜因，宜规整饬，爰发帑金，鸠材董役。经始于康熙五十年十二月，落成于五十八年正月。不庳不侈，栋宇一新。答士庶敬信之忱，慰缁衲皈依之愿。用锡嘉名，颜为显应。盖以慧炬祥光，无微不显，慈云法力，有感必通。泽万品于真源，耀十空于宝智。同圆妙果，长稔福田云尔。

康熙五十九年四月初一日

在《日下旧闻考》里还有记载，康熙很是喜爱这里，并在游历西山之暇曾于此地驻跸。但另一个显著的改变是，这个寺庙的传承法脉发生了根本变化，从吕尼及弟子自创的"西大乘教"，即一种崇信灵通神异的民间宗教转变成一间佛教寺院，弘扬的佛法则是清朝廷信奉的大乘佛教。

自清中期到民国时期，还是有众多信士维护此间寺院，香火不绝。而且此寺又增添了一项新的功能——京西著名的庙会之所，且这一延续，竟是两百年。《帝京岁时

北京的隐秘角落

纪胜》称：

> 至于游览之地，如西山妙峰、弘教、圣感、潭柘、显应、西域、戒台等寺，极称名胜。岁之四月，都人结伴联镳，攒聚香会而往游焉。

旧时老人说，皇姑寺逢庙会一开，善男信女，纷纷涌入吕祖殿，边拜边唤"吕菩萨""吕菩萨"，寺院香火旺盛，念经之声不绝于耳。整个西黄村人头攒动，逛庙会的、卖小吃的、杂耍卖艺的、卖日杂用具的，正是春暖花开，热闹非凡，每日有数千人游历，好一派生动活泼的民俗景象。但除去每年四月庙会，其他时间，这里笼罩着神秘色彩，院门紧闭，比丘尼们过着寂静的清修生活。

新中国建立后皇姑寺被征用为西黄村小学校舍，20世纪90年代被八大处农工商公司占用。2006年石景山区文化委接收时，由于年久失修，原建筑已经面目全非。2007年，作为北京市"人文"奥运文物保护计划项目之一的皇姑寺修缮工程正式启动，这也是皇姑寺百余年来最大的一次修缮。2014年，第二期修缮完成，这里将成为石景山区文物博物馆。这次修缮是以康熙年间重建的基址展开的，基本就是清朝至民国年间的规模，占地只是明朝建寺时极小的一部分，而且也不再复归宗教场所，不再复归民间庙会，今天明确的定位是文物及官方办理展览的场所。

吕尼的坟茔离皇姑寺不远，兵荒马乱盗匪横生之年，有盗墓之徒以为"吕菩萨"墓中藏有什么珍奇财宝，盗匪打开棺椁，竟然发现吕尼的尸骨悚立扑面，倒不是真的灵异再现，而因为棺椁本身就是竖着的。嗟乎，此比丘尼非同寻常，活着时并不忘身后搞怪，再吓死个把盗墓贼。

古往今来，如此广袖长舒以攀附权势，玲珑活络且善用机谋，以图广种信仰之福田者，尚鲜有听闻。

2016 年 3 月 10 日　于万柳

一位皇太后生前身后的信仰依靠

在京郊玉渊潭乡西八里庄之昆玉河畔，矗立着一座体量伟岸的佛塔。按说有佛塔必有寺院，但是这里没有。这座有着多种名号的佛塔孤独地伫立了上百年，它可以被叫作"永安万寿塔""八里庄塔""慈寿寺塔""玲珑塔"，怎么叫都对，它像个被历史抛弃的孤儿，失去依怙的佛寺，飘零在岁月的长河里。随着星移物换，时代情境变迁，对一座孤零零的佛塔就生起不同的称呼。

实际上，这座佛塔是一位大明皇太后倾注了心血的建筑杰作，它所依属的寺院——慈寿寺，毁于光绪年间的一场大火。那是一座规模宏伟的大建制寺院，因火烛不慎，化为灰烬，只把这座塔遗留给今天。现在，这里建了一座免费的街心公园，离塔北部大约五十米的样子修了一个原慈寿寺的模型，而那个位置就是当年寺院的山门。自此往北，是有着皇家恢宏气势且规制标准的汉地佛寺。春暖花开的时候，这里繁花似锦，佛塔巍峨，映衬着湛蓝天空，锦绣瑰丽。一座孤塔就这么俯瞰北向的空旷广场，肆意的阳光不放过任何阴影，一切坦荡荡，看不出曾经历的沧桑岁月。

中国历史上，皇后、太后无数，专权者也不在少数，甚至还出了位女皇——武则天皇帝，以及那位担当乱世、威仪大清朝的皇太后——慈禧太后。大多皇后、太后自然是无法与武则天女皇、慈禧太后媲美的。这些天下第一夫人或聪颖或愚笨，但大多无法施展才干，湮没于历史烟云，无声无息。她们鲜活的生命只是隐藏于惜字如金的史书记载里，何年生，何年死，生的娃儿是哪个，挂一大串美德谥号，这一生就完了。冰冷平淡，毫无生气。她们真实的历史是什么？她们经历了些什么？如果没有些真切的实物留下，她们的岁月真就空空如也，因为文字是如此地抽象，如此地没有生命。但是，有一类有佛教信仰的皇后，因为她们对佛教寺院的贡献而得以建构了一条独特的人生轨迹，尤以明朝为突出。如果细心，在北京不少的寺院石碑上都可以找出太后们、皇后们懿旨敕建的记录。

明朝皇帝大多信佛，除嘉靖朝外，历来皇室多多少少对佛教的推广宣扬都做出过贡献。而后宫女眷，过着近乎软禁一生的空虚而绝望的生活，于她们而言，宗教信仰至少可以构筑极乐世界的美好愿望。她们是好佛者，因为有着统摄六宫的特殊地位而使佛教得到推广，明神宗即万历皇帝的母亲就是其中之一。

万历皇帝的母亲，生于 1544 年，卒于 1614 年，有生之年尊称"慈圣皇太后"，死后谥曰"孝定贞纯钦仁端肃弼天祚圣皇太后"，姓李，漷县人（今北京市通州区漷县镇），出身卑微，是泥水匠李伟的女儿，十五岁时被送进裕王府做婢女，为当时的裕王即后来的隆庆皇帝朱载垕生长子朱翊钧，朱翊钧即是后来的万历皇帝。裕王承继王位成为隆庆帝后，这位李工匠的女儿，曾经卑微的婢女，被封为贵妃。她的故事和那位甄嬛娘娘影射的乾隆生母藩邸格格的故事惊人相似。所以说，出身卑微但诞下龙子的女人总会有些特别之处。可惜隆庆帝只在位六年，其间这位李氏只是贵妃，她是从都人（宫女）晋升，因子得贵，其尊贵程度还没有最后落实。

隆庆帝驾崩，李氏作为二十八岁的年轻寡妇陪伴年仅十一岁的万历皇帝登基。据明史书记载，这位李氏贵妃性情严谨，为人敦厚，做事仔细，参政不乱政，秉国不贪权，是历史上母仪天下的模范太后。史书记载，她对年幼的万历皇帝非常严厉，小皇帝书读不好，要罚跪，做错事不但要跪还要自我检讨。每天五更，李太后亲自到皇帝寝宫，呼叫"皇帝起床！"，让左右太监生生把他拉起来，两人夹裹着皇帝洗脸更衣，拉上辇车就上朝去，绝不懈怠。

她不是一个弄权的女人，万历皇帝十六岁大婚后，她便从监督小皇帝学习生活的乾清宫搬到慈宁宫居住，把长大成人的皇帝交给张居正辅佐。她是个有眼光的女人，会选国家栋梁之材。她最大的政治贡献是倚重张居正为内阁首辅，推动了明朝中兴的"万历新政"，使已呈衰败相的明王朝迅速恢复了生气。这大约持续了十年，其间万历皇帝从十多岁孩童成长为颇有理想的青年皇帝。这十年，也是张居正作为政治家、改革家管肃国体、推进改革最为辉煌的岁月。明朝在这十年间焕然一新，似乎呈现了兴盛景象。明史载："后性严明。万历初政，委任张居正，综核名实，几于富强，后之力居多。"

民间野史将其与张居正的关系描绘得暧昧不堪，实则没有任何依据。当然，张居正也懂得回报知遇之恩。他在李氏的太后之称前面加上尊号"慈圣"，与隆庆皇帝的正室皇后的"仁圣"尊号同等尊贵。在明朝这个极为重视礼法的朝代，这是对李氏尊贵地位的极大认可。从此，这位先前陪着太子和正牌陈皇后吃饭也只能站着吃的贵妃，尊升为与陈太后平起平坐的皇太后。但秉性仁厚的她始终与陈太后保持着友善的关系，并未跋扈妄为。李太后的父亲出于女儿的缘故被封为武清伯，但家人犯了过失，太后便命人当面呵斥其过错，并以官法处置。她也没有因子贵而忘形，更不歧视他人。万历皇帝的第一个儿子是宫女所生，按礼法，应立第一个儿子为太子，但万历皇帝想废长立幼，立宠爱的郑贵妃之子为太子。太后严厉斥责皇帝对宫女的歧视和乱法的行为，告诉皇帝不能僭越礼法，你歧视太子的母亲是宫女，但你的母亲我也是宫女啊！《明史·卷一百十四·列传第二》对这一段的记述非常生动：

> 光宗之未册立也，给事中姜应麟等疏请被谪，太后闻之弗善。一日，帝入侍，太后问故。帝曰："彼都人子也。"太后大怒曰："尔亦都人子！"帝惶恐，伏地不敢起。

李太后的仁厚心地还表现在她与隆庆帝的正室皇后陈太后的关系上，史书记载她于万历"十二年同仁圣太后谒山陵"，并无过多。作为隆庆帝的宠妃，李太后不仅生育了太子朱翊钧，还另有一子四女，共计六个儿女，在后妃中算是儿女满堂的。但她始终对无儿无女被隆庆帝冷落的陈皇后以礼相待，从未骄逸。陈皇后与太子坐着吃饭，她侍立一旁没有怨言，且教育太子爱戴皇后。据说太子朱翊钧对陈皇后也是很有感情的，每天早上去拜见父母路过陈皇后的住处时必去请安，而陈皇后看到太子的到来也是欣欣然。这些故事说明李太后是个厚道仁慈、遵从礼数的人，同时也昭示了其与佛法亲近的善根所在。

这样的仁慈者趋佛好佛也是自然的事情。史书记载说李太后好佛，并大办佛教工程。后世推测这与其出身卑微、以佛事神通树立其威严有关。当年民间一直尊称其为"九莲菩萨"，李太后也因此顺行菩萨道，大举修桥修寺修塔，大做礼佛功德善事，而且颇有成就，从而带动了万历年间民间妇女的信佛之风。

从后世的记载看，李太后对五台山道场的建设贡献颇大。五台山的标志大白塔所在的塔院寺，是永乐五年（1407）重修显通寺时，顺便将大塔重修，并置塔院创建为寺的。但是，塔院寺今天的规模是在万历十年（1582）李太后出资扩建成形的。之后她还铸文殊大像送至北台，并建殿宇供奉。五台山的黛螺顶也是在李太后的敕资下修建的。李太后对五台山的贡献还不只在寺院建筑上，她先后敕赐了十部整套的大藏经分配给五台山各大寺院。明朝时期，大藏经雕刻版本全都是由皇家控制的。天下的名山大寺能有一套大藏经就已是非常殊圣了，而五台山御赐的藏经前前后后竟有十六部之多（也包括明英宗御赐的几套），这是极为惊人的供佛大事。

兴建京西慈寿寺是李太后做的一件殚精竭虑的大事，工程宏大，设计精良，是倾注巨资与心血的杰作。而这座寺院从建寺缘起到附会的神通事件至今为人津津乐道。

李太后自己好佛，建寺只是形式上的弘法，想要摄取民心，皈心向佛，难免要想出些因缘神通的说法，就是编排些神话震慑众人。这就是为什么她编造了著名的"九莲菩萨"故事。故事牵强附会，但对于那个年代的一位深宫女性，她不可能想出什么更好的办法了。"九莲菩萨"的故事一说是慈寿寺的缘起，但经历史学家考证，似乎更是为建好的慈寿寺添美增辉。

万历四年，她亲自策划大举兴建京城大寺院——慈寿寺，两年后建成。慈寿寺兴建之起因是"为穆考荐冥祉，皇上祈祚胤"，也就是为逝去的丈夫明穆宗祈求冥界福祉，为后世儿孙祈祷福运，与李太后本身并未牵连。但在寺院建成八年之后，李太后所居的慈宁宫发生了一件不可思议之事：一夜之间宫内莲花盛开，且李太后做梦梦到有九莲菩萨示现授经，而她醒来真的就可以背诵完整的《九莲经》。还说她梦醒后，乃就梦中所见形貌，铸造"一凤九首"之九莲菩萨像安奉于后殿九莲阁，并命当时的内阁大学士申时行、许国、王锡爵三位分别撰赋咏莲花之辞，并合刻在"敕赐慈寿寺内瑞莲赋碑"上，这块石碑现今仍在佛塔东北侧，三位学问都太大，肯定是憋足了劲炫耀其辞赋才华，以至于"瑞莲赋"文字太多（六千余字），所以文字镌刻得小而浅，目前已经风化得消失殆尽，仅存碑额"瑞莲赋碑"四字。

本人曾亲自考察此碑，基本上是平板之石，最可恶的是某个办假证的小厮在碑上涂鸦了"办证，电话XXXX"，甚是气人。管理者也是无奈，又用涂料把办证涂鸦再给涂上，打眼一看，更是粗暴刺眼，一块好端端的四百多年历史的明碑，就这么被糟蹋了。

但是，无论是有意的还是无意的传闻附会，渐渐地，太后被指为九莲菩萨化身之说广泛流传。这种造神举动，使太后从卑微的宫女出身干脆摇身变为菩萨，都不用费心机地编排她由人至神的演变。要知道，菩萨是可以以任何高低贵贱之身份示现人间的，这对确立太后的尊贵地位，进而对于她呕心沥血弘扬佛法，起到了极大的作用，因为四百多年前的社会从上到下都迷信神通。

李太后大举修塔建寺，需要举重资，这与内阁首辅张居正勤俭治国的理念难免冲突，所以，兴建慈寿寺的提议一开始是遭到张居正反对的。张居正以勤俭治国著称。举个例子，他请求将为万历皇帝讲课的时间安排在早上，理由是节省灯火费。用海瑞的话说，张居正是"工于谋国，拙于谋身"，就是比较虚伪，对公对私两回事。虽然他口口声声反对大修庙宇，但鉴于李太后于他有知遇之恩，他

北京的隐秘角落

不得不调整自己的强硬原则，做出一定的妥协。他的办法是让李太后自筹资金解决建设寺庙的缺口，不足的部分是不是公帑可以补充就不得而知了。他把属于皇室的宝和店交予李太后的内宫管理，可以用于经营，赚的钱用来补贴李太后的修佛建寺事业。慈寿寺的建设资金主要是由李太后自筹，"有司不知也"——张居正在《敕建慈寿寺碑文》中特别强调了这一点。当然，锦上添花是谁都乐意做的，张居正不吝笔墨为慈寿寺书写碑文，大加赞赏李太后善举。

在慈寿寺建成之后，寺中碑文《敕建慈寿寺碑文》由张居正撰写（见《张太岳集》卷十二），碑文前部分讲述了建寺缘起，对万历皇帝及皇太后大肆歌功颂德，并详细描绘了寺院的殿堂规制：

> 外为山门天王殿，左右列钟鼓楼，内为永安万寿塔，中为延寿宝殿，后为宁安阁，旁为伽蓝、祖师、大士、地藏四殿，绕以画廊百楹，禅室方丈十有三所，又赐园一区，庄田三十顷。

下一段就是漂亮辞藻大秀文采了：

> 臣谨拜手稽首，恭纪日月而系之词曰："於昭我

皇，秉乾建极。薄海内外，罔不承式。谁其佑之，亦有文母。覃訏皇风，绍休三五。永惟穆考，神御在天。思广胜因，以植福田。我皇承之，乐施靡惜。永延皇图，冥资佛力。乃营宝刹，于兑之方。左瞰都城，右睐崇冈。力出于民，财出于府。费虽孔殷，民不与苦。厥制伊何，有殿有堂。丹题雕楹，玉瓮金相。缭以周廊，倚以飞阁。画栋垂星，绮疏纳月。有涌者塔，厥高入云。泉彼不周，柱乾维坤。维大慈尊，先民有觉。普度恒沙，同归极乐。譬如我皇，博施群生。千万亿国，大小毕宁。惠路旁流，慈云广荫。如是功德，不可思议。民庶咸祝，天子万年。奉我圣母，慈禧永安。臣庸作铭，勒兹贞石。志孝与仁，与天无极。"

如此文采飞扬，对慈善寺的宏伟建制及皇家功德进行赞颂，真不枉内阁首辅的满腹才华。其中提到寺中之塔时这样描述，"有涌者塔，厥高入云"，可见塔之恢宏，碑文确切命名了这座塔——"永安万寿塔"。也罢，佛塔就是佛塔，情境不同塔的名字就会发生变化。后来，这座塔众多的称呼也体现了后人的随性。

慈寿寺的基址是明正德年间太监谷大用的墓地，现在位于京城西八里庄昆玉河畔，这个位置正是位于"阜成关外八里许"之地。建慈寿寺时，李太后使用了当时最好的建筑材料和工匠，并详细过问寺庙的建造进程，关心始终。其中宁安阁匾额为李太后手书，后殿内供奉九莲菩萨像，估计是太后想象中自己的法相。这么恢宏壮丽的寺院到乾隆年间进行过整修，但在光绪年间被一场大火烧毁。中国古建筑大量采用木材等易燃材料，往往容易毁于火烛之灾，慈寿寺也未能幸免，只是那座佛塔是砖石的，且所幸与建筑拉开了一定距离，又或许那个火焰冲天之夜刮的是南风。无论原因怎样，它幸存下来了。

如张居正所撰碑铭，这座塔原名永安万寿塔。据明《万历野获编》记：

> 慈寿寺去阜成门八里，圣母慈圣皇太后所建，经始于万历四年，凡二岁告成。入山门即有窣堵波，高入云表，名永安塔。

《万历野获编》称其为"永安塔"。乾隆时期确认此塔属于慈寿寺建筑的一部分，却称它为"永安寿塔"，折中了张居正和《万历野获编》的说法。后人称之为"八里庄塔"，是因其坐落于八里庄，称之为"慈寿寺塔"，是因为它曾归属慈寿寺。在今天它又被叫作"玲珑塔"，其实它那伟岸壮实的塔身一点儿都不玲珑，只是因为它现在归属一个叫"玲珑公园"的地方而已。但塔碑上"慈圣宣文肃皇太后之宝"几处印文，则指明了塔的主人就是李太后无疑，称之为"李太后塔"倒也准确无误。

这座塔为八角十三层密檐实心砖塔（在一个高大的塔身上有多层密檐，称为"密檐塔"），高近六十米，由塔基、塔身、塔刹三部分组成，秀美端庄，古色古香。据说，该塔檐角原挂有风铃三千多枚，站在塔下仔细聆听，由于风的强弱、长短、方向的变化，铃声也随之产生动听的变化，清脆悦耳，似法语妙音，弘扬四方。现在，塔顶为镏金莲珠塔刹。由下至上仰望塔身，密檐逐层缓缓上收，檐下砖雕的斗拱层层支护，直到塔顶。但非常不幸的是，檐下砖雕大多已经脱落，或者正在脱落。我围着塔身仔细观察，那些砖雕应该都是造型非常精美的护法神像，姿态各异，有着极高的雕塑造诣。可惜经年累月，砖石不敌风霜侵蚀，几近脱落殆尽，倒是那些木质支架钉得很牢固，尚无腐败之相，只是这些支架贴在塔身的各个面上，像皮肉无存后剩下的森森白骨，不甚雅观，应该给予修缮。由于清乾隆皇帝对这座佛塔进行过修缮，我猜测这些砖雕体现的是他那个时期的审美。但无论如何，这还是李太后的塔，蕴含着这位生活于四百多年前的女人的朴素智慧，也是一位有着丰富内心世界、虔诚礼佛的女人的倾心之作。

今天，我漫步在玲珑公园，塔身之前方似乎代表了历史，巍峨古塔左右两侧各有一棵古银杏树，尽其所能铺展着黄叶漫天，树下尽是消磨时光的老人，下棋的，闲聊的，或者眼巴巴看着每一个游人的。这树，这塔，也必定停住过李太后的目光。但转到塔的后身，一眼望去就是一个开阔长条的新广场，中间有水池一方。这开阔的广场即是被烧毁的慈寿寺的旧址，今天，一切崭新闪亮。连在这广场活动的人也是年轻人，带着孩子玩耍，放起风筝。广场两侧是齐刷刷的年轻的银杏，在个别长出银杏果的树下，转悠着几个图谋摘果的人。在广场的尽头，我发现了一棵相对古老的榆树，我不好判断它是否逾岁百年，如果是，那就是光绪大火劫后而生的坚强小树。"此生故彼生，此灭故彼灭"，诸法无自性，一切都是因缘和合，绵延不绝。所以就算一座古佛塔坐落在一座面貌寻常的新街心公园——"玲珑公园"里，因公园名而被直呼"玲珑塔"，也依然无损它端庄伟岸又精美秀丽的品相。

过往辉煌的寺庙可以被遗忘，但塔稳稳地向天而立进入我们生活的时空，它似乎在告诉众人，李太后这位四百多年前的虔诚的佛教徒，也是因缘流转的人间菩萨，一生始终以自己的善言善德践行佛法，令人钦敬。

她被冠以"九莲菩萨",不知是否往生九品莲位?但无论怎样,肉身在佛教教理中不具有终极意义,不是执着所在,太后应深谙此道。她以造塔的方式表达她的精神世界及佛化思想,默默地昭示后人提升佛法正念,积德行善,弘化人心。

2014 年 12 月 22 日　修改于万柳海园

明末乱世中，
居然有这么两个说走就走的文青

　　崇祯七年，即1634年，于当朝崇祯皇帝而言，依然是烦事多扰的年头。这位少白头皇帝自继承大统之始，奉天却没承上好运，天灾人祸不断，农民起义风起云涌。那一年，虽还不至于发生颠覆性的事件，但局地灾难并未消除。陕西、山西八个月未雨，赤地千里，民大饥，人相食。灾难临头，人民造反，农民军攻占夔州，杀了知县，攻城略地。曾经已成散乱流窜之势的农民军各部在汉南重新聚集，形成新的强大势力。而此时朝廷总督陈奇瑜引军西进，用兵得法，将李自成等部困于今天的陕西省安康市附近的车厢峡，擒灭乱军指日可待。但这位总督大人不知动了怎样的仁心，竟然相信了李自成诈降，召抚之。农民军脱围后，立即翻脸，重又高举义旗，连克数城，关中大震。这是一个动摇大明江山的危险伏笔，二十四岁的青年皇帝怎能不早生华发！

　　但1634年没有今天的秒速资讯传递，杀了一个知县，

或者逆贼诈降，最快的信息通报也要花费一些驿站传递的
时日，天子脚下的京城还是另一种景象，普通文人过着他
们自己读书吟诗、考取功名的生活。就算天下已开始一团
糟，这一切于他们也尚且遥远。

那一年的重阳节，正是京城最舒爽最浓茂的秋日，天
高无际，碧落无云，两位依依惜别的文人朋友在水边告
别。送人的叫于奕正，宛平人（今属北京），破落世家子
弟，喜好风物方志，金石诗文，平生潇洒，放情山水间，
放浪不羁，不合时俗。被送的人叫刘侗，也是一介奇才，
他曾以"文奇"，即文笔尽显"竟陵派"文风而著称，且
因此被竟陵派领袖谭元春连累而遭到礼部参奏，甚至不能
在其家乡（今湖北省麻城市）参加省试。这一年，他总
算时来运转，在"北学而燕游者五年后"（类似于今天的
异地高考），他花钱买了个"太学生"资格，在顺天府
（即北京）参加考试，得赐进士出身并放吴县知县。此
时，他已年过四旬，总算入仕朝廷，虽然晚了点，但还没
沦落成失意文人。这两位，一位民间庶士，一位初入大明
朝体制中之官吏，其实他们已经有五六年的友谊，并在这
之前一年撰写完成了一部关于京城风景名胜、民俗民情的
宏著——《帝京景物略》。这部被后世称为集历史地理、
文化和文学三者于一体的、尽显竟陵派幽雅隽洁文风的著
作，深远地影响着后世的京城历史文化研究。

北京的隐秘角落

　　他们在秋天的水边惜别，离情依依。不知是刘侗的蛊惑说服，还是天作地和，因缘突至，于奕正勃发游兴，临时起意，两人竟双双登船而去，一叶孤帆向江南了。这个举动殊是疯狂。这位京城土著，破落户的玩乐少爷，做事比现代人更现代、更任性，来了一场说走就走的旅行。他甚至没有通知家里人他的去向，就这么在三十七岁的秋天，秋色迷人眼，落花乱人心，怀揣着天马行空自由自在的真性情，云游远方去了。

　　1634 年那些崇祯皇帝窝心而不爽的日子里，两位读书人却抛离乱世，生活在另外一番情境之中。他们不关心西部大旱，也不关心总督陈奇瑜哪根神经搭错，被狡黠的农民军欺骗。他们是另一类文人，活在诗书文章之中，纵情于山水天地之间。他们构筑的是另一脉人文历史，就是记录那个时代的风景方物、民生百态。尤其是文字水平更胜一筹的刘侗，以追求语不惊人死不休的竟陵精神，独帜一派文风。他们与当时文坛同样流行的"公安派"浅俗俚鄙的"性灵"主张不同，提倡"幽深孤峭"风格出挑，主张抒写的"性灵"是古人诗词的精神，而非古诗词的形式，在这个意义上他们反对拟古之风。但"幽深孤峭"风格，过于追求语不惊人死不休，遣词造句刻意玄奥艰深，雕琢文饰，束缚了这一文学流派的发展。刘侗主笔的《帝京景物略》便沿袭此风。后人对该书的评论一直颇有分歧，有人认为这种超常规的散文写作颇有新意且匠心独运，也有人认为文辞过于艰涩，刻意做作。不过，后人的共识便是，《帝京景物略》是一部明代末年北京社会文化生活的百科全书，涉及了京城形形色色的园林建筑、风土传说、地名掌故、历史由来、民间习俗，很多记录在今天仍有遗存，为今人理解一个社会发展的脉络起源做了极好的资料汇集。

在 1634 年南下之前，他们两人已完成《帝京景物略》的全部撰写，八卷正文并附上相关千余诗词。收集整理诗词的人叫周损，是刘侗的同乡好友，曾经共砚席十年，陪伴刘侗游历京城。但为什么后世出版此书都没见到这位参与创作者的名字？一是，他是个严谨认真的收集整理者，并未有原创；二是，乾隆三十一年（1766），纪昀（纪晓岚）在整理此书时，对原版进行删订，把附诗全部删除，所以这一版本几乎没有周损的痕迹，只承认刘侗、于奕正为本书著者。虽然共同撰写本书，刘侗与于奕正也有分工，刘侗主笔，于奕正提供京城风土文物资料，并切磋意见。但于奕正还是稍微秀了秀他自己的文笔，例如，他写下了被后世称为名篇的《钓鱼台》。毕竟，他不光会玩，也是宛平城的学生员、秀才。

于奕正因父亲早亡，家道中落，富贵早已谈不上，但还是可以维持一生不必外出谋事的生活，过着闲云散鹤般的游荡日子。他把家产让与兄长，便搬至荒落的园子里居住，其人外貌怪异，头发蓬乱，面部皮肤如松树皮，且下颌还有肿块突起，初见其人，总是被其面貌惊吓而不敢直视，但坐下闲谈起来，方知其言语不俗。他秉性爱好亦异于常人，喜欢游历山水，喜欢呼朋唤友把酒言欢，日子这么瞎混过一生也是很快的。因其热情好客的名声在外省也颇有传播，常有进京考试的文人客居他的荒园，他是一概接纳不拒的，这就包括竟陵派文人谭元春及刘侗。前言道，刘侗因文风而在家乡被排挤，屡试不第，直到1633年在顺天府参加考试，终于近四十岁大器晚成，当年中举，而次年得进士出身，总算没有枉费一生寒窗苦读八股的朝朝暮暮。在成大器的前五六年，实际上，他也是放开了自己，走出了书斋，与于奕正等遍踏京城，赏春花秋叶，共同切磋撰写《帝京景物略》。这两位同好可以说是度过了他们最后的快乐写作时光，虽然他们生前并未见到凝聚心血的书稿付梓出版。

四百年前那个年代，一次出走有可能就是永别，是一次生命的如梦幻泡影。于奕正再也没有回到故乡宛平，一年半后他客死南京。

二人结伴南下，本来好不容易得来功名的刘侗应该赴吴县县令任上，但这次他们又被南京城牵绊住了。1635年整年，他们都在南京游历山水，遍访人文古物，甚至拟出纲略，准备再合出一部《南京景物略》，南北两京城，正好成趣。但刘侗毕竟是朝廷官员，如此闲散逛荡终不合事体。1636年年初，在游荡了一年之后，他终于踏上了赴吴县上任的旅程，但很不幸，或许是冬春疫疾，他还是没能到达吴县，而是死在路过扬州的旅途上。于奕正自与刘侗分道而行后一直闷闷不乐，他独游南京，仍无回京之念，四月时他也因生病身亡于旅店。这两位好友相继过世，只差几个月的时间，刘侗终年四十一岁，而于奕正终年三十九岁。

刘侗为求功名读了一辈子书，但功名还是消散于最后获取的旅途上。于奕正一辈子浪荡玩乐，吃一点儿薄产，过呼朋唤友高谈阔论乱糟糟的日子，却也兴高采烈。其实他们这样的人多如牛毛，活就活着，死也就死了，但偏偏俩人攒出一部《帝京景物略》来，成为后世经典，虽然拿曹雪芹比拟未必恰当，但也是生前落魄死后余香袅袅长的事例了。生前身后，都是说不准的事情。

崇祯皇帝可能到死都没听说过这么两位玩物丧志的小人物，更不用说是否阅读过《帝京景物略》。天生勤奋的他却如此生不逢时，恰恰于人类的第四次"小冰河期"统治一个人口一亿二千万的巨大国家，气温剧降北方大旱，人民因贫困饥荒起义不断，社会剧烈动荡。当然，当时的他是不了解这一自然气候现象的。他日焦夜虑朱家大明朝的兴亡，没有山水方志的兴趣。虽然理论上普天之下，莫非王土，但"王土"于他，除了草民饥馑就是草民犯乱，令他愁白少年头。

所以说，同好中人，物以类聚，崇祯皇帝永远不能了解刘侗、于奕正生活体系中的趣味，也难以体会他们的欣愉。在《钓鱼台》这篇不足三百字的散文小品经典里，于奕正用洗练的语言完整叙述了京城"钓鱼台"的历史演进，讲述它因泉流而获建园亭的由来，因泉流而汇聚成湖泊，有高台垂钓而得名。自金至明，钓鱼台的主人传承有序，但它的主人都是达官权贵、皇亲国戚，布衣平民很难亲瞻美景。无独有偶，四百年后的"钓鱼台"即是今天京城的"钓鱼台国宾馆"所在地，高墙深院，也不是平民百姓可以涉足之地。而四百年前的于奕正在文中提出"偶一日，园亭主慎善主之，名听士人，游听游者"，大意是希望某一天，这个园子不是私人占有，而是可以对公众开放，由有学识的人参与意见，还园林本来面貌。这句话被后人引申为于奕正有初步的民主民权意识。如果于奕正写此小品时确有此意，那倒是与崇祯皇权更接近的一次内心意识流活动。

2016 年 5 月 31 日　于万柳

一代国师，
怎落得大清国内无人睬

　　这十几年来，西山大觉寺是越来越热闹了。尤其是北清路开通后，交通极便利，现在有私家车的人又多，出了北五环，过永丰，上北清路，过六环，很快就可以抵达这座阳台山麓的小小寺院。读季羡林先生的《大觉寺》一文可知，20世纪80年代这里交通不方便，七旬高龄还是跟着小辈一路骑车而至，途中已累到腿脚发麻，幸亏同伴扶掖一鼓作气骑到大觉寺。然后老人游历一番，感慨："人间净土就在眼前，都会油然产生凌云的壮志。"于后，七旬老人又一口气骑回燕园。然而，时光荏苒三十余载，季老在文中大赞的"人间净土""世外桃源"已是一个十分热闹的旅游场所了。当然，每逢初一、十五，也有佛教信众礼拜庙堂，或者游客游乐之余顺带拜拜。每当看到人头攒动的厅堂，你会慨叹两千万人口的大都市，可以游览参观的景点、可以宗教皈依的庙堂实在是太匮乏了。

北京的隐秘角落

　　说到西山大觉寺，无非是这样些说辞：千年古寺，皇家敕建，名人眷顾，古迹甚多。因其中有古玉兰树一株，大觉寺位列北京三大花寺［另两个为法源寺（丁香花）、崇效寺（牡丹花）］之中。这株玉兰树的名气之大缘于两点。其一，它是大觉寺首任住持迦陵性音和尚亲手栽种，据说，树苗来自四川，跨越半个中国，落户大觉寺四宜堂。其二，这株玉兰花开格外美丽芬芳，花大如拳，洁白如玉，香气浓馥。虽然今天再观这株玉兰，已是花中老者，有些虬枝老干的风采，树形已不甚美，还有几根铁棍支撑着有倾覆之相的树干，但它曾经的风采近三百年来吸引过众多名人雅士的目光并获得了他们的赞美。其中就有清朝文学家爱新觉罗·奕绘、顾太清夫妇，近现代文化名人郭沫若、朱自清、冰心、俞平伯、张伯驹、季羡林等。早在民国初年，冰心夫妇就在这座寺院度过了他们新婚的最初岁月。又有说清朝初年天才诗人纳兰性德也曾目睹此树繁华，并附会了他有关玉兰的诗句。这其实是个谬传，纳兰性德离世于 1685 年，离迦陵和尚住持大觉寺的 1720 年有三十五年的差距，所以纳兰并未见过这株玉兰，但他游历过大觉寺倒是有诗为证：

浣溪沙·大觉寺

燕垒空梁画壁寒。诸天花雨散幽关。篆香清梵有

无间。蛱蝶乍从帘影度，樱桃半是鸟衔残。此时相对
一忘言。

"此时相对一忘言"真是刻画了静寺的意境，但他只见空
梁画壁，燕子蝴蝶，没有玉兰矣。

现在大觉寺的旅游解说词概括了八景：古寺兰香、千
年银杏、老藤寄柏、鼠李寄柏、灵泉泉水、辽代古碑、松
柏抱塔、碧韵清池。游客们必是循着这八个看点游历拍照
一番，不消半个小时即可全部点到，加上参观一番大殿佛
像及藏经楼的大觉寺历史展，也不过是个把小时可以完成
的游览。从京城驱车几十公里只是在这个小寺转悠个把小
时就没了新鲜，对游客而言肯定是无法感到满足的，于是
有商人寻到民以食为天的定律，开了间茶肆酒楼——
"明慧茶苑"。茶苑开在有着古玉兰的四宜堂院子里，仲
春时节，古玉兰往往不顾高龄，花儿开得格外绚烂，加之
玉兰特有的浓香，满庭院也恰似一片袖珍盆景般的香雪
海。当然，玉兰开花的时间很难拿捏，花期又短，所以特
意为此景此香而至的宾客定是那些比较讲究的精致小资。
花影扶疏之时，品茗听琴，定是一番悠然滋味。

而明慧的酒楼就很独特了，它在茶苑的前套院，是一
家开在寺院里的世俗酒楼。为什么世俗？因为它不是素
斋，荤腥不忌，主营江南菜系。酒楼门口放置数口"女

儿红"大酒缸，好肉定配好酒。于是，游完寥寥景色的游客们便欣欣然有了安抚肠胃的好去处。我的一位朋友总是问我：为什么在寺院里开一家荤菜馆子？然后她自问自答道：因为寺院里没有僧人，没人忌讳没人管。我倒是觉得，是因为不拜佛的游客占了绝大多数，让那些肚子不可缺油的人在一个乏善可陈的小寺游览完再得不到口腹之欲的满足，让他们去吃素食斋饭，这个景点肯定是要衰落的。所以，从某种意义上说，传说"大觉寺餐馆的菜好吃"，倒是起到了勾牵游客肠胃的作用。

大觉寺历史渊源千年，最初是辽寺，由民间人士发心而建，到金朝皇帝金章宗建成清水院，后改称灵泉寺。彼时，金章宗沿西山山麓建了八大寺院（也称八大水院），历经明清几度废建，但均为皇家敕建。自明朝宣德年间重建更名"大觉寺"后名称沿用至今。金朝皇帝非常有趣，他们绝大多数时间与大宋朝为敌，征战不断，但他们骨子里又对中原文化膜拜得五体投地，最终也是没落在追求艺术创造、追求宗教信仰的道路上，被没有这般复杂文化侵蚀的蒙古人灭掉。所谓"最堕落的"金帝金章宗在文化意义上完全被汉化，他写得一笔漂亮的"瘦金体"，骨子里膜拜宋徽宗，吟诗作画，兴建庙宇楼堂，一派繁华大金中都城，也注定了由盛转衰的命运。

但凡名寺，都会与某些高僧相关，因为毕竟不是荒野小庙，配得上在敕建寺院住持的僧人一定是当时修行深厚的大德高僧。大觉寺与两位高僧渊源深厚，一位是明朝大国师西天佛子智光，另一位是跨康熙、雍正两朝的大觉寺住持迦陵性音和尚。而迦陵和尚恰恰就是大觉寺里隐藏的一段帝僧交往的悲剧故事的主人公。

大觉寺后山有一尊覆钵式塔，坊间通称迦陵舍利塔，游客们往往绕塔行拜，以为高僧舍利定是在此封存。而大觉寺管理者似乎比较严谨，只在标牌上写了两个字——"白塔"，因为这座大佛塔没有铭文，也没有确切的记载。它矗立在大悲堂北侧全寺的最高点，高12米，与北海永安寺白塔的形制相仿。迦陵舍利塔塔基是两层须弥座，下面的八角须弥座刻有仰莲和伏莲纹样，在八个面中心和四周都镶嵌有砖雕，转角处的角柱上有连珠、如意等纹样，其上的圆形须弥座上刻有仰莲和伏莲，束腰处有花草图案。须弥座之上是三层叠涩金刚圈，再上是塔肚，塔肚正面开有壶门，壶门下方有一个由连珠纹装饰的座，壶门周围装饰有火焰纹样，假门上还有石刻的窗棂。塔肚上则是十三层相轮，没有基座，相轮上是伞盖和宝珠组成的塔刹，伞盖上刻有流云纹和佛字，并挂有铜铎（俗称"风铃"）。刹顶的宝珠上有蕉叶纹装饰。一般认为，这座宏伟佛塔是乾隆年间建制的，依据来自乾隆年修葺再建的碑文记载，有"故命其徒建塔于此"之语，但此塔是否彼塔呢？

我认为这个记载并不翔实，因此查过不少资料，有金、明、清建造之说，各有说辞，莫衷一是。如果说是清朝所建，肯定不是雍正所建，雍正后期是全盘否定迦陵和尚的。虽然迦陵的灵骨移住大觉寺，但真正的掩埋地点是现已毁灭的大觉寺塔院，在寺庙南方 1.5 公里处，历代大觉寺住持都埋葬在那里，包括迦陵，所以其舍利塔应在大觉寺塔院。到了乾隆时期，重新修葺大觉寺并有加建，但"故命其徒建塔于此"，也有可能是指在塔院为其建立的舍利塔。而重修之时，寺院里这座塔也已存在，只是已有损坏，修葺时一并加固整理。后人便将此言当作乾隆修塔的附会。

我为什么对清朝建塔持否定态度？答案便是白塔所处一松一柏之环境。白塔左右两侧一松一柏，也是大觉寺美景之一——松柏抱塔。当然松树已死，现在坑里的是一棵补种的小松树。但那棵柏树是参天古树，雄风依旧，植物学家测定应有五百岁树龄，这才是昭示塔龄最直接的证据——此塔应为明朝塔。依树龄推测塔龄也算一家之言。但这座宏伟之塔，因没有塔铭，历史记载亦语焉不详，给后世留下了极大的想象空间。

雍正确是个翻来覆去随时变脸的人，在不同的位置难免以不同的面孔示人，在潜邸和朝廷完全是不同样貌。这就是那类你不可与他关系过于密切，不可知晓他过多隐私的人。你和他的亲密可能导致他对自我保护的过度反应，他可能认为你知晓的太多，对他的威胁也太大，难免心生厌恶。迦陵和尚与弘素和尚便是最好的例证。这两位高僧都是雍正当王爷时与之交往厚密的潜邸常客，王爷登基后他们遭遇一样的被放逐命运，当然他们并不是等待皇帝发什么贬斥而落亡，都是发觉新皇帝出世，旧风声已改，被迫放情云水，自行逃逸而已。

为什么说是"自行逃逸"？雍正登基后，迦陵和尚还活了四年，此间，雍正尚未修理他。但那期间定是有一种无形的威慑力控制了这位禅僧，令其骇然。迦陵和尚逃南后几乎是过了四年居无定所的生活，所谓"飘然而南"，过起了"一瓢一笠，山栖水宿，居无定止"的日子。实际上，他过的是一种胆战心惊的逃亡生活，唯恐雍正抓他，直到雍正四年（1726）秋，才回到江西庐山归宗寺，独居静室，闭门不问世事，并于当年九月二十九日，以微疾小恙示寂。他这最后的四年应该是惶恐不安、缄口不言地熬过的。而同样也是死于雍正四年的弘素和尚则参悟未深，虽说也是逃亡，但还是与其门徒招摇地方，争言与皇帝有密切的关系。当然，两位僧人同样蹊跷死于同年，可能是巧合，也可能是疑案。

今人评价迦陵和尚，称其为清代早期一位著名的禅僧。其生年不详，俗姓李，法名性音，别号吹馀，迦陵是其字，平生以字行。他青年时便依止高阳寺毗庐真一禅师受具戒，后来南游，参禅临济宗尊宿杭州理安寺梦庵禅师，因悟性深彻而得授衣法印，成为临济正宗第三十四世嗣法传人。迦陵一生行脚广泛，弘法参学遍及众多著名寺院。据说迦陵和尚不仅对佛理参悟独具心得，达到了圆通之境，而且能阐发微妙，有好口才。有记载说他"智逞无畏，说纵无碍，辩演无上菩提以祝无量"，使听者"每于捶拂之下，不独耸耳，且乃惊心"。康熙五十四年（1715）冬，他在京师柏林寺讲法，"竟若决江河而莫之御：无一处不发人之未发，无一句不闻人之未闻；会下五六千指，皆恍然自失，无不欢喜踊跃"。他一生著述甚丰，有《宗鉴法林》《是名正句》《杂毒海》等百余卷佛教内、外典籍传世。

雍正还是雍亲王的时候，爱好结交僧道，虽论佛道，但更重探寻谋政法术，采各种知识门道之精粹，迦陵和尚便是府内常客。故而自康熙五十一年至康熙五十九年，迦陵和尚与雍亲王胤禛的亲密关系大约持续了九年，迦陵和尚经常出入潜邸帷幄，讨论佛法，或者还有其他参谋，但不得而知。至康熙五十九年，他们二人的关系达到最热络的时期。那年大觉寺由皇家"特加修葺"后，雍亲王力荐迦陵性音任该寺主持。当年秋九月，雍正亲自撰文并书丹《送迦陵禅师安大觉寺方丈碑记》，在记文中盛赞迦陵

"净持梵行，志续慧灯，闲时偶接机锋，不昧本来面目，是可主法席而能以宏阐宗风者也"，这可以说是雍正帝对迦陵和尚修行佛法境界的最高赞赏。该碑今天安放在大觉寺南碑亭，碑文书写是雍亲王的亲笔，遒劲洒脱，大气脱俗，历经三百年，感染力依旧。

后人一直探索这帝僧恩怨的缘由，现在看来更多的是祸起迦陵和尚的文字。迦陵和尚南下流亡尚在人世的最后四年，雍正并没什么表示。在得知迦陵圆寂之后他曾上谕："且若以旧邸熟识僧人，仍令主席京师，天下或以朕有好佛之心，深有未可。"又说："而性音亦力辞归隐，遂安禅于庐山隐居寺四年。于兹谨守寺规，谢绝尘境，即本省大吏尽不知不闻也。"由此可知，雍正忌惮天下人怀疑其谋位的合法性，极力撇清沙门参政之嫌，迦陵跑到庐山，当地官员都不知道，皇帝更是什么也不了解。是不是这么说反而是欲盖弥彰，而迦陵南遁是不是正应了现代人的那句话——"你知道的太多了"？雍正言道："以朕嗣登宝位，凡体国经邦，一应庶务，自有古帝王治世大法。佛氏见性明心之学，与治道无涉。"这时候雍正对迦陵还是客气的，至迦陵圆寂，雍正更是封其为"大清国师"，赠谥"圆通妙智"，并令将其语录收入经藏。一时哀荣，也算不枉旧识。但几年后，风云突变，雍正称"朕从前失于检点，亦性音辜负朕恩处，著削去所赐'国师'封号，其语录入藏者亦著撤出"。为什么？因为雍正这个人心思真是缜密如针，他发现了迦陵著述中有不少潜邸时期雍亲王与僧衲交往的记录，而且其门人也是多嘴多舌，在迦陵死后为其鸣不平。这些岂是雍正这般性格可以容忍的，所以迦陵死后几年被雍正彻底否定也是不足为奇之事。

迦陵圆寂，雍正薨逝，这一段帝僧公案也算告一段落。但乾隆没有放下，他对这位高僧是有好感的，说不定也是钦敬的，更可能认为不应该与一介僧侣如此过不去。他给不少顺治、康熙、雍正时期的罪人平了反，何况这一介禅僧。一方面，平反体现其情怀宽厚，另一方面也是做给当朝臣子看，昭显皇恩浩荡。

有一个传说，说的是迦陵和尚与乾隆皇帝有过交集。传说当年乾隆皇帝曾到大觉寺修行，一次坐禅时打盹入梦，竟笑出了声音，当时负责寺内烧火的小和尚迦陵，操起戒尺便打了乾隆，皇帝也不得不承认自己是"仙阙少缘分，凡尘属寡人"，尔后悄悄溜回宫去。寺内的僧人都为迦陵捏了把汗，但是乾隆皇帝非但没有惩罚他，还特派贴身太监来拜见他。这个传说是不是为大觉寺做旅游景点而编排的故事不得而知，因为在迦陵与雍亲王的"蜜月期"，迦陵和尚是被亲王府从柏林禅寺请去的，柏林禅寺与亲王府距离比较近，迦陵出入王府如履平地，好学少年弘历与其相识或者听父王与和尚论道也是常理之事。但康熙五十九年寺院修茸完毕，迦陵真正入住大觉寺做住持时已是贵为住持的老和尚，不可能是什么烧火做饭的小和尚了，而乾隆当时还只是个叫弘历的少年，才九岁，不可能有这段参禅修行的故事。

迦陵和尚的衣钵弟子、大觉寺第二任住持实安法师曾为一幅迦陵和尚画像题诗一首，今天诗画均收藏在大觉寺，是当年供奉于寺内"祖堂"之物。这幅画像的上端有"大觉堂上第二代继席法徒实安"题写的《老和尚像赞》一则，倒是反映了徒弟对自己的师父结交皇权导致不良后果的不满。像赞曰：

> 欲要赞，只恐污涂这老汉。欲要毁，又怕虚空笑破嘴。既难赞，又难毁，父子冤仇凭谁委？不是儿孙解奉重，大清国内谁睬你！咄，这样无智阿师，怎受人天敬礼。

后人解读这首诗，认为是揭示迦陵与雍正帝关系本质的概括，似乎还欲言又止地泄露了那么点"天机"。这则像赞中，使用的是禅宗"棒喝"方式，表达了弟子对老和尚过于牵绊天下君王而走偏了出家人的路线的不满，明明是被赠谥"圆通妙智"，但后来又因"有失检点"被削去"国师"称号，到底"有智"还是"无智"，一团糊

· 75 ·

涂，"怎受人天敬礼"？而且，不是我们这些徒子徒孙敬奉你的话，大清国内无人理睬，这就是你结交大人物的好下场！而"父子冤仇凭谁委"一句，令人好生讶异也好生联想，这是不是暗指民间盛传的雍正帝通过激烈的内部斗争取得皇权大统之事？这种胡言乱语式的禅语透露出他弟子的慨叹，慨叹老和尚过多地参与雍正帷幄，以至于耽误了修成正果还伤了自身。

牵绊到俗世中的和尚必然是个悲剧，因为佛法的修行是超越凡尘的精神苦旅，如果标榜了"出世"的法则，又为"入世"找各种堂皇的借口，最终是伤了法体，而难免流陷于世俗的喜怒哀乐之中，不能获得真正的高僧大德美名。

机缘巧合，今天的大觉寺也如同它的清朝住持般，以另一种方式浸润在滚滚红尘的喧嚣之中，有美馔佳肴风花雪月，还有各种所谓弘扬传统文化的活动，品茶、古筝，充溢着世俗的欢愉，但不能免俗于商业利益的围绕，因为它早已不再是宗教场所，只是文物景区。一个变身文物场所的佛教寺院迎合并没有佛教信仰的游客们吃喝玩乐之余，接受一点儿他们自求其利的许愿和布施，这难免令我联想到迦陵和尚涉于俗世的忧思，那一定是他"飘然而南"的四年里一直反思的问题。

2015 年 8 月 15 日　于万柳

把一辈子活成了阴影的
悲剧皇后

闲来无事，春天某个周末我便想去颐和园转转。起初是想拜访"转轮藏"的，也知道这个区域不知什么缘由一直是禁足之地，或许是出于文物的珍稀，恐怕不明就里的游客浪潮对其有所伤害。这次也是想碰碰运气，万一园子悄无声息地开放了呢？来到排云殿，作为颐和园的热点景区这里照旧是人潮如海，工作人员理直气壮地回答我："'转轮藏'不开放！什么时候开放？不知道！"颐和园的门票被坊间盛赞为"良心价"，确实，30块不贵，但又有多少具有较高文物价值的地方不开放呢？如石舫，如转轮藏，开放的佛香阁又是园中园，在一个逼仄狭小空间另行收费。还有耶律楚材墓，今天连耶律楚材也帮着颐和园管理处赚门票呢。也罢，不如转往玉澜堂，去看看那曾经困着光绪帝的三合院子。

玉澜堂并不是玉兰堂，跟玉兰这种植物没任何关系。

颐和园的玉兰树的确出众，玉澜堂里也有，两棵，在连接的后院——宜芸馆院子里，靠南。靠北对应的是两棵挺拔的楸树。那两棵玉兰只是中规中矩地长着，不敢有什么特别，就如同光绪帝始终活在规矩而压抑的氛围之中，拘泥而内敛。而霸气的玉兰树则生长在慈禧太后的寝宫乐寿堂里，当然还有大石头"青芝岫"，白、紫玉兰数棵，西府海棠数棵，各个昂首挺胸，花开得霸气十足，石头更是遒劲张扬，显示主人强大的气场。这氛围，浸染着游客的情绪，在玉澜堂时都是低声小气，怜悯地议论着可怜的皇帝，真是被一股幽怨之气拿住了。而到了乐寿堂，搭上游客更是众多，简直就是人声鼎沸，笑语欢声，啧啧赞叹不绝于耳，玉兰海棠长得真是好，大青石头真霸气，乐寿堂里面隐约可见的物件也好生华贵。难道这俩院落的主子阴魂不散？人世间的势利分别心总是会因场合的切换而不同。

玉澜堂的"玉澜"两字取自西晋诗人陆机的诗句"玉泉涌微澜"，玉澜堂在昆明湖东岸，而这湖水恰恰缘于玉泉山诸泉，水波涟漪，景色空蒙，用"玉澜"命名真是极其秀丽而贴切。玉澜堂建于乾隆年间，最初是当作书堂使用，是皇帝游园歇息喝茶、读书写字的地方。至今玉澜堂仍保留着乾隆皇帝临摹书法大家的御笔石刻，在后院宜芸馆的南墙上。由此可知这是乾隆皇帝舞文弄墨的地方。到了嘉庆帝的时候，皇帝经常于夏天在颐和园避暑，也就在玉澜堂理政办公，接见臣子，然后留茶用膳什么的。这路三合院一直是个雅致、清净、墨香四溢的地方。穿过玉澜堂侧廊往后院走，经过一片后花园，就可以到达宜芸馆了。宜芸馆最初是作书堂藏书之用，所以用了"芸"这个字命名，指可以防止书籍被虫蛀的芸草。遥想当年这里熏制芸草，淡淡袅袅的草香弥漫于整个院落，闻者也会肃然于这种雅致的气氛。

　　光绪年间，颐和园作为帝后驻跸之所超过以往年间。一方面，炎热的夏天住在紫禁城并不舒适；另一方面，建造颐和园就是为慈禧太后"归政"后颐养天年，所以颐和园成为皇家人员常驻之所。慈禧越到晚年越喜爱在颐和园消夏，所以像乐寿堂、玉澜堂以及东门的勤政殿就都被更加精心隆重地装饰装修了。陪着慈禧的光绪帝自然把玉澜堂作为紫禁城外的寝宫。可以想象，这里的夏天曾有的热闹，珍妃等年轻美丽的妃子也曾把笑语欢颜洒落在这里的庭前廊下。我不知道妃子们如何住宿，但宜芸馆是皇后的寝宫不容置疑。徜徉在这座精致的小小院落，除了整齐对应的四棵树——两棵楸树，两棵玉兰，再也没有其他植物，看不出当时那位女性地位的高贵——隆裕皇后没有其他任何柔美精致的遗存，譬如什么特别的园林小品、藤萝花架等，没有，什么都没有，房内的陈设也是很常规的摆设。宜芸馆内的陈设是这样的：室内正中安设宝座、地平、五屏照背，落地罩内面南设楠柏木包厢床、香几、书案、顶柜、绣墩、案、挂屏、插屏镜、自鸣钟等物，几、案上放置书册、玉版，东间罩内设佛龛，供铜胎、玉胎佛像、佛经，前有香炉、香盘、欢门幡，配殿道存斋与近西轩内设有楠柏木包厢床、香几、书桌、如意椅、案、琴桌、冠架、顶柜、插屏、挂屏、字画等物。现在我们看到的景象几乎一如当年。

偶然间，我在东暖阁透过玻璃发现一幅张百熙的字，落款是：臣张百熙敬献。纸张已经黄旧，散发出岁月老去的气息。上面有两句题诗："玉槛玲珑红露重，金炉缥缈紫烟轻。"这出自金末元初的诗人杨奂的诗句："玉槛玲珑红露重，金炉缥缈翠烟轻。"但杨奂写这首诗是在金章宗御试的考场上，是《试万宁宫》里的诗句。我很好奇张百熙的这幅书法是献给皇帝的还是给皇后的。当然，最有可能是某日皇帝与臣子把酒，雅兴乍起，臣子当场书写的奉承应景之作。但是，这幅字为何放置于皇后的东暖阁，就不得而知了。想象不出寂寞的皇后是否曾对着这幅书法无聊地玩味，不知道对这样的文字和张百熙的书法能否欣赏？这两句里的"红露""紫烟"倒是很应这个寂寞小院子里的景，尤其是将"翠烟"改成"紫烟"真是透出了皇后的哀愁。

即使游客吵吵闹闹，你还是容易看到宜芸馆的寂寞。它与玉澜堂中间还隔着一个挺大的花园，那个花园也是无趣的，散落着奇石竹子，估计光绪帝也很少光顾。这个花园散发着荒凉之气，犹如这一对帝后的关系。而宜芸馆没有后院，再往后就是上山了，孤零零不再依靠更多的建筑。仰头望去，就是一方天空以及东南方向露出的德和园的一角，如果说建筑很孤独，那它的女主人更是将一生的孤独注入了这里的石木瓦片和头顶的一方天空。

隆裕皇后的一生真是太孤独寂寞了。如果是单纯的寂寞也就罢了，还有那么多不如意、压抑、焦虑。她终生失宠于皇帝，也不见爱于太后，宠妃如珍妃也不把她放在眼里的，甚至连太监们她也不敢过分粗声呵斥。在整个宫廷之内她没有同党。她始终没敢将娘家母亲接进宫内探望，即使她的父亲副统领桂祥（慈禧的亲弟弟），也只是到宫内当值时彼此偷偷地看上几眼。桂祥托人请皇后给家里一张照片以解亲人相思，而隆裕皇后为这件事紧张了很久，偷偷摸摸地请人进宜芸馆给她拍了照片。她在经济上也很窘迫，虽然她是慈禧娘家侄女，但慈禧这个人对娘家并没什么特别的关照，娘家也不是顶富裕的，而宫中的财务用度虽然名义上是皇后统领，但除了满足骄奢的正主子们，皇后并没有实权。最典型的一个故事是她的亲公公也就是光绪帝的父亲醇亲王过世后，皇后竟然因为钱财上的窘迫，也可能是出于打赏不起奴才这种说不出口的原因，竟然闭门托词生病"不往"！全世界也难得找到这么窝囊的皇后吧。

在宜芸馆流连，我耳边传来的游客议论几乎大同小异，无论是导游还是游客，众口一词地贬损嘲笑这位皇后，说她的丑陋，她的失宠，甚至她的愚笨。这是怎样一位倒霉的皇后，生前身后都是别人嘴里的笑话。

其实，年轻时的隆裕皇后不丑，她就是那种瘦高的甚至还比较清秀的老实厚道的满族姑娘。她的容貌活脱脱地被悲惨的宫廷生活扭曲了。晚年她吸食鸦片，可能是有失眠症的缘故。据说她还喜食瓜子，每晚不磕掉许多瓜子是不睡觉的，所以满嘴龋齿，龅牙也丑陋地突出来。而她身材比较高瘦，这在今天是众人喜爱的亭亭玉立，而在崇尚娇小身材的清朝却显得如羊群里的骆驼，她就不自觉地缩着自己，久而久之成了驼背状。她也不愚笨，她读了很多书，甚至后期还读过欧洲、美国的历史书。年轻时她也是读书识礼的，在闺阁年代与光绪是两小无猜的表姐弟，很是熟识，经常来往，光绪帝一直认为她的声音是好听的。可见，年轻时的隆裕（那时她叫静芬，小名喜子），也是温柔而好学的，并不是生来就保守愚钝。

光绪十五年正月二十七日（1889 年 2 月 26 日）是光绪皇帝与皇后大婚典礼的日子，但就在距离这个日期还剩四十天的深夜，一个雪花纷飞数九寒冬之夜，紫禁城突发大火，烧毁了太和殿前的太和门。太和门被烧真是一件不吉利之事，这意味着新人皇后无门可入皇宫。隆裕的命运似乎应验了这次大火的昭示，她终其一生没能走进光绪帝的内心世界。

隆裕皇后与光绪帝生活了差不多十八年，前十年被珍妃排挤，真乃有名无实的皇后。这位皇亲国戚高贵出身的女孩被一个礼部官员家的姑娘排挤，真不知道一天到晚除了生气还有什么。民间野史以及民国讲述晚清历史的电影作品，大多把光绪帝视为改革维新派，而慈禧太后就是顽固保守反动透顶的代表，所以恨不得"帝派"这边都是好人，都是被反动派打压、迫害，几乎快被捧成了什么国家大义凛然献身的英雄，而"后派"那边是一群妖魔，祸国殃民。实则有偏颇之处，晚清的历史包括历史人物都有其极为复杂的一面，慈禧也有待客观评价。

事实上，"帝派"这边珍妃这类后宫女人并无什么大义可言，其最多的心机不过是争宠于皇帝的妇人之见，甚至心存觊觎皇后位子的妄想。珍妃不过是一个年轻美貌、喜好新鲜玩意儿也比较好财的女人，并不懂得什么改革维新，把她美化成光绪改革维新的"同志"也真是文学的创作。她美丽、聪明，也有书画才能，令人喜爱。庚子事变被人推井谋害，更是令人心痛惋惜。红颜薄命似乎掩盖了她性格的另一面——胆大贪婪。历史记载她干了不少僭越之事，最典型的是倚仗光绪的恩宠勾结太监卖官鬻爵。比如，为一个叫耿九的人谋取了广东海关道的肥缺，为鲁伯阳谋取了上海道的肥缺，为玉铭谋取四川盐法道一职等。不管怎么说，珍妃在这件事上确实有把柄抓在慈禧手上，于是背上了"干预国政"的罪名。所以，慈禧对她的厌恶与惩罚并不是那些野史小说所说的看不得她与光绪的恩爱。珍妃把自己所受到的惩罚皆归罪于皇后的嫉妒挑唆，也使光绪对隆裕皇后更加厌恶。珍妃在世时，也是隆裕皇后二十几岁的大好年华，皇后却只能容忍得势跋扈的妃子，而自己过着孤灯冷衾的日子。

在珍妃死后的八年时间里，隆裕皇后过着相对平静的生活，而且光绪在最后的日子也是这位弃妇对其不离不弃围绕照拂。无论是在瀛台还是在玉澜堂，她守候了光绪最后的时光，虽说两人相对无言，光绪已是意兴阑珊失去了活力，隆裕总算多少得到了一份安宁平静的生活。

虽说从西安流亡归来，光绪已经得以解除维新变法中遭到的软禁，但他这时候已经是个活死人了，也可以上朝，但无非是扶着太后上来，一副无精打采的样子。慈禧问："皇帝这事怎么定?"便答："亲爸爸做主就是了。"原本就躲在宫廷阴影中的皇后更是销声匿迹了一般。当时有一位叫赫德兰的外国人这样描述隆裕皇后：

我夫人告诉我："隆裕皇后长得一点都不好看。她面容和善，常常一副很悲伤的样子。她稍微有点驼背，瘦骨嶙峋。脸很长，肤色灰黄，牙齿大多是蛀牙。她十分和善，毫无傲慢之举。我们觐见时向她问候致意，她总是以礼相待，却从不多说一句话。太后、皇上接见外国使节夫人时，皇后总是在场，但她坐的位置却与太后、皇上有一点距离。有时候她从外面走进太后、皇上所在的大殿，便站在后面一个不显眼的地方，侍女站在她左右。在别人不注意的时候，她就会退出大殿或者到其他房中。每到夏天，我们有时候会看见皇后在侍女的陪伴下在宫中漫无目的地散步。她脸上常常带着和蔼安详的表情，她总是怕打扰别人，也从不插手任何事情。"

她一生大部分的光阴活在阴影之下，这种阴影意味着寂寞与恐惧。无论是珍妃的跋扈，还是慈禧太后的强势，如果她只是个普通的贵族女子朝廷命妇倒也罢了，命运又毫不客气地给这个可怜的女子戴上一顶皇后的桂冠，名义上统摄六宫，实则唯唯诺诺里外受气，她大概希望自己永远是一个不在场的人，可以随时消失在阴影里吧。

有一类受气包倒是有强烈的报复心，譬如欺压下人婢女，因为他的压抑之痛是要找到出口的，而这位皇后却始终是个仁慈和善的人，痛苦的生活并未使她迁怒报复，这从她和太监们的关系可以看出。我们从一些清宫回忆录中可以得知，大多回忆实录中对隆裕皇后没有什么微词。她对太监大总管李连英也是尊重客气的。慈禧太后病故后，隆裕见到李连英是极其紧张的，李连英告诉她："懿旨是皇后升为太后！"她才松了口气，因为她猜想慈禧太后可能会令她殉帝，慈禧自己的儿媳妇阿鲁特皇后就是被殉同治帝的。如果李连英看着隆裕不顺眼，编个慈禧临终懿旨谁又敢不从呢。慈禧的丧事办完后，李连英把在宫内当差几十年积攒的珠宝赏赐装了若干个大捧盒，说是要退休离宫了，不敢让皇家的宝物流落民间，请隆裕收留下，隆裕自是一番伤感，恩准李连英"不降银"退休（继续享有奉银六十两），回家颐养晚年。

在隆裕的晚年，也就是光绪与慈禧过世后的五年里，因为清帝年幼，她就是大清朝的最高统治者，虽然其个性柔弱宽和，但时代大潮把她推到风口浪尖，她不得不识时务者为俊杰。好在她并非糊涂之人且秉承退让之态度，虽然或许是其懦弱本性使其龟缩保全，但在民国建立后，她顶住了死硬派亲王们反对清朝拱手让权的巨大压力，迅速诏书逊位，"我并不是说我家里的事，只要天下平安就好"，虽说她秉性柔懦，但这句话还是颇有水平。毕竟，和平的朝代更迭使社会躲过了一次剧烈的动荡，避免了对百姓的伤害，她也得到后世"女中尧舜"的美誉。隆裕皇太后薨逝后，当时的媒体给予了这位一生委曲求全孤寂忧郁的女人一个相对客观正面的评价："己丑年嫁光绪帝为嫡后，秉性柔懦，失西后欢；尤与光绪感情不洽，抑郁深宫二十余年。既无可誉，亦无可讥。惟清廷退位，后力居多，将来共和史中亦不失有价值之人物也。"

或许，这位哀愁的"女中尧舜"在颐和园那个寂寞的宜芸馆小院，在一小方天空之下，无数次地漫步思虑，练就了她对世事世人避让躲闪的态度。时光悠悠，今天，宜芸馆只是天天被游客喧哗吵闹着，没人再去关心那曾有的孤怨，人们还要大声贬损这位可怜的女人，不愿意去了解这位皇后走过的艰难一生。她那不甚美丽的面容和她的失意人生永远也躲不进她渴望的那一片阴影之中。

2015 年 7 月　于万柳

明清两代大太监的
一种奇异传承

　　我只是偶然经过定慧桥，才发现了这个寺院的遗迹。当时心中掠过一惊：难道现实中还真有定慧寺的存在吗？北京叫某某寺的地名很多，但大多已无其实。这个都城曾经有几千座寺庙，即使在 1958 年全国文物统计之时尚有 2666 座寺庙。不过经过几十年风雨飘摇社会大洗礼，大多数是连点儿残墙颓瓦都没有了。所以，尽管地名还是那么叫着，也无非是个"色空"而已。

　　清康熙皇帝也是偶然落脚过定慧寺，那时它还叫"云惠寺"。康熙四十一年（1702）的春天，康熙皇帝治水西巡永定河，在赴宛平城途中，座驾幸临该寺院，将这座明代遗存叫"云惠寺"的寺庙改名为"定慧寺"，并留下手书匾额"慈云广覆"。据记载，最开始，定慧寺坐北朝南，门额及天王殿额皆为康熙帝御书。这个贯穿明清两朝的寺院曾经过多次重大的修缮。寺院呈四合院式布局，原寺后有小山、水桥。寺分山门殿、天王殿、钟鼓楼、前殿、东西配殿、大殿、东跨院前后殿，共有数十间殿房，前出月台后出厦，保留的是明代建筑风格。后殿内所悬匾额就是前面提到的康熙帝手书："慈云广覆"。虽然这个后殿现已无存，但匾额尚有保存。现存碑石五块：明朝碑三座，分别是正德碑二座，万历碑一座；清代碑两座，分别是康熙碑一座，乾隆碑一座。在《日下旧闻考》修编时，乾隆碑尚未竖立，当时的记录是只有三座碑，少了一座正德碑。这是很奇怪的事情，这些碑石依旧保存在遗址中。1984 年 5 月，在大殿后出土明代铜胎布袋僧两尊，造型优美，铸造工艺精湛，为明代佛像的珍品，应该是由相关文物保护部门收纳了。1984 年在四季青乡南辛庄村发现了一块"定慧寺开山第一代住持洪修和尚碑"，但碑石残损严重，字迹漫漶。从仅存的文字得知，洪修和尚为山西五台山出家和尚，受到康熙帝召见。康熙认为其才思敏捷，修行得法，便任命他为定慧寺第一任住持和尚。

在 2002 年前后，北京市政修建定慧桥，需要扩建阜成路。因定慧寺北殿（即有"慈云广覆"匾额的后殿）阻碍了阜成路东西交通大动脉全线贯通，故予以拆除。也就是说，如今的阜成路就是踩踏着定慧寺的北大殿房基贯通而过。

现如今，定慧寺勉强守住一块小小的遗址，它的准确

北京的隐秘角落

地址是北京市海淀区西四环定慧寺桥北阜成路 66 号，被空军某部干休所占用，尚存三进殿宇，正殿所在的院落保存得最完整。我在唯一的一次造访中，发现大殿、东西配殿及耳殿俱存，但大殿已被用作办公，不许进入。寺里还有那五块明清敕谕碑，除此之外，就没剩下什么了。

历史的阴差阳错往往有某种机缘巧合。历史上的定慧寺也是一座安排退休人士养老的场所，只不过安排的不是军人，而是那些为宫廷服务一生的太监。

历史上，定慧寺从明朝正德年间开始修建，初名"善法寺"，后更名为"云惠寺"，最后由康熙改名为"定慧寺"，沿用至今。历代都有修葺，曾经是京西大寺，因为此寺坐落在阜成官道之侧，人来人往，香火旺盛。在敕赐云惠寺碑（正德六年碑）上如此描述：

> 阜城关之西十里许曰香山乡垂杨柳，实都城孔道，界连西山，境接天寿，凡中外官僚出入与君子适景，无不经顾其处；兵民之运煤粟，商旅之输蔬果，旦至暮未尝断绝，其往来之迹，非雨雪通宵不息，乃京师要冲之地也。

这段生动的描述给今天的我们展现了当年阜成路城关一带的繁华景象，无论市井民众还是官员公干，甚至文人出游适景，都要经过或者光顾此地。这个寺院一度统领两旁十八个庵寺（指主寺和附寺的统领关系），规模宏大，全盛时期有殿宇数十间、和尚千余人，在明清时期是名副其实的著名大寺庙。

是何人修建此寺？根据现有的寺院碑文史料记载，这座寺院是由明清几代太监募款修建的。太监为何修寺院？因为他们老无所依，因为他们对今生悲惨命运的痛苦感受以及希冀修福来世的愿望。

王夫之曾在《尚书引义·舜典》中针对太监有一番议论。

> 宫刑施之，绝人生理，老无所养，死无与殡。无罪之鬼，无人除墓草而奠怀染。故宫者，均于大辟也。且宫刑之后，二气时乖，肢体外痿，性情内琢。故阉瘵之子，豹声阴鸷，安忍无亲。且刑人并齿于天地之间，人道绝而发已凋、音已雌矣，何惧乎其不冒死而求逞于一朝？而又姑且怜其无用，引而置之官府之间，不知埋下祸根深矣。宦寺之恶，稔于士人，惟其无廉隅之惜，子孙之虑耳，故悯不怕死，何况乎其以淫而在傍君主之侧耳。

由这段议论可知，太监出于生理缘故而有各种异于常人之状，人们进而说他们乖戾无常，会干出出格之事，令人嫌恶，但"老无所养，死无与殡"却是这些可怜又可恶之人的真实结局。

定慧寺缘起究竟如何？根据遗存碑文的记载，定慧寺最初建于宣德十年（1435 年，也就是宣德朝最后一年），由内官监太监申用所建，当时募化三千余金，从香山乡垂杨柳村民手中置地一顷八十亩，并请一位叫静允的僧人住持，寺院命名为"善法寺"。申太监当时定是宫中大太监，有一定的盛名与号召力，而他募捐的目的就是为将来出宫的年老体衰的太监们营建一栖身之所。到了正德二年（1507），内官监各衙门太监等官在一位叫马福广的太监的组织下，"各捐俸金，修饰增益，较前颇伟，四年工完"。这时，当时著名的内宫八虎之一、极有权势的大太监张永为太监们的建寺行动出了一回头，他奏请武宗皇帝朱厚照敕赐寺院额名，皇帝非常恩宠信赖张永，不仅赐名"云惠寺"，还钦赏护持敕书二道，敕书内容就是目前尚存的正德明碑所记。武宗是生性放浪之人，喜游乐玩闹，行为怪诞，专宠"八虎"，还闹过因为玩火差点烧掉宫殿却还在一旁看热闹的荒唐事。他的敕书内容也是夸夸其谈好似浮云，说什么自己"臣下有功者，懋赏必加，有善者荣名斯贲"，把自己的厚待属下作风先表扬一番，继而夸他这位近身侍奉的大太监张永如何"素秉勤慎""益竭忠诚"，但建寺皇家是不出钱的，全仰仗太监们筹措，皇家打赏什么呢？武宗一挥笔，赏了五十个度牒（类似僧人身份证，官家认证可以合法云游化缘），并免了该寺的粮草差役。可见武宗的明朝对民众之苛刻，连一般寺庙出家人也免不了被刮掠膏脂。最后，这皇帝还煞有介事吓唬人，说我这个敕令就是护佑寺院的，以后日子久了，哪个人敢来侵占破坏寺院，究罪不赦。他也不想想他能管这天下多久。这篇敕文是否真为武宗朱厚照的亲笔也未可知。后世对朱厚照的评价极为两极化。他是军事天才，有魄力、有胆识，强有力地击败过蒙古瓦剌军队，在明朝皇帝里是翘楚。但他又喜欢做荒诞不经之事，长期住在为皇宫饲养动物猛兽的"豹房"，点火玩乐差点烧掉乾清宫。他连死法都异于常人。起因是他钓鱼不慎掉到河里淹了一番，虽被救上岸，但没多久就死了。因为玩乐而死的皇帝不大多见。所以每读这方敕碑，文字活泼而夸张，令人忍俊不禁，感觉其还真差不多是他的亲笔。

话说定慧寺在明朝这一段时间是内宫有权势的大宦官张永为其撑腰，所以迅速演变为京西大寺，统领西山一带众多小寺也顺理成章。鼎盛时，殿宇数十间，僧人千余，再加上收留的退休太监，难以想象地人头攒动。到万历年间，寺院又进行了大举修缮，在万历二十七年（1599）秋天竣工立碑，只可惜岁月蚕食，这块石碑上的铭文在今天已是斑驳模糊，断续中看不出个详细究竟。不过，其主旨还是强调皇家对该寺的眷顾，有驸马、亲王奏讨资金，也有官员帮助筹款，不过建设的中坚力量还是内官监太监，在碑阴罗列功劳簿上也是以内官监太监为首，吏部、礼部、刑部、都察院官员、顺天府府尹、宛平知县等官员跟随其后。

太监第一，以太监为本，似乎成了定慧寺兴建及存在的理由，这里自然也是老太监们养老归终的场所。太监们是失去故乡、失去宗族的一群人，壮年且聚集宫中出力，年老后不可能适应他们几十年所不熟悉的宫外生活。他们需要扎堆，彼此照拂温暖，同时赎清累世的罪孽，修得来生的福德——即使没有来生福，也再不要是这种非男人的卑贱的异类。

到了清朝，这间佛寺继续秉承明朝的传统，太监们再接再厉维护这座京西的太监佛寺。尤其在康熙、雍正时期，这里的十里庄建立了几座敕建寺院，如慈育院、慈集寺（现均无存）。雍正十二年（1734），雍正皇帝还赐内监茔地（墓地）一区，名"恩济庄"，并于其地敕建关帝庙，也是方便埋葬这些养老的太监。

从清碑记录的大事上看，康熙时期大太监魏珠做出的贡献最大。清碑上记载："定慧寺者，御前内侍魏公珠所重建也。"魏珠这名字真是又谦卑又大气，他是康熙帝身边的太监，从小太监俗称"哈哈珠子"做起。好在康熙皇帝并非讲究矫情之人，否则"喂猪"，还"喂公猪"，难道皇帝是猪吗？当然这是笑谈。根据这段记载可知，康熙年间，定慧寺已败落，但建筑筋骨还在，魏珠太监牵头进行重建，这一方面说明了其势力和筹款才干，另一方面亦可见康熙帝对魏珠的青睐，御驾亲自视察了不算，还留下墨宝几许，还有西书房翰林院侍讲学士静海人励廷仪撰写碑文，皇家御前的凛凛威风是有的，怎么也算承继了蒙荫皇室的太监寺院的光荣传统。

魏珠是一位传奇太监，他大约生活于康熙中期到乾隆中期，享了极高寿命。关于他的记载大量出现在康熙五十四年、康熙五十五年前后，说明那是他人生最得意的时期。亦可想见，他从一个哈哈珠子起步，在康熙晚年获得御前特别恩宠，也是与老皇帝几十年朝夕相处获得的信任。被称为"珠子"的都是陪小皇帝玩耍的小太监，皇帝们成人后往往也比较倚重和信赖他们。他的名字魏珠大约起源于其哈哈珠子的身份，而出身卑贱并贱为太监的小男孩应该也是没什么正经的名字大号，姓魏，大概被人潦草地叫"珠子""珠子"，所以他就以魏珠立名。从史料看出，魏珠的名字大量出现在转传谕旨的记载中。在某些民间官司中，他甚至帮助下层官员向康熙传话，连康熙的皇子们如允禩、允禟也是百般与其交好。允禟之子弘晟年少时奉旨"内廷行走",因常到皇祖宫中,遂遵允禟吩咐,认魏珠为伯叔。这其实是很失体统的事情。

康熙末年,有一位谕旨"宫中养"的皇孙,即少年弘历,至少看到过这种景象,心中愤懑。所以少年弘历在成了乾隆皇帝后曾经用魏珠的例子训斥太监奴才们:"尊卑有一定之体统,上下有不易之礼仪。自宜循分遵行,岂容稍有僭越!太监等乃乡野愚民,至微极贱,得入宫闱,叨赐品秩,已属非分隆恩。"

他骂了两个太监。一个是其父亲雍正帝的太监总管苏培盛(《甄嬛传》里忠心可鉴的大太监),称其"乃一愚昧无知人耳","竟敢肆行狂妄,向日于朕弟兄前或半跪请安,或执手问询,甚至庄亲王并坐接谈,毫无礼节"。二是其祖父康熙帝的太监总管魏珠:"昔者塞思黑①之子弘晟呼魏珠为伯父,皇考曾严切教训,此风不可长也。"由此可见乾隆帝小小年纪时便记恨在心,也可知得宠的太监如此放肆。

魏珠的传奇之处还在于他经历了康雍乾三朝,得宠于康熙,见恨于雍正,但宽宥于乾隆。雍正自然是对康熙身边的得宠太监很有芥蒂,民间传说这与雍正的皇位得到得不那么光彩有关,说什么魏珠似乎知道雍正在康熙濒死之

---

① "塞思黑"是雍正给允禟改的名字,意思是讨厌鬼。

际的行为……事实上，这些传闻没有依据，康熙晚年传位
雍正，实际上是以高瞻远瞩地历练他优秀的孙儿弘历并最
终使其御宇天下为目的的，雍正篡位之说并无依据。可是
毕竟几十年的太子位之争，十几个兄弟打得不可开交，各
分党派，雍正上台必须狠狠打击他曾经的那些兄弟政敌。
八皇子阿其那、九皇子塞思黑（这是他对两位皇子侮辱
性的更名）正是他最讨厌的人，而魏珠恰与其交好，雍
正修理魏珠也是顺理成章的了。当然，雍正还是看在老父
皇的面子上，只是将其轰出宫去守皇灵，置了罪但并没有
处死他，这也说明雍正并非滥杀之人。而乾隆帝当朝后宽
宥了众多被雍正治罪的人，甚至那位精神不大正常的废太
子允礽及其家人也得到了安置。自然，他也看在其挚爱的
祖父的份上宽恕了魏珠。据史书记载，直至乾隆二十六年
（1761），魏珠尚在世。这最后一次的记载是寿安宫发生
火灾，魏珠禀报有关火情原委。

　　自康熙二十三年见到有关魏珠传旨的记载，到乾隆二
十六年，已足足过去七十余年。如果说掌故不实，但有史
实记载的《康熙起居录》里魏珠第一次出现是在康熙五
十四年，那时他的职位已是总管太监，所以怎么推算这位
老太监在宫中服役都是到了极老的年纪。生命不息，服务
不止。他曾经筹款举建的定慧寺（在距离皇宫十几余里
的西郊），默默地收留下一茬茬病老体衰的退休太监，而

他并未出宫去寺里享清福，颐养天年。

魏珠重建定慧寺的因缘，可从寺内保存的清碑上得知。话说康熙三十年前后，年少的太监魏珠偶然游历到定慧寺（当时是"云惠寺"），碑文如是记载：

> 魏公弱龄时，随其从祖国辅往游于此，睹其殿宇倾颓，即慨然于中。适有道人顾而语曰：红席时年至重修结胜缘魏公心窃异之。今二十年后，以时节因缘成兹善果，其夙根清净，福报之来，又宁可思议耶？

这个故事就是魏珠修寺的因缘，他少年时遇僧得谶语是"红席时年至重修结胜缘时"，他便灵机一动，顺势而为，而且可以猜想他定将这个故事讲给康熙帝听过。

据后来的僧人口述，嘉庆及道光年间，都募资重新修整过殿庭，而至光绪十八年（1892）又重新圈了院墙，大约占地一百八十亩，进行了比较大的翻修，并继续统领寺院周围的十八间小寺，形成"一寺十八房"之说，更加确立了其京西大寺院丛林的地位。我推测光绪十八年的大举重建大约和当时内廷大总管李连英的推动有关，因为李连英的墓地就在离定慧寺极近的目前某中学院内。历史记载，李连英死后隆裕太后赏银千两葬其于海淀恩济庄村太监墓地，这或许并非巧合。可惜，后来的整修都没有碑文记载。

太监们随着清朝倾覆便任由岁月流逝逐渐湮灭。在整个民国时期，这个最卑微最卑贱的群体活在社会的边缘，隐匿在众多破败的寺庙里消亡残生，所以，与太监密切联系的寺庙也随着他们的恩主或者寄生者的渐渐离世而消亡。新中国成立后，各种建设和单位布局占地，定慧寺不可能作为宗教场所或者文物而得到特别保护，基本上被民房、学校以及单位占据。主殿的院落一直为某部队占有，正因此，前面提到的五块明清石碑倒是躲过了"文革"中被打砸毁坏的命运而得以幸存，主殿因被用作办公场所也没有被拆毁。

前些日子，我特意过去参观一番，知道现在为某空军部队干休所占用，大殿禁止入内，用作办公。干休所就是一些退役的军人及其家属在此养老，历史上这里养着退休的太监，所以定慧寺休养退役人士的功能倒是没有多大改变。有一位离休后住在这里的老人名叫徐挺，为保护残破的寺院做了很多工作，他将四处散落、破碎的石碑修复粘牢，费了很大的气力将石碑扶起并复位，还将所有碑文拓印保护起来。这些石碑碑文恰恰是寺院的灵魂，是寺院的历史，这位老人功德甚高！

新中国成立后，寺院被单位占据，虽然不对外开放倒也没被完全拆除。直到 2002 年，在修建西四环定慧桥扩建阜成路时，定慧寺北殿成了扩路的"钉子户"，故没能逃脱被拆除的命运。

我经常在想，我们这强大国家的军队，真的不会在乎如今定慧寺那区区一小块地皮，要真有某天可以将其腾退出来，把寺院恢复一部分作为历史遗存展示，该是件多么有意义的事情。

2015 年 7 月　于万柳

蓝靛厂，
中国最后一批太监的归宿之地

乙未年（2015）仲秋的午后，一只花狸猫飞奔横穿万柳西路，它矫健的身姿显示出猫的青春活力。一只黑白喜鹊在空中追逐，发出喜悦而嘹亮的叫声，掠过秋高气爽的蓝天。这怪异的场景让我怔了一刹，这俩小生命在竞逐交流吗？实际上这景象只是它们的神秘因缘与我在这一时刻的偶合。它们是猫和喜鹊，什么因缘让彼此在此地相遇？

这里一片静谧的高楼在沐浴午后阳光，而此时，我正在用双脚寻觅并丈量一座消逝的村庄，想起"你方唱罢我登场，反认他乡是故乡"这一句。其中前半句道尽物转星移世事轮转，而后半句让我想到一些被出生地抛弃的人，譬如，清朝的太监们，他们跟随命运颠沛流离，在哪里生养并终老，哪里便是其故乡。为了这些人，我便寻找他们的"故乡"——哪怕是某个已经沧海桑田的地点，或者某个苟延残喘行将倾颓的古庙，它们都有可能是清朝太监们的终老地。

有记载说，最后一位清朝太监孙耀庭于 1996 年在北京后海的广化寺归西，因为他总算是有些头脸的侍候过宣统皇帝及皇后的高级别太监，所以他的死被算作一段历史标志性地结束，也就是说从此世上再无太监。太监们便是没有故乡的人，在他们还是十岁左右的男孩（有些可能更小）时懵懂间被净身，被带往他们曾经构筑梦幻的京城。故乡的大门在他们身后重重地关上，从此便成天涯。

飞黄腾达的太监是极少数的，大多数走入深宫后便是一生的苦役劳作，可能一生从未见过皇帝的面。他们年老体衰离开皇宫后，大致流转至三个方向终老。第一类是被至亲接纳，回到故乡养老的极少数太监。这些人是极个别的幸运者，因为太监入宫基本上为亲人不耻，已被排斥为非男非女的异类，如果不是贪图太监出来有可能带着的那点银子或者基于太监在宫内劳作期间给家乡亲人回馈的供养，那么即使是至亲也很难接纳他们。第二类是极少数的高级太监管家，这些人比较伶俐能干，又能攀附上宫内关系，属于混得好的，一生工作攒下了些资产，在京城买房置地，甚至娶老婆收过继儿子。有闲不住的继续受聘给有钱人家做管家，颐养天年时也是过着衣食无忧的生活。最好的例子就是李连英，他应该算是太监首富。有传言说，他的四个过继儿子各得白银四十万两，另有一大口袋珠宝。其他侄儿各分得白银二十万两，他的两个过继女儿各分得白银十七万两。此外，李连英在宫中还存有三百多万两白银和两箱珠宝，但他早已知道这些财宝不可能属于他了，因此非常"明智"地告诉后人，不要再想这件事。当然，这些财富只是他所聚敛财富的一部分，而且还不包括几处很值钱的房产。第三类属于中下层，就是投奔并依附散落于京城各地的庵庙寺院，做点力所能及的事情，不能动了就是烧香拜佛等待生命终结。众所周知，太监不可能有直系子嗣，都是"绝户"，不但被世俗社会也被自己的亲属所蔑视及抛弃。甚至不仅如此，"挖绝户坟"也是稀松平常的事情。北京海淀中关村地区的变迁就是"绝户"铲除的典型例子。

今天的中关村号称"中国的硅谷"，是科技现代化的前沿，云集北大、清华等十余所中国顶级综合大学，也是中国电子科技的发祥地，中关村西区、海淀创业孵化基地更是互联网创新经济的一片热土。但这一片生机勃勃的科技热土，倒回六十年却是一片荒凉的坟场，而且是以太监墓闻名的坟场。由于太监们都是远离故乡的"绝户"，这些坟墓也就无人打理修葺。中关村坐落在永定河故道之上，有时断时续的旱河，因为低洼曾是一片自然沼泽，没有多少人烟。出于河流故道的缘故，这里曾叫"中湾儿"

（也可能是"转弯儿"的谐音），大约是河道在此转向北，转向京城北郊的清河方向。这里是荒郊野地，在那个交通不便的年代一定不值钱，不知何时起被太监们看中，就不断有太监购买，称为"义地"，修建各类小小庙庵。太监们身体灵便尚能活动的时候就来上香祈福，诚心供养，年老体衰就扎堆生活彼此照应，死了就埋葬在附近。由于太监也被称为"中官"①，所以从"中弯儿"到"中官屯"或"中官村"如此延续。新中国成立后，中国科学院选中这一地址开发建设科学城，当然就是大面积地平坟拆庙，"挖绝户坟"。反正"绝户"坟也是可以随意处置的，而"中官"一词，科学家们认为刺耳，在北京师范大学校长陈垣先生的提议下改名为"中关村"。

从中关村这个例子可知，太监们年老之后只有相互依靠彼此取暖，那么何人何地能够收容那些并没有聚下足够资财且年老无依的出宫太监呢？当年没有养老机构，也没有收容院，有的只是寺院。在明、清及民国，北京城大大小小的寺院庙庵有几千个，凡是修佛、道或其他民间鬼神的太监均可以投靠适当的场所。佛、道宣扬的众生平等且修好来世的思想，正好契合了太监们开脱自己悲惨命运的

---

① 《汉书·高后纪》："诸中官、宦者令丞，皆赐爵关内侯，食邑。"颜师古注解："诸中官，凡阉人给事于中者皆是也。"

本愿。他们幼年时身体即遭到阉割，生活在非正常的环境里，被世人甚至自己所不耻，会产生异于常人的心理，因此急需心灵上有所寄托。在精神信仰上，他们大多相信因果报应。譬如他们理解道教的某些教义，像白云观有"燕（阉）九节"（在正月十九日）的传说，是说修行高深的道士"全真道人邱元清，以是日就阉"。这种狂热宗教主义似乎认为阉割就如同削发出家修行一样，是再自然不过的事情，契合了太监们开脱自己今生由来的心态，以此获得心理平衡。

清朝人龚景翰在《游大慧寺记》中写道：

> 余客居京师无事，间从友人薄游京城之外，而环城之四野，往往有佛寺，宏阔壮丽，奇伟不可胜计。询之，皆阉人之葬地出。阉人既卜葬开此，乃更创立大寺于其旁，使浮屠者居之，以为其守冢之人。而其内又必请于中朝之贵人，自公辅以上有名当世者为文，而刻石以记之。

也就是说，有相当一部分的寺院是与太监们的供养有关的。它们一方面收纳信众供养以助香火，另一方面也是太监们为年老退休之后寻到一方归隐养老之所便长期积累资粮的地方。乾隆年间，太监组织的养老组织"养老义会"

出现，这是一种旨在以太监共同筹资的方式运作寺院的养老机制。太监尚有劳动能力的时候每月给特定的寺院提供一定的供奉，待年老体衰时即可由该寺院接纳为其养老送终。

乾隆二十六年（1761）竖立在万寿兴隆寺的万寿兴隆寺养老义会碑的碑文详细地介绍了养老义会的缘起及功用：

> 空门设教，以清净寂灭为宗，慈悲方便为本。虽无禅于世事，可以饮甘露而得清凉。故薄世味、思高举者，乐就之劫。因行僧宽素与内监官宦接交，每见老景衰病之秋，其困苦颠连而无所告。今有同志乐善者，愿与行僧结一善缘，就依本寺，建立养老义会。每人各出三十金，交纳常住，以作功德事。用其养老送死之规，自有条约，然入此会须要僧俗一体，彼此相谅，后来者继续乐善不患无人，而此举者自不朽矣。

清末太监信修明在遗著《老太监的回忆》中云："余创立恩济慈保古会于此（即万寿兴隆寺），救济失业太监。"信修明所言与上述碑文所记大意相当，但信修明所做的事业是在离皇城更远的一些偏僻庙宇，较之万寿兴隆寺，他免费接纳更为下层的太监，更为民间化，更有普度众生（众太监）的善念。

据我了解，清末民初，北京有几个寺院是以接收退休太监闻名的，其中首推万寿兴隆寺。这座寺院今天依旧保存良好，为一家单位使用，坐落于皇城之侧的北长街39号。这座寺院比较早地建立过养老义会，收留的基本是一些相对有些收入的中上层太监，算是比较高级的太监养老寺院。另一类寺院是比较有地位有财力的太监出资购地兴建的，包括购买寺院附近的土地，以出租土地房屋的收益维持寺院生计，代表人物如李连英、刘诚印、崔玉贵等大太监。还有某些有文化修养且懂管理的太监如信修明，他们资助的代表性寺院如白云观、立马关帝庙、褒忠护国祠等。这一类寺院基本是免费接收孤苦无依的离宫太监。其中最慷慨大方的善人是刘诚印，他参与资助或者主办的寺庙有三十余座。因为他是道教徒，又是地位仅次于李连英的大太监总管，所以对于清末太监大批皈依道教起了很大作用。信修明是清朝末期（1902）入宫、民国建立后出宫的太监，大约在宫内待了十年。他是个秀才，比较有文化，留给后世《老太监的回忆》一书，提及他成立了恩济慈保古会，专门免费收养太监的事情。直至新中国成立时，他仍旧担任位于今天八宝山的褒忠护国祠住持。当然，这个褒忠护国祠随即由政府征收，并在此地建立了今天的八宝山公墓。

上面提及白云观、立马关帝庙、褒忠护国祠三座庙宇，其中白云观今天是重点保护文物及道教文化的景点，也是香火旺盛的道观。2001 年 6 月，白云观作为清代古建筑，且是著名的全真派一脉相承的道教道场，被国务院批准列入第五批全国重点文物保护单位名单。而褒忠护国祠，一座收养太监的祠庙，不可能在八宝山公墓的故址上复原，已永久性消失。唯独立马关帝庙，既没被保护也没消失，处于一种破败不堪的很不体面的境况。

立马关帝庙位于昆玉河西畔海淀区蓝靛厂大街东端，与蓝靛厂北路相交。从世纪金源大厦高层往下看，立马关帝庙建筑院落坐北朝南，分为东、中、西三路，院落为三进，东路是关帝庙部分，中路和西路曾经是太监们的居所，现在院落结构保存基本完整，但西路的部分房屋比较凌乱，满地砖头瓦块，还有拆了一半的残垣，然后有临街的零件配件商店、洗车行等，估计是倚着西院的院墙或者干脆就是在西院拆掉的地基上搭建的，所以西路房屋的改变比较严重。有些资料说该关帝庙是两进院，这种说法是错误的。总体规模看它是三路三进院，彼此相连，应该是九个院落。东路、中路不仅结构完整，房屋也并未过度拆改。东路有完整三大殿，依稀可看出当年的气派。正殿排在第三座，绿琉璃瓦顶，山墙及坎墙用花琉璃砖砌成，我认为这个殿即是供奉关帝老爷的主殿。全盛时殿堂禅房共四十余间。今天，它的西侧是北京最大的商业购物中心——金源购物中心，周边商业楼宇林立并环绕着大型住宅区——世纪城。这里俨然一派 21 世纪的现代化高楼大厦景象，大道通衢，车水马龙，岁月的印记几乎被现代化扫荡殆尽，由此衬出它的古旧，一段旧岁月的定格。

虽然这座立马关帝庙破败不堪摇摇欲坠，但其骨架还是保存下来了。而且，虽历百年风云，院落的面貌却是比较完整的，并没有被改造得面目全非。也就是说，一茬一茬的人从这里进进出出，岁月虽然磨损了那些砖瓦门梁，却依稀留下了它当年的模样。对于一个大拆大建的巨大都市而言，只是民间百姓的"关帝信仰"建造的一间道家庙宇能够基本完整地保存下来，而且在没有受到政府道教界人士特别青睐与呵护的情况下，还能隐藏于闹市，不能不说是一桩奇迹。

2015 年夏天某日，我来到这座院落门前。可以说，单从它的占地规模、院落规模，这副骨架可以算是我迄今见过的最宏伟壮观的一间关帝庙，真是气派不凡的大庙。大门口立着海淀区政府 2001 年竖立的文物保护单位石碑，悠悠十五年已过，除了这一方碑石，没见到任何保护的踪影。大约是忌惮院落的破败荒凉甚至肮脏杂乱与周边豪华壮丽的大商业楼宇过于失配，它被一圈漂亮的漫画和标语围挡起来，只露出三扇青砖带檐小门，像被挖开的窟窿。

这三个窟窿的里面便是三路院落。门牌上标着"厂大街1－18号",做标牌都懒得用"蓝靛厂"仨字。准确地说,这个地方的门牌应该是"蓝靛厂大街1－18号"。

由于这几年政府出资修缮了关帝庙西边的西顶寺,现在这条大街也叫西顶街。其中一个窟窿站着俩中年男女,河南腔调,跟前的桌子上放着一锅煮熟的粘玉米,还有一盆卤蛋及烤肠什么的,很热情地招呼我,但听说我只是要进去看看不买东西,估计见我这样的多了,也就不那么友好,随口道:"没啥好看的,里面有狗。"鸡和猫都有,而且鸡还不少,是一群,在院子东侧被拆开的院墙边觅食。第三大殿——绿琉璃瓦顶的主殿的院子里果然有狗,但有人告诉我,它就是叫,不咬人,因为每天见的人多了。经过实地考察,我发现三路院落各有前、中、后三个院子,东路的最后的院子门是独自朝东开的,也就是说它与中院、前院彼此堵死不通行。我在大门和前院左右踅摸,找不到所谓的山门了,也就见不到传说中山门伫立的雕塑——枣红立马。因为该庙祀奉的是关羽,枣红马应是其坐骑——"赤兔马",百年过去,主神和他的马早已不知身在何处,但东路院落所谓"正殿绿琉璃瓦顶,山墙及坎墙用花琉璃砖砌成"依然还在,与记录相符,流露出当年的阔绰华丽。房檐上的琉璃吻兽也是有所残缺,而坎墙更惨,除少数残存,大多漂亮的绿色琉璃砖不是被抠下来就是失修剥落了。

走进东路后院时碰巧遇到一位像维修工的男人，此人倒是友好的，他告诉我这里是盲人五金厂的宿舍，也是个老大难，拆迁吧，又是文保单位，又是盲人，好像安置比较难，现在简直就成了大杂院。而且据我判断，这些大杂院的房间基本上被出租给了做生意的外地人，满院子晾晒着如万国旗的衣物，各种零碎杂物随意堆放，完全没有对居所的些许热爱。如果从金源购物中心东侧的高层俯瞰，仔细观察东路，山门殿、前殿、正殿和后罩房，规制完整，依稀能够看出当年的气派，但看不清细节。而亲历实地考察，可见各殿均是三开间。正殿华丽漂亮，虽然有一条白花狗围着你吠个不停，还是可以清楚看到前出廊绿色琉璃瓦硬山顶，上有残缺吻兽，廊壁有琉璃花砖，颓墙残余的琉璃饰面，琉璃历经百年色彩依旧艳丽。这简直是令人感动到要落泪的房子，是一些曾来过人间但连性别都被扭曲的可怜太监的养老终所！

主殿后有后罩房，一溜房间应该是过去地位更低的做杂役的太监居住的地方。罩房是我国建筑的一种形式，是指院落后和正房平行的一排房子，一般都是住着女眷，因为比较隐蔽，有钱人家住着女佣下人等。后罩房再往后是最后的院落，有抱厦三间。在这里，我看到了一幅生动鲜活的生活画面，显然房间里正住着热爱生活的人们，有红红绿绿的家具杂物，外面挂着各色衣物。有女人挽着头发袖口高卷，出入着忙家务。这一字排开的三开间抱厦房，左右两开错后而建仿佛罩着它。我不禁悲从中来，据说，抱厦房就是当年太监的停尸间。按照惯例，死去的人不会马上下葬，所谓尸骨未寒，何况这些遁入道观的太监，死在庙里，当然要停尸做法事，这些都需要在抱厦办理。不过，出于对太监们悲惨命运的惜怜，我不觉得这里的抱厦有多么恐怖，反而觉得那个很可能停过尸的抱厦挺俏皮地突出来，现在又被居住者活色生香地使用着，堆放着各色杂乱的物件，恬淡无奇。那时，也正是阳光灿烂的正午，年轻女人出出进进，一切阳气昭昭，没有不妥。

关于立马关帝庙的石碑到底有几块并没有确切记录，《日下旧闻考》里面提到有明朝万历十八年（1590）九月竖立的两块碑石，一块是大理寺卿洪声远撰文，另一块没有署名，但记录的都是一个叫王从智的人神灵附体的神通事件。乾隆二十一年（1756）敕建重修的时候这两块碑石尚在，但从《日下旧闻考》的记录得知，官方对这个神通事件颇不以为然，不认为很有价值。估计在敕建重修时，竖了本朝的碑，便把明碑清理掉了。如今，这个大杂院连清朝碑也不见踪影了，好在文献管理部门留有两幅清朝光绪年碑文拓片，而拓片记载的就是该庙的历史。

这两座碑是在光绪六年（1880）、光绪七年相继竖立的，说明在那两年，这个庙正当繁盛，一方面是继乾隆年后再一次修葺扩建，另一方面也通过立碑确立了作为百年古庙的宗教文史价值。

现将两幅拓文展示如斯。

拓片一

碑额篆书：圣人无疆

碑文内容：

兹因大明嘉靖二十二年，有道士李明道募化，重修立马关帝庙五圣殿宇；至大清雍正四年，道士王本阳自置此庙，传与门徒黄义通接办焚修。黄义通传与道士李礼清等五人，又传与道士王嘉鹤等，王嘉鹤等传与道士刘祥德等七人。刘祥德之徒王宗岳焚修至今，并未收门徒，因已年老，恐无人接办焚修之续。今烦京都西安门内养蜂夹道清凉兴国寺住持贾德禄，并同顺堂刘宝德说合，情愿将此庙引众善人等接办焚修，有众善人等情愿接办焚修，王宗岳将本庙首本字具帐目家具等项，送与众善人等。自送之后，如有王宗岳娘家人并亲族人等、师兄师弟，争论此庙，有王宗岳立字为证。众善人自接庙之后，发心募化重修，永为修息之所。事已勒石，立送庙守善道士王宗岳，说合引善人贾得禄、刘宝德入庙。众善人等。

大清光绪六年二月初九日立

上面这段文字记录了立马关帝庙的来龙去脉，说明在明朝嘉靖之前这座庙庵就是存在的，然后是自雍正年至光绪年间的传承脉络。嘉靖二十二年（1543）有道士李明道募化重建。到雍正四年（1726），成为道士王本阳自行出资购买的私庙，延续传给门徒，但传至王宗岳时，他并未继续收徒，唯恐死后亲属找来侵占庙产，就特别立下字据，将此庙移交给"众善人等"。

拓片二

碑额篆书：万古长春

碑文内容：

关帝庙自古及今遍中及外，无不尊而奉之。我朝二百年来，圣圣相承，备极隆重，载在祀典，班班可考。京之西长春桥蓝靛厂，旧有明嘉靖年间取建关帝庙，历年久远，渐就倾颓，若置而不修，无以妥神灵而昭福佑，善人君子所不忍也。兹李乐元、刘诚印等贰拾捌人等，共发宏愿，茸而新之。乃为之铭曰：桓桓大帝，圣武孔彰。云龙会合，铁骑腾骧。心悬日月，力荷纲常。英雄简册，归白云乡。亦赭其马，乘

·114·

风奋杨。惟兹庙宇，嘉靖岁古。惟神呵护，如栋斯础。鸟革翚飞，天高日午。飒爽英风，弓刀楚楚。乃新斯庙，以祈丰年。有来士女，瞻拜神筵。臣忠子孝，弟后兄先。无祈不应，有感皆宣。皇图永祚，於亿万斯年。经筵讲官头品顶戴太子少保刑部尚书管理户部三库事务尚书房行走国史馆正□裁□□京通下七仓大臣潘祖荫谨书。

大清光绪辛巳七月□日敬立

两幅碑文拓片的时间相隔一年半，也就是说一年半前还是纯粹民间的道士庙，过了一年半有宫中的人开始接手庙宇的整修事项，还请了当时的大文豪书写碑文。

拓片二我没有得见原件，如果有原件那必是一件书法精品，因为书写碑文的是与翁同龢齐名的大书法家、金石收藏家潘祖荫。这位先生是朝廷内举足轻重的大人物，咸丰二年（1852）入一等三甲进士，探花，光绪朝工部尚书，在南书房行走侍驾近四十年，绝对的皇帝高级问政顾问。能请到如此大人物为一家关帝庙撰写如此文辞华丽的骈体文碑文，可见重修庙堂的大金主是宫内何等有头有脸的人物。"兹李乐元、刘诚印等贰拾捌人等，共发宏愿，葺而新之"，这里我们见到了光绪年间最有势力的太监大总管李连英（即李乐元）以及二总管刘诚印的名字。这

北京的隐秘角落

二位都是从咸丰、同治到光绪跨越三朝的元老级太监，六宫之内统揽事务，也都是慈禧太后最为信任的身边之人。刘诚印去世略早，病逝于光绪二十一年（1895），此人与北京白云观有深厚渊源。他于清同治九年（1870）皈依道教，成为白云观第二十代律师，且贡献巨资传戒、重修碑志、拓修云集山房、创建和捐助长春永久供会及刊版印经等。据说他主持了白云观数次规模宏大的受戒，受戒众每次都是成百上千人，而清末宫内太监大多皈依道教，与刘诚印的鼓动及赞助不无关系。同时他也将自己所有资财捐助营建寺庙，有记载的达三十家左右，终生没有为自己置办过什么宅邸私所。他在五十几岁时得了一种叫"石麻症"的病，属于现代医学的什么病不太清楚，推测应该是某种肿瘤，因为说是第一次让西医"割治"，好了，后来再发，便无力回天。记叙他生平事迹的碑文《素云刘先师碑记》上记录了他"曾受园亭骑马乘舟回寓、疾时加赐黄金药品之宠"，可见慈禧太后对他的恩宠。可惜这位大善人天不假年，过世偏早。

李连英被近代以来的影视作品妖魔化了，实际上这个人做人是一等一的，"历列咸丰、同治、光绪、宣统四朝，问谁能若是之慎始敬终、进退得宣者哉"。"事上以敬，事下与宽"也可能是一种比较符合事实的写照，因为据各种史料记载，李连英在宫内上上下下为人比较圆通，上至慈禧的对头光绪也是称赞"李安达"忠义，下层的宫女太监也多少得到他的照拂。但比较一致的观点是他比较爱财，置房置地都是明面的事，到今天他在崇文门一带的房产尚存。他离宫时奉上十几个大捧盒的珍奇异宝给隆裕皇后的事也是真的，美其名曰"不愿皇家珍宝流落民间"。因为他毕竟为宫廷服务一生，暗地操作贿赂之事不能完全撇清，但他大内第一总管、花铃二品顶戴的身份确实是俸禄优厚，而他因聪明乖巧八面玲珑亦深得慈禧欢心，所得赏赐自然多到没边。与刘诚印相比，他的宗教信仰并不明确，但他在为年老太监捐建养老寺院方面也还是做出了不少贡献，积德行善。

潘祖荫能为立马关帝庙撰写碑文，实则是两位大总管的面子的确太大，而且作为南书房行走之高官，与这二位一定也是交情匪浅多有照应。

刘诚印死在任上。他倾尽心血大力举善，惠泽广众，但没有受益于他捐资建立的三十余间寺院的任何一间。李连英为慈禧太后守孝后退休离宫，回到自己崇文门外的宅邸度过了最后三年的退休生活，便也谢世了。但无论如何，这两位有头有脸的太监头领引领的捐庙善举，多少也得到了皇家的一些帮助，也算是为太监退休安置找到了一条官民共襄之道。

立马关帝庙作为京西规模最大的太监养老庙，接纳了众多没钱的老太监，因为这里不像万寿兴隆寺那样有"养老义会"制度，而更像是慈善机构。那位接替刘诚印的慈禧后期的太监二总管孙玉贵（这位太监最出名的事是庚子之乱中将珍妃推下水井，是个杀手），也在慈禧去世后随同李连英出宫，就落户在立马关帝庙。他用自己积攒的银两为寺庙购买了周边六百八十亩稻田，与他的徒弟及众多还有劳力的太监以种稻为生，直至 1926 年去世。

寿至九十四岁高龄、以口述自传拍过电影《中国最后一位太监》的著名末代太监孙耀庭，也是寄居立马关帝庙直至新中国成立初期。土改运动时，太监们因为有稻田庙产被划入地主阶级，他们被集体轰至长河东岸的长春桥村，也就是说他们从长春桥跨河，从西侧的关帝庙搬至东侧的长春桥村。长春桥村的大致位置在今天的海淀区政府大楼、北京大学万柳宿舍一带，离历史上乾隆敕建的泉宗庙很近。这便是我在本文开篇提到的花猫与喜鹊追逐的地方。我曾看到资料提及居住在这一带的人回忆，20 世纪 50 年代长春桥村一带有高低土坡，偶尔会看到面色苍白、老迈体弱的太监在那里散步。在长春桥村居住的太监有张自光、赵荣升、边法长、侯长贵、张修德、池焕卿、孙耀庭、老郭三和蔡当家的。这些大约还算是有头脸的太监。再后来，他们被集中到万寿兴隆寺及后海广化寺生活，随着时间的流逝，他们痛苦的世间生活也就结束了。

　　写到此处，我自己都很讶异这座立马关帝庙竟然与清朝后期的著名太监都有各种各样的联系。

　　我一直认为太监制度是人类史上一种惨无人道的制度，纯真的儿童过早地被成人社会在生理上给予如此残忍的戕害，这是多么野蛮。从明末崇祯时期的九万名太监到清朝初期的九千名太监，数目依旧很大。直至宣统年间，据载，皇宫发生过一次火灾，溥仪疑心是太监故意放火要烧死他，故而轰走了宫内绝大部分太监，那次出宫的也有一千人左右，这是清朝末期的数目。极少数原在宫内就是有头有脸的太监头子，他们各种积攒克扣，攒下了不菲资财，而流离出宫的大多数太监连社会的最底层都不如，不仅是贫困无有所依，还因为阉人的身体，困扰他们一生的心灵的扭曲，他们甚至连自己都认为自己今生卑贱无以做人。

　　我看过一段文字讲述某位学者 20 世纪 30 年代在北平的茶楼远远地看到太监在为一些猎奇的人讲述宫廷旧事，本想招呼过来，他的朋友便说，这些人又脏又臭面目丑陋，就靠卖点编排的故事讨口饭吃。事实上，很多出宫的太监在民国时期就已沦为不堪的乞丐，苟且残生。立马关帝庙里的太监还算是幸运的，他们至少还不至于流浪街头，而是在京城的郊区过上一段农人生活。新中国也没有为难这些可怜的人，在他们最后的老病人生阶段还是以寺庙的方式收容了他们，给他们养老送终，我想这多少还是各种人的善良之心在散发热度吧。

太监们离开立马关帝庙后，这里一度被征用作学校，这个学校后来并到今天的北京市第十九中学。再后来，这里变成盲人五金工厂职工宿舍，直至今日。现在它已呈现废墟状，虽然被列为文保单位已跨入第十五个年头，但因拆迁安置补偿等复杂问题一直没有处理清楚，这座迄今我见过的京城最大规模的关帝庙，仍在以残破之躯不知何去何从。

但是，我们还是应该记住这样一些人和事，他们以卑贱可怜的生命游走世间一趟，与常人一样，有悲伤也有善良，以微弱之光点亮了刹那，然后便消失于永恒。由此想到，我们不要忽略那些飞驰而过的万千景象，其中，必有一种深层的感动。

2015 年 10 月 25 日　于万柳

两位退翁先生
与樱桃沟的陈年旧事

　　春暖花开的日子，我却躲在房间里写作那条叫樱桃沟的山谷。今人只见莳植花开，携手相游于朗朗艳阳天下，春和景明，万象新颜，却不知这条山涧之中曾经的隐士茅屋、僧家别院，已被岁月涣漫湮灭。时间以不经意的姿态星移斗转，散落的陈年旧事难以寻觅。

　　北京有两处叫"樱桃沟"的地方。

　　一处名副其实，以盛产优质樱桃而闻名，即门头沟妙峰山下的樱桃沟村。每年采摘季节，紧锁的樱桃园大门敞开迎客，城里人欢天喜地涌入采摘。采摘的价格必定是高昂的，但城里人消费的是山村里纯天然的新奇感。这里虽然地名叫"沟"，实则是一片较为开阔的山间平坝，别墅次第错落，据说这是旧村改造的结果，大概其间也夹杂了不少城里人跑来买地置产。它已不是传统意义上的闭塞山村，民居别墅化，常年有大动干戈的建房装修，机械轰隆，尘土飞扬，圈墙占院。建筑风格土洋混搭，出位且世俗实用，透着富有者们肆意张扬的个性，以及将金钱堆砌给房屋的快意恩仇。但实际上，这个村子中最值钱的房子，是被关在樱桃园大墙之内的一排破旧民居——清末帝溥仪的英文老师庄士敦的别墅，这个爱丁堡人当年偏隐此地消暑度夏。我一直困惑的是如果他五更天骑驴出山，天黑前能赶到西直门吗？他又如何教授溥仪的英文课程？这栋民房得以完好保存下来，且好在没有好事者给它续貂装修改造，一副破败飘摇状，百年铅华就剩下风骨，倒也另有一番风情。现代别墅与清末别墅跨越百年光阴，相映成趣。这时，你只需抬头北望，便明白大家为何青睐此地风水：北山之上赫然矗立着仰山栖隐禅寺，这是金章宗当年所建西山八大水院之一的灵水院，千百年来高僧大寺，声名显赫。

虽然依止大寺，风水显耀，且有樱桃之实，但此樱桃沟的名气却比不上另一处不见樱桃的樱桃沟，那是一个位于香山植物园西北处的风景区。遑论香山、植物园在全国人民心目中的名气，即使是北京市民，一说樱桃沟，想到的也必是植物园、卧佛寺、水源头，一幅百花深处、古佛晨钟、溪流淙淙之画面。如果不是节假日游客云集，找个平常日子，山林里信步游走，定是可以觅得几分世外禅意。

这条香山樱桃沟（也叫植物园樱桃沟）位于卧佛寺

西北方向，乃西山诸山谷最深之涧。其实，这里没有樱桃树，且我遍查文献，大多记录均称这里为"退谷"。"樱桃沟"最早见诸文字的是 1785 年乾隆皇帝《石壁临天池》诗注："卧佛寺西北樱桃沟有泉至观音阁。"对于游人而言，"退谷""退谷"的，名字艰涩又矫情，不如"樱桃沟"活色生香。今天人们看到沟内一碣石上书"退谷"二字乃梁启超重书之墨宝。这里沟深林茂，并不适合栽植果树，倒有可能在沟的入口外——那片扇形的平坦之地，种植过樱桃，便以此传为"樱桃沟"。沿溪水而上，山路由阔转狭，直至路绝。这一路，心随景变，开始是一派阳光绚烂，远山葱茏，近水鳞波，鲜花芦苇不经意间三两点缀，只是平实而从容的山水美景而已，并无奇特。但越往深处走，则光线趋暗，20 世纪 70 年代在北京实验种植成功的南方水杉参天蔽日，竟然密实地布满溪流两岸，夹出曲折栈道。风起清凉，有两侧山峰逐渐紧凑逼仄，奇石兀立，而溪流之水愈加急迫。再往上寻，便可见一潭清水借助小石坝飞流而下，滚泻如银，击溅在石头上清脆作响，好一派幽谷深潭的世外仙境。可以想象，古代寻仙修道者必视此地为佳境。

自古以来这一片好风水便是庵寺星布，只这一条樱桃沟，如果从唐代建卧佛寺算起，至明清民国便有数十家庙宇。山林适合清修，但还有那么两位隐居者，虽在寺院门

北京的隐秘角落

外行走，却也是试图跨出众生三界之边缘，在这山谷里隐
居数十年。他们不仅企图隐掉烦扰世间，也想自己在作为
一个活人的时候，找到一个活人了断的方式。这两位有个
共同点，那就是活得有些长，活得长就有长的不耐烦甚至
耻辱，所谓寿高多辱。但他们内心却纠结于贪恋人生，又
想学古避世。

第一位是明末清初之人孙承泽，后世延续清朝官方的
观点，持将其"钉在历史耻辱柱"上的态度来盖棺论定。
虽然他对北京历史地理、风土方物做过有价值的考察记
录，在文物收集方面做出过贡献，但关乎大节之事，此等
风雅文事便不足挂齿了。乾隆四十一年（1776）时，孙承
泽已过世百年，乾隆提出编纂《贰臣传》，附录于《清史
列传》卷七十八和卷七十九两卷中，《贰臣传》共收录了
明末清初为明清两朝服务的臣子一百二十余人的传记。实
际上，这是乾隆为了让当朝官员保持忠心的警示录，是对
一百二十余位曾为两朝服务的人士的一次精神鞭尸。乾隆
在修编诏令中说：

> 朕思此等大节有亏之人，不能念其建有勋绩，谅
> 于生前；亦不能因其尚有后人，原于既死。今为准情
> 酌理，自应于国史内另立《贰臣传》一门，将诸臣
> 仕明及仕本朝名事迹，据实直书，使不能纤微隐饰，

即所谓虽孝子慈孙百世不能改者……此实乃朕大中至正之心，为万世臣子植纲常！

用白话文来说就是：对于这些大节有亏的人，不能感念他们曾经建立的勋绩，就在生前原谅他们；也不能因为他们有后人且人之既死就获得宽宥。今天我批准另立《贰臣传》一门，将这些既仕明又仕本朝的臣子的所作所为，据实直书，不给他们丝毫隐饰，让他们的孝子慈孙百世不能篡改他们的实情！我这是以大中至正之心，为万世臣子植立纲常！

此言冠冕堂皇，将君权至上置于道德高点，举臣子效忠唯一君王为最高伦常，即使明臣仕清，也毕竟是亏失了大节，让后人知晓他们不值得尊重。

孙承泽即是"大节有亏"之人。他的事迹记录于《贰臣传》乙编五十。他不仅是"贰臣"，事实上他是三臣，仕明、投李、降清，节操散落一地，背负"三姓家奴"的骂名。他的悲剧在于生不逢时。他1593年生于北京的富裕家庭，1631年中进士，为明朝刑科都给事中，七品官。1644年春李自成攻破北京，崇祯皇帝景山自缢，许多明朝官员纷纷模仿，自尽保节，于是他也在自家书房玉凫堂书架后自缢。他身体肥胖，上吊的绳子恰巧糟粕，便直接重重摔地，引来仆从相救。他悲惧交加，不知如何做出与自己身份相符的合乎节操的"规定动作"。于是他服了几片毒药，但又被自己的肠胃抗拒全部呕出。最后，他偕同长子跳自家水井，当然还是被救下，"吐血水斗余"，最终没有死成。有后人讥笑他贪生怕死，还要表演如戏，要死就外出死去，何苦在自家院里当着仆从面贞烈殉节。说到底，他实不想死，因为他只是为大明工作得俸禄以养家糊口之人，类似于今日的公务员，是运转国家机器的技术性人员而已，不应比肩崇祯皇帝上吊殉国的高度，毕竟，大明是崇祯皇帝他们朱家的。人人都只有一次宝贵的生命，为什么要个体为一个专权的家族牺牲？孙承泽选择向生是对君权至上以及奴化思想的背弃，并无耻辱可言。

后来他被李自成的大顺军抓了去，给胡乱封了"四川防御使"这么个不低的职位。他自称"绝食不赴任"，但也没见他真的饿死。还没等他真去了四川，大清的金戈铁马就已冲进北京城。既然已失节于大顺，估计他的心理障碍已清除殆尽，没有再做出多余的不合作姿态。清廷入主北京即下令要求所有在册的明朝官员坚守原位，不必逃亡，清廷一概起用而并不以敌党相待。于是，孙承泽降清了。

孙承泽入仕清廷的过程不必细究。因为有相当一批明吏出于各种原因，当然最基本的还是生存，转而为清朝服务。顺治元年（1644），他先任吏科给事中，后历任大理寺卿、兵部右侍郎、都察院左都御史等职务，这些官职高过他在明朝的职位。清廷作为异族统治者将明吏当作技术性的官员，因为他们可以比较娴熟地操控国家机器的相应部件，但是，他们不会得到信任。孙承泽为清廷工作十年后以老病为由请求致仕，此时他已六十一岁，开始了他尚且漫长的二十余年退休生活。

不管怎么说，明朝遗民终是清朝的敏感人物，而他的"三易其主"使其自身的道德建构彻底垮塌，他认为没有更好的理由去谈论经学，并以儒学论道。虽然他是进士出身，却已丧失了可以大做道德文章的资格。于是，如此渴望向生的孙承泽选择了放情山水、桃源隐居的避世生活。但他敏慧的头脑还是要使用的，他不可能放弃立言著说，便转而开始对于文物方志的考察记载并立文研究，还大量收藏和品鉴散落于乱世的各种书画作品。

他觅得寿安山下一条隐秘山谷，即今天的樱桃沟。那时候，这里有碣石上已写"退谷"二字（有可能是孙自己写的，但出于谨慎，只说来时便有），两侧山上还有几处隐蔽的寺庙。他趁势自号"退翁"，修建别墅一幢，起名"退翁书房"，也叫"水流云在之居"，灵感来自杜甫"水流心不竞，云在意俱迟"的诗句；建造一亭，起名"退翁亭"；还在一石门上书"烟霞窟"三字隶书门额。

他在《天府广记》中写道："水源头一涧最深，退谷在焉。后有高岭障之，而卧佛寺及黑门诛刹环蔽其前，岗阜徊合，竹树深蔚，幽人之宫也。"他继续写道："万木森森，小房数楹，其西三楹则为退翁书屋，一榻一炉一瘿樽，书数十卷，萧然行脚也。"寥寥数笔，写出了一隐逸老翁清静的山居生活。

据乾隆五十三年（1788）修撰的《日下旧闻考》记录，百余年后，"退翁亭"及"烟霞窟"石门还在，其他余迹均圮废。

孙承泽在这个叫"退谷"的地方读书、写作、会友、发呆，打来泉水烧茶煮饭，幽深静爽，不觉便是二十年已过。虽然他是龟缩起来自觉名声有污之人，但并未枉费天生的好学与勤奋。他可以说是著作等身，仅《四库》系列丛书就收集了他各种著作将近二十种。虽然《四库》对他的著作评价都不高，但这是承续《贰臣传》的偏见与歧视，并不可抹杀其学术价值。

孙承泽传于今天的著作有四十余部，倾尽了他毕生所思所见。《春明梦余录》《天府广记》辑录的大量文献资料，对今天研究明朝及之前北京城市历史、地理演变沿革、方志掌故，以及明朝中央政府各官署的职掌制度都极具价值。而《庚子消夏记》则是一部关于他自己收藏的及生平所见的晋唐以来名人书画的评论集。他热爱并沉溺于那些美妙的古代字画，享受曾经拥有或今生得见那些字画的快乐，正是以此安慰了他名节有缺的沉重人生。正如他在自序中所言："沧桑之后，杜门却轨，日以书画自娱，名迹灿然，备著于录。"

一座山谷，孙承泽做"幽人之隐"，却成就了另外一番学问天地，而这其间的书卷字画之乐是否可以洗涤他内心的耻辱感，就不得而知了。他活到八十四岁，在1676年离世，其一生，痛苦在入仕谋生，欢愉在山水书卷，两者相抵，大约等量齐观吧。

隐士的生命毕竟有限，更多的时间山谷属于寺宇。大约从金章宗开始，樱桃沟便有寺院庙庵此起彼消。金章宗的遗迹就在今天水源头再向上方追溯，但已不可考。在孙承泽时代他是探寻到了的，他在《退谷小志》里写道："深入数里，有石洞三，旁凿龙头，水喷其口。又前数十武①，土台突兀，石兽甚钜，蹲踞台下。"后人也称此为"金章宗看花台"。还有传言说，这股泉水与玉泉山泉水相通，有人在此倒了油，玉泉山那边水出来就冒着油花。乾隆五十年，乾隆皇帝游览樱桃沟水源头，其《石壁临天池》诗注"卧佛寺西北樱桃沟有泉至观音阁，石壁下蓄有天池，流经寺前，东南引渠至玉泉山垂

---

① 武为半步。

为瀑布"，倒是印证了这个"玉泉山水乃源自樱桃沟"的说法。

让我们梳理一下与隐士相伴的樱桃沟内外寺院。卧佛寺（十方普觉寺），建于唐代，历经各朝废建，至今天仍保存完好，游人最爱这里的木质大卧佛以及春寒料峭时的黄蜡梅。隆教寺，成化年间太监邓铿建寺，明宪宗朱见深敕谕寺名。孙承泽时期，这里尚有僧人守寺，称"境地深邃，可供趺跏"，是修行打坐的好地方。它在卧佛寺之北侧，有明碑及古树尚存，这处遗址今天已被休整为一精致花园，有小桥流水，并山墙维护，游人罕至。观音阁，建造在卧佛寺西一整块大磐石之上，今天已由"阁"改"亭"了。广应寺，大致位置在卧佛寺西南一里地，也就是今天植物园温室大棚的西北处，但已无任何踪迹，在孙承泽时期尚存。他曾记载："寺有白松如雪，箕居其下，望见碧云、香山诸寺。"乾隆年间官员考察时尚有遗迹——铁炉、钟磬，均为明朝弘治年间及正德年间建造。广泉寺，在水源头向上半山腰处，明朝时就已是废寺，清人有诗句"残碑无字记辽金"，推测可能为辽金时期建造。孙承泽时期尚有古井出水，直至清末，属于山顶之水，用于泡茶，水质上乘，民国时期后成为枯井，但今天遗址可寻。民国时期，这里被周肇祥改为私家墓地。广慧庵，在樱桃沟南口，即今天卧佛寺琉璃牌坊的西侧，始建于明万历十九年（1591），虽名为庵，实为道观。广慧庵遗留建筑在今天的蜜蜂研究所内。五华寺，明清两朝退谷里最主要的寺院，在今天樱桃沟"红星桥"处，沿东侧继续上山前行，没有多远便可到其遗址。该寺宣德年间建，乾隆五十七年重修。及至1965年，中国计量科学院借用五华寺，将仅存的五开间大殿拆除，建了几排平房，五华寺遗迹现仅存两通残碑和几个石构件。五华阁、普福庵，均在卧佛寺东不远。普福庵俗称"红门"，但《日下旧闻考》记录时（即乾隆年间）已废弃，今天只留一寺名于世。五华寺、五华阁都曾经存在，而今天植物园官方宣传资料提及的"五华观"不知从何而来，我并未能找到任何史书记录。

可见孙承泽说退谷"后有高岭障之，而卧佛寺及黑门诔刹环蔽其前"，卧佛寺外加上述"黑门诔刹"（庙庵）真不是妄言，这原本就是脱世修行者的一方乐土。

1917年，又有一位自号"退翁"的人来到退谷。他就是前清举人、前清警务官员周肇祥。虽然他为清朝服务过，也在袁世凯称帝时授上大夫加少卿衔，但这时他已在北洋军阀段祺瑞政府中做事，代理湖南省省长、湖南省财政厅厅长。这位有权势的人物来到樱桃沟，找到当时的主人即五华寺的住持和尚商议，很快，这条沟及两侧山林便易主到周肇祥名下。这个过程是否涉嫌巧取豪夺一直为后世诟病，但五华寺自此废弃，而由周肇祥转租他人牟利。民间传说是"周肇祥巧赚占退谷"，说当时樱桃沟五华寺只有一老和尚奉着香火，周肇祥常带些酒菜来与老和尚聊天。当时北京政府正要核验房屋地契，周肇祥不知怎么把老和尚手中的土地房契骗到手，下山把樱桃沟房产土地过户到自己名下。老和尚自然耐不过这有权势的卑鄙之人。这段故事传到小说家陈慎言耳中，他据此写了一篇小说——《斯文人》，揭露这桩丑闻。这段故事有一定真实性，用历史学家邓之诚的话说，"其人实无赖，不足怜也"。

还有一种说法是周肇祥从慈禧寿膳房厨师太监郝常泰那里取得退谷，而郝常泰是怎么获得此地的呢？据说是因为他会做一种慈禧爱吃的柳叶面条，慈禧一高兴就把退谷赏给他，让他接老母亲来京治病居住。

比较可信的说法则出自周肇祥同僚好友许宝蘅的日记。1920 年 4 月 10 日，他受邀去周肇祥的"鹿岩精舍"，问起何以得此山林房舍，周说是三年前（1917）从原内廷太监厉理宾那里所得，而此时厉太监已经过世，他们饭后还去看了厉太监坟塔。今天，有户外山友及文物爱好者在附近山上看到过"厉大真人塔"的塔铭，虽然石碑镌刻已漫漶不清，但仍可辨识"开山直接长春脉，出世能还不老丹"之对联，横额为"超以象外"。另外还可以得知这位厉大真人乃山东沂州人。看来他是修道之人，却守着一间凋敝的五华佛寺。民国时期北京寺院登记记录也印证了这一点，说是五华寺位于寿安山北沟村 8 号，为光绪年间太监厉理宾购得修建。看来周肇祥从厉太监处得退谷的说法比较准确，至于手段则定不光彩。新中国成立之初，周肇祥即遭追究并下狱，所谓罪行有"弃婢，致婢与其父自尽"，这是出了人命的大事。几十年前非法获得山林房舍，就算新中国的法律不予追究，但他拥有如此大片山林土地，作为大地主被抓捕，也是有可能的。

周肇祥自称是佛教徒，但做事并非遵循佛法仪轨，甚至有简单粗暴、不择手段的特点。他曾截断水源，在鹿岩精舍前修了一座闸桥蓄水，以致断了下游卧佛寺一带的供水。当时租用卧佛寺旁房舍的一群外国传教士便修管道抢水，以致两家发生纠纷。最终由官府调解，双方达成协议，并立碑公示。说来也巧，在这群外国人中有一位是留下大量中国老照片的摄影师西德尼·甘博，即今日世界五百强之一宝洁公司创始人詹姆士·甘博的孙子，与中国渊源深厚，他竟用相机拍下了这桩公案的"裁决书"，证实了"抢水纠纷"。

他不愧是"无畏居士"。他干的另一件"蛮事"是阻止故宫文物南迁。周肇祥于 1926 年 9 月 30 日至 1928 年 2 月担任古物陈列所所长。这个陈列所于 1914 年在故宫文华殿和武英殿成立，主要保管、陈列清廷辽宁、热河两行宫文物，后来合并至故宫博物院。所以周肇祥认为自己对国宝文物有绝对发言权。1933 年 1 月，日军攻入山海关，华北告急。故宫博物院理事会担心一旦日军占领北平，故宫文物会有被毁或被劫的危险，于是决定选择精品文物（包括陈列所文物）迁往南方保存，当时国民政府批准了这一计划。但周肇祥极力反对文物南迁。他认为大敌当前，古物运出北平且不说损坏的风险极大，此举将会动摇人心，引起社会不安。他像个满血战士狂慢地呼吁国民政府去保卫祖国，奋力抵抗，安定民心，而不应该倒腾文物，把古物折腾散掉。他在中南海成立了"北平市民众保护古物协会"，自任主席，通电全国号召全民反对故宫文物南迁，甚至表示要不惜以武力阻止南迁。鉴于此，国民政府干脆也来硬的，派警察将周肇祥秘密逮捕，等故宫文物全部运出北平，才将他释放。

这位不按常理出牌的反对派还是一位出色的书法家、金石文物鉴赏家、文化活动家以及京津画派领袖。他晚年潜心金石书画，任团城国学馆副馆长，东方绘画协会干事、委员，与金城等著名画家创办中国画学研究会，自 1926 年起任中国画学研究会会长。他的作品传世于今甚多，画风匠心古朴。他指责齐白石是"野狐参禅"，而自视传承传统古韵。同时他还工诗文，精鉴藏，通文史，留下丰厚的国学著作。在他的一生中，他不仅是活跃于京城的文化活动家，还是一位学问成就者。他的著作如《柳风堂墓志目》《石目汇编》《辽金元官印考》等，以及《琉璃厂杂记》《周养庵日记》两种等稿本，由后人捐赠，今藏于北京市文物研究所。此外还有《鹿岩小记》《寿安山志》，是他潜心樱桃沟三十年留下的心得笔记，于后世均有裨益。

狂慢而风雅之人却也还有另一番沉郁收敛的内心世界，周肇祥试图勘破世间执着烦恼而思索无常生命。周肇祥在得到樱桃沟的第二年（1918），便开始修建生圹，即活着的时候给自己修墓地。生圹的选址恰在水源头上方山上，疑似辽金废寺广泉寺遗址，他还顺便将孙承泽时期的满水水井（此时已为枯井）重新修建。他在生圹的碑文里写道：他是来自南方绍兴的一位佛教徒，幼年皈依佛法，号无畏居士，所得官职不值得记述。自作生圹自古有之，以生前自己建好不劳后人费力。他还伤感地写道："我人生际遇多灾难，未老先衰，在寿安山安身养病，现在得到此地自修坟茔，将来与我的夫人默娴同穴。"事实上，那年他才三十八岁，与他离世时的七十四岁还相隔很远。后来，此处生圹埋葬了他的夫人默娴、女儿及外甥女，可他并没有机会与夫人同穴。一俟新中国建立，他便锒铛入狱，1954年他已高龄病重，获批保外就医。有友人看望他，破屋破衣老病人，在进行监狱里的劳动——糊纸盒，贫病衰弱，晚景凄凉，落寞终老北京城，绝无机会埋骨樱桃沟了。

周肇祥取得樱桃沟后，根据一个仙人骑白鹿来此山谷修道的传说，在原来孙承泽书屋的遗址上盖起"鹿岩精舍"并自行题写门额，留名"无畏"，保留至今。今天，"鹿岩精舍"院内小小山坡上有一间雅致茶社，游客可以自带茶叶用山泉水冲泡，闲散地坐在院子里品茗发呆。茶社也经营些非烹炒的食品，譬如手包水饺、啤酒、凉菜，以应游人之需。茶社所在的仿古建筑上题额"水流云在之居"，保留了孙承泽当年给书房的命名。而院内南房三间题额"石桧书巢"，是为了呼应沟内一方巨大元宝石及石上松而得名，这两件景物曾被孙承泽记述，有传说曹雪芹亦曾受此自然景象启发，构思了《红楼梦》的"木石前盟"。今天，这些书法均为当代书法家舒同的手迹。今天的退翁亭大约也是周肇祥重新建起的，他在亭子的两楹书写王维的诗句："行至水穷处，坐看云起时。"

孙承泽在清廷服务低调龟缩，在努力活到六十岁后便迅速隐身樱桃沟，躲避世间纷扰，再抓紧二十年活一次自己热爱的生命。他游走西山岭脉，访古追昔，潜心学问获得成就。而生性张扬的周肇祥占有樱桃沟三十年，却依旧贪恋城中红尘，作为活跃在北京文化界的风云人物，也成就了一番文化事业。北京城是凡尘的喧嚣舞台，樱桃沟则可隐逸空谷幽兰。两人的人生截然不同，只是他们对樱桃沟的热爱是一样的深厚，这缘自大自然给予脆弱生命的慈悲与安抚，大概就是每一个人内心深处渴望一片归隐乐土的原因吧。

2016 年 3 月 20 日　于万柳

京城荒僻处，隐藏着
跨越了六百年的国宝级文物

　　2016 年 12 月，藏有明朝壁画的法海寺经过整修重新开放。这是一条普通的消息，但"明朝壁画"确实是无与伦比，跨越近六百年时空再次惊艳世人。我不知如何形容我们的幸运，至少，我们比乾隆皇帝幸运。

　　乾隆对艺术珍品的痴迷是以实际据为已有著称的。但在其长达八十九年的人生里，他并不知道一处有着绚丽明朝壁画的地方，幽幽地遥视京城，隐身于世间。

　　法海寺在京西石景山模式口，即使当下京城已经膨胀到如多层巨无霸大汉堡的程度了，这里还是显得有些荒僻。公交车只到达离这里还有两三公里的地方，来寻访的人们需要迈开腿再朝翠微山走上一段距离，才能找到这间坐落半山的不算大的寺院。据说，平常日子来参观的全天也就二三十人，周末好点，能有五六十人。即使这般可怜数字，来访的人们基本上也只是奔着一个目标——瞻仰那共计九铺的惊世骇俗的明朝壁画，或者说是 15 世纪中期的汉地寺院壁画。

20 世纪 30 年代，先后有两位西方女士造访此地。第一位是 1933 年时来自德国的二十四岁年轻姑娘赫达·哈默（就是今天人们熟知的小莫——赫达·莫理逊），她有着天生的好奇心和冒险精神，刚到北京热血甫定，就打听怎么去法海寺。她进入寺院后发现大殿里有大幅明代壁画，激动不已。年轻的她不可能清楚这些壁画的价值，只是觉得有趣，并记录道：

> 最有意思的寺庙是法海寺，这是一座不大而颇具景致的寺庙，它以保存完好的明代壁画而受人关注，壁画在大殿的墙上，永远位于阴暗处，处于非常好的保存状态，要描绘它须将屋瓦揶开，才有一个好光线。

于是，鲁莽的她为了制造好光线拍下大殿里的情形，竟然拆了小汽车喇叭，用里面的橡皮球茎对着点燃的副醛燃料吹镁粉，试图造出镁光的巨大光亮，帮助她拍出清楚的壁画。结果此举引发了一次小型爆炸，非但没能成功拍照，还把自己灼伤险些毁容。她只是收获了一些勉强可见的罗汉雕塑的照片，壁画拍摄并不成功。

北京的隐秘角落

四年后，英国女士安吉拉·莱瑟姆也寻到法海寺，这次她不但成功地将壁画、雕塑等拍摄下来，还写了一篇游记发给当时的《伦敦新闻》画报。她的文字透着女性的细腻与感性：

> 在辽阔的华北平原上，有一座造型极其优美的佛教寺庙。……有一位剃了光头的年轻人将我们迎入了一个寺庙庭院之中，并沿着石阶往上走，来到第二个庭院，那儿有和尚在拆除为牡丹花穿上的越冬稻草衣。这就是法海寺。

"第二个庭院"即主殿之前的庭院，自然他们进去是找壁画的。当然，她比赫达·哈默更具有安全意识，她很聪明地用一面大镜子把室外灿烂的阳光折射进大殿，拍下了一批质量尚可的照片。她还写道：

> 这幅深藏不露、迄今默默无闻的壁画堪称世界上最伟大的绘画作品之一！我敢说自己从未见过其他任何绘画能具有那么崇高和迷人的风格。

她这篇图文并茂的报道在西方世界引发巨大轰动，这毕竟是对15世纪中叶东方壁画艺术的一次重大发现，在相当一段时间里，法海寺以其明朝壁画艺术在西方反而比在中国更出名。

今天，每日去法海寺的那三五十人就是专程去看壁画的，他们被某种小众而高雅的风闻所染，探奇或者附庸各有其好，因为法海寺壁画名气大，被艺术史学家归类于中国古代三大壁画艺术瑰宝之一，其他为敦煌壁画、永乐宫壁画。一个貌不惊人的小小寺院以艺术价值闻名，这反而夺其宗教光芒，让人们忽略了其实这原本是一间皇帝赐额、太监牵头修建的佛教寺院。如果寺院最初的兴建者——历经四朝的太监李童——知道会有今天这么个奇怪的结局，他会想办法把自己也绘到壁画上的，哪怕躲在一个角落。事实上，他在原大殿雕塑的十八罗汉群里加上了自己。这在赫达·哈默及安吉拉·莱瑟姆的照片里都有体现，所谓十八罗汉实则只有十六个，剩下两个一个是大黑天神，另一个就是李童自己，他俩都不是罗汉。可惜"文革"期间，这十八尊雕塑都被红卫兵砸了个稀烂，那位多少有些留恋人世并有些顾影自怜的太监李童没有留下最后的样子。

明英宗正统四年（1439），五十岁的太监李童整合了他可以整合的各种资源，倾尽其为四朝皇帝服务所得的赏赐，并多方募集，要建一座寺院。首先，他以内廷重要太监的身份说服年轻的英宗，英宗当时只有十二岁，已是

北京的隐秘角落

"三杨辅政"① 后期，"三杨"老臣死的死老的老，他身边的太监王振开始得势，这给老太监李童行了方便。李童说他承蒙四朝皇恩，只有建一所寺院以修佛荐福才能报恩。他向英宗叙述了一个比较俗套的故事，说他有一天睡梦中来到一个"岩壑深邃，林木茂美"的深山之处，遇到某白衣仙人，仙人指示说"此精蓝地也，他无以过此者"，意即这里最适合建一所寺庙了。李童惊异，拿捏不准，画了张草图便差人在京城周边有山林的地方四处踅摸。结果差人到了玉河乡水峪，发现四周景致与草图一致，问当地人有何古迹，当地人说这里有一座叫龙泉寺的废寺。李童恍然大悟，认定这就是神仙托梦让他修建佛寺的地方。于是李童拿出全部资财，并动员善众、僧侣一起发力建设，还找来"诸良工"（即宫廷绘画师等）各类能工巧匠，历时四年，终于将寺院建成一座比较标准的"伽蓝七堂式"汉地寺院，占地两万平方米，包括大雄宝殿、伽蓝祖师二堂、四天王殿、护法金刚殿、药师殿、选佛场、钟鼓楼、藏经楼、云堂等建筑。直至今天，这个规模基本保持不变。

---

① 三杨，指杨士奇、杨荣、杨溥，为明代"台阁体"诗文的代表人物。三人均历仕永乐、洪熙、宣德、正统四朝，先后位至台阁重臣，正统时（英宗第一段御宇时期）加大学士衔辅政，史称"三杨辅政"。

　　李童向年轻的英宗讲述了建寺缘起，对于只有十二岁的年轻的英宗皇帝而言，李童还是有些资本的，当年他"仪度不凡，端庄祥和"，年纪小小便被成祖朱棣留在身边侍候，时刻不离左右，甚至朱棣北征蒙古人，他也披盔戴甲跟随出征。朱棣死于北征回师途中的榆木川（今内蒙古自治区乌珠穆沁），秘不发丧，太监李童便是护卫朱棣遗体回京的亲随之一。继之仁宗、宣宗朝代，李童始终被皇帝信任并被委以重任，宣宗出征喜峰口讨敌，李童同样跟随御驾，回来便升职并得到厚赏。有能力承建寺院，是明清两朝一个太监的权势和成功的标志。他们为什么迷恋和崇尚一间寺院呢？实则是出于他们精神追求上的具体化表现，太监是今生无可依托之人，他们的来世思想、转世希冀非常强烈，很容易以宗教的形式，依托佛教、道教给他们的所求找到适当的解释。

　　英宗给寺院的赐额是"法海寺"，比喻佛法深广如海。李童不光自己倾尽身家，同时动员同好。其一，他请求当时有着崇高宗教地位的藏传佛教领袖前来助缘。在纪念寺院竣工的"敕建法海寺碑"上便镌刻着法王、大国师们等的名号，如大慈法王释迦也失、西天佛子大国师哑蒙葛、西天佛子大国师班丹扎释，还有朝廷僧录司的官员左善世大旺、右觉义南浦、右善世祖渊，相当于囊括了当时佛教界的最高领袖。但实际上，在刻碑的时候，大慈法

北京的隐秘角落

王释迦也失已经不再住世了，他已于八年之前在返回藏地的路上，圆寂于青海佐毛喀（今民和弘化寺），世寿八十四岁。八年之后将他的名字刻在助缘第一位，多少是更具有象征意义，只不过明朝人不习惯给故人姓名加黑框。其二，李童请来了当时中国最优秀的艺术家——宫廷画师们，这些人来自南方宁波一带，他们秉承了宋朝以来的"院体画风"，并把他们卓越的艺术天赋奉献给了这座寺院的壁画绘制。其三，他说服了当朝德高望重的老文臣，均为进士出身的胡濙、王直为寺院撰写碑文，这两位被后人称为"清德正学"的贤臣。他们都是四朝侍明的老人，彼此熟悉且关系良好。而在后来的世事变迁，如"土木之变"中，他们又都是观点基本一致的"英宗党"。譬如，英宗被掳，朝野乱作一团，胡濙、王直这两位年过七旬的股肱老臣起到了定海神针的作用，当时有人慌乱到要将朝廷迁回南京，这两位坚决反对，胡濙声称成祖之所以把陵寝安在北京就是要表达不再迁都而固守京城的决心，虽然这两位老人已年过七旬，但他们的坚定与勇气给了于谦等少壮派武将以极大的支持。如果土木之变大明弃守北京而溃逃千里，历史将是另一种写法。说他们是英宗党的原因是他们都反对代宗易储。代宗易储后果然惹了天怒，新王储没多久就死掉了，这两人又撺掇恢复英宗之子储位，而且在迎英宗回朝的问题上他们也是积极的鼓动者。

好了，七年之后英宗复辟，这两位历时五朝（包括代宗朱祁钰）的老臣以英宗朝忠臣的身份得到善终退休，拿了厚赏，坐着朝廷派出的驿车告老还乡颐养天年去了。所以，在修建法海寺的时候，这些气味比较相投的人就可以凑在一起，各自发挥所长，为李童的终身事业添上锦绣花朵。

李童在寺院修好十五年后因半身不遂过世，就葬在离法海寺不远的山坡上，以示不舍。在这十五年间，他肯定多次流连忘返于都城与寺院的路上，内心满足。他的朝中大官朋友、礼部尚书胡濙再次为他撰写了生平碑铭，大致勾勒其生平事迹：李童出生于洪武己巳年（1389），江西庐陵人（今江西省吉安市），相继侍奉了永乐、洪熙、宣德、正统、景泰五位皇帝，在宣宗时，升授为御用监太监，在代宗时，得到明王朝的最高赏赐——蟒袍玉带。碑铭形容他"周旋殿陛，仪度从容。小心慎密，竭力摅忠。护驾出入，环卫圣躬。历事五朝，职业愈崇"。寥寥数笔，写出李童的性格特征。他是一个仪表从容之人，做事谨慎周密，且周旋于宫廷内外，合宜有度。换言之，他可以在各类人群中受到欢迎，不仅有高官朋友，也有地位不高的工匠及宫廷画师朋友。他请这些人来大殿创作壁画，他们从构图设计、人物安排到运笔绘制，竭尽所能，完美展现其精湛技艺。《中国壁画史纲》中说到明代的寺观壁画，首举就是宫廷画师所画的法海寺壁画：

> 线条流畅，色彩浓丽，天衣飘动，漫笔生辉，诸如梵天肃穆，天王威武，金刚刚毅，天女妩媚，鬼子母慈祥，儿童天真，都真切生动。

李童只是明朝的普通太监，自己根本想象不到，他在法海寺的一番作为竟然创造了中国古代绘画艺术史上的奇迹。

这些壁画倾注了李童对法海寺的真爱。汉地寺院以雕塑佛像为主，对大殿墙壁给予过多装饰的不多。"刻雕藻绘，像设有严。香华器物，凡寺之所宜有者，靡不毕具。"据寺内明碑《敕赐法海禅寺记》所载，法海寺这些器物装饰符合寺院所宜有的标准配置，并没有提及壁画，提到的"刻雕藻绘"是指大雄宝殿天顶有三个造型一致的藻井设计，深一米，分三层逐级上升。虽然藻井图案为曼陀罗系列显藏传密教风格，但那些无疑还是制式的图案。这里可以推定，胡濙、王直撰写碑文时，还没有开始创作壁画。后来，李童不愿意大殿的墙壁留白，便将做完传统寺院装饰的画工等人留下，在墙壁上创作壁画。这些壁画应该完成于寺院建好一年内，因为法海寺有一通立于正统九年（1444）的经幢，上面除刻有楞严经梵文咒符外，还刻上了营建寺院的"专业技术人员"的姓名，包括绘制壁画的画官、画师。他们是画士官宛福清、王恕，画士张平、王义、顾行、李原、潘福、徐福要。正是这通经幢令壁画的作者姓名永存后世。

如果欣赏壁画时从它的三大主题分别欣赏，就不会乱花迷人眼找不到头绪。这三大主题是三个独立的佛教经典组团，列为三大部分。

第一部分，在大雄宝殿东西两壁，高 3.2 米、长 11 米的《赴会图》，画的是五佛十菩萨赶赴释迦牟尼法会的情景，壁画上部饰有祥云，中间为佛菩萨，下有牡丹莲花等奇花异卉，共计 60.72 平方米。

第二部分，在原大殿所供三世佛像龛背后，称为《三大士图》，是以三位菩萨为主角的绘画。其中，观音大士采用的是"水月观音"像，居中，韦驮、善财童子、金毛吼、鹦鹉分列四隅，衬托清泉、绿竹、牡丹。此外，另外两位大士为文殊菩萨和普贤菩萨，分列水月观音两侧。文殊菩萨旁立青狮、驯狮人、信士。普贤菩萨旁有六牙白象、驯象人、信士。水月观音居中，文殊、普贤居于左右，画面面积 60.75 平方米。

第三部分在大雄宝殿北壁的东西两侧，即法海寺整体壁画中的"主壁画"——《帝释梵天礼佛护法图》，它描绘的是佛教中的二十诸天（即护法神）在参加佛会时礼佛的场景。东壁，由西向东包括梵天诸部共十九身，十诸天加侍者，包括大梵天，持珊瑚瓶、撑幡、捧盘的三位天女，持国天、增长天、大自在天及天女，功德天及天女，咒师、日天、摩利支天、坚牢地天及天女，水天、韦驮天；西壁，由东向西为帝释诸部共十七身，十诸天加侍者，包括帝释天，持花钵、捧盘、撑幡的三位天女，多闻天、广目天、菩提树神及天女，辩才天、月天、诃利帝母（鬼子母）以及毕哩孕迦（鬼子母的小孩）、散脂大将、焰摩天（阎罗王）、密迹金刚，面积44.8平方米。

壁画中人物众多，但构图大气严谨，相间适度，有序不乱。虽说都是佛教典故的描绘，但生动盎然，刻画细腻，人物面貌活灵活现，富于个性。无论是线条柔美、慈悲四溢、望之心化、衣着饰物美轮美奂到无以复加的水月观音，还是满满慈爱、柔情万种、雍容华美的诃利帝母（鬼子母），她在佛教中已从专吃小孩的恶神转化成孩子的保护神。她抚头的小孩更是眼神俏皮，活灵活现得可以从墙壁上跳下来。与敦煌壁画及永乐壁画相比，法海寺的壁画画风手法更为细腻精美，用料奢华考究，尤其是大量金粉的使用。

有后人说法海寺壁画可以与西方中世纪壁画艺术媲美，是艺术史上伟丽之作，堪称"中国西斯廷"。我反而认为，法海寺壁画令人瞩目在其珍稀性上，就华夏汉地壁画绘画之艺术精品而言，是过于匮乏则显示了其卓尔不群。传统上的美术绘画似乎成为宫廷皇室的雅好和高贵的奢侈品，除了皇宫与权贵人家的建筑装饰雕龙画凤花鸟虫鱼之外，降落民间的这类艺术作品还是过于稀疏。加之战乱灭失的唐宋壁画已踪影难觅，虽然不少古代建筑也留有壁画，但达到如此之高艺术水准的组团式的精品之作不多。敦煌壁画准确些说是中华、印度、希腊、伊斯兰四大文化体系汇流的体现，并非独属华夏文化。而法海寺壁画有中华文化的"纯洁性"。宫廷画师的作品落户法海寺纯粹出于李童个人关系的偶然性，或许，李童也是接受了藏地僧侣关于绘制壁画的建议。在藏地，壁画分布在寺庙、府第、宫殿、民宅、驿站、旅店等地的墙壁上，普遍寻常。唐朝文成公主进藏后所修大昭寺之壁画至今超过一千三百年，历经不断修缮，依旧很好地保存下来。据今统计，仅寺院壁画便超过十万幅。而汉地寺庙里成规模且达到艺术水准的只有永乐宫及法海寺，永乐宫是道教道场，绘画内容以道教经典为主，虽然规模更大些，但绘制的精美程度达不到法海寺水准。所以，大中华汉地佛教寺院里，只有法海寺保存下来了一批极高水准的佛教题材壁画。

因为稀少到几乎成为唯一，20 世纪 30 年代两位西方女摄影师将法海寺壁画向全世界的推送便成了一件振奋人心的事情，这也让一些有艺术修养的国人铭记在心。但法海寺隐藏翠微山中，而这一带在明清两代不仅是远离都城四十余里，甚至由于近山一带缺乏耕地，居住者也不多，所以一直偏僻，没有蜂拥而至的信众，也没有皇室人物的莅临，壁画之事也就鲜有人知。

清廷入主中原之后，大肆修葺并恢复了不少明朝寺院，但法海寺始终没有进入清当朝者的法眼。根据乾隆中期《日下旧闻考》记载的情况分析，法海寺没有被清朝官方考察过，没有被皇帝亲访过，甚至艺术爱好者乾隆皇帝也没有听闻如此瑰宝（这是空前的憾事），也就不可能有朝廷出面的任何复建与修缮。可以肯定的是，清朝廷根本不了解寺内的壁画情况，所有的皇帝均未得见。《日下旧闻考》只将法海寺作为一座普通的前朝寺院简单记录了一下遗留物品，包括三通明碑、二通石幢，对大殿内部的佛像、罗汉雕塑只字未提，壁画部分更是无从谈起。也就是说，历经清朝二百六十七年，法海寺壁画如沙里藏金，无人得识。

这个在明朝香火尚旺的道场自李童建好后便请高僧福寿法师住持，在碑铭里称之为"延僧福寿"。而这位福寿法师正是当时名满天下、曾被宣德皇帝请至玉泉山下主持敕建大功德寺的祖渊禅师的弟子。祖渊禅师是李童的同乡，亦是江西庐陵人，在京城朝野上下均被视为高僧大德，他还在万寿戒台（今戒台寺）做传戒宗师，一时受戒者众多。（"一时受度者，如川汇云委，其徒之繁昌。"）祖渊的这位高徒可列为其坐下第一，因为祖渊过世后，是福寿法师接过了大功得寺的法席，两间地位不凡的寺院同为其掌管。福寿过世后，便葬在离法海寺不远的山上，今称"福寿岭"。其继任弟子慧义建了法海寺塔院。塔为喇嘛式，砖石结构，高一丈九尺。塔前二碑，有成化皇帝的谕祭碑，还有福寿生平碑。碑文落款处为：

　　大明成化二十二年岁次丙午九月十八日，僧录司左善世兼大功德禅寺住持，弟子慧义等立石。

这说明福寿的继任——第二代法海寺住持、第三代大功得寺住持慧义，是当朝六品僧官左善世。可知这一法脉在当时明朝官方的地位。

　　慧义过世后也葬在这个塔院。因福寿亦称"嵩岩寿"，久而久之，塔院所在的小山被百姓传为"松鼠岭"（发音：扫鼠岭）。到了1913年，美国人创建的同仁医院在这个小山上开办了中国第一家疗养院，男男女女来来往往，在那个尚不开化的时代当地老百姓看不惯西方的生活方式，就叫这里"骚妇岭"。当然这个名字实在不雅，后来地名还是被正式定为"福寿岭"，山下有村庄叫"福寿岭村"，至今，公交线路亦有"福寿岭"站。

法海寺作为寺院的辉煌基本至明朝灭亡便戛然终止，在清朝，它只是作为普通的民间寺院存续着。到了民国时期，这里已经非常破败，僧人也逐渐离开。20 世纪 30 年代以后，由当时的电力公司占据庙产。而共产党的军队进入北京时，石景山是入城路径，法海寺便有军队驻扎。有战士为晾晒衣服便在大雄宝殿墙壁上钉钉子。钉子落在北墙西部，正是《帝释梵天礼佛护法图》上，小战士也真会找地方，其中一颗钉子正钉在帝释天的脸上。

事实上，在小战士钉钉子晾晒衣服的时候，法海寺有一位常住守的老工人，名叫吴效鲁。从后续变故来看，他简直就是"潜伏"于法海寺的壁画保护神。在 1945 年前后法海寺还是电力公司避暑别墅的时候，吴效鲁就已经来到这里，主要负责看房子，还要打扫卫生，做些后勤杂事。他看到了小战士在拉绳子挂衣服，他没说什么，因为也轮不到他说。

那时候大殿经过几百年的燃灯焚香，四处黑黢黢的，所有壁画的下半部分几乎都被熏得黑暗无光。中央美院的教授叶浅予等来到这里参观，也发现了钉子问题。当然，他们也不说，他们还拎得清秀才与兵的关系，不好意思当面给解放军提意见而是上报了，以略微煞有介事的文字强调壁画被破坏的严重程度。时任中央文化部文物局局长郑振铎报给北平市市政府的公函这样记述：

（上）俯瞰燕园及畅春园，20世纪上半叶

（下左）畅春园（1）

（下右）畅春园（2）

（上）保福寺学校

（中）福隆寺庙会上的小吃摊，1930 年代

（下）被整体挖掉的海淀

北京西郊清代寺店园林圣化寺图

（左上）光绪年间樱桃沟绘图

（左下）光绪年间，青龙桥、功德寺、景泰陵示意图

（右）焦雄手绘圣化寺复原图

（上）清朝中期西郊园林水系

（下）海淀镇地区示意图

（左上）恩慕寺山门

（左下）慈济寺山门，山门正对的高地即斯诺墓

（上）俯瞰立马关帝庙

（下）双关帝庙之东庙拆前最后一瞥

（左）往来的骆驼从永安万寿塔边经过，1920 年代

（右）慈寿寺烧毁前的永安万寿塔

（上）庆寿寺

（下）庆寿寺双塔，1900 年代

（上）皇姑寺碉楼

（下）万历十五年（1587）石刻九莲圣母像碑

隆教寺遗址碑

隆教寺是明代成化六年（1470）太监郑铭修建的
一处寺庙，明宪宗亲见深赐额"隆教"寺名，成化十六
年（1480），立"敕谕碑"，赞颂隆教功德，明确隆教寺
山场土地，禁止侵占，成化二十二年（1486），寺庙
重修，立"敕赐隆教寺重建碑"。

（上）隆教寺留下的两通明朝成化碑

（下）庄士敦的别墅

鹿巌精舎

戊十
元三
長月

（左上）周肇祥题"鹿岩精舍"

（左下）雍亲王送迦陵碑

（上）今日的定慧寺

（下）今日的宜芸馆

法海寺大雄宝殿内壁画，西侧部分

（上左）后人造的魔王和尚塑像

（上中）姚广孝像轴

（上右）迦陵和尚像

（下）最后一位太监孙耀庭与广化寺住持

京城荒僻处，隐藏着跨越了六百年的国宝级文物

> 据本部中央美术学院院长徐悲鸿报称，该院近有人至石景山附近法海寺观明朝壁画，见该寺已驻有部队，壁画有部分已经毁坏，见有些壁画上钉了好些钉子。

"壁画有部分已经毁坏""钉了好些钉子"这样的描述仿佛是说部队在直接损坏文物，其实只钉了七个钉子，"部分毁坏"也是历经五百年不知何年何月的损坏。但这么一咋呼，上级还是重视文物的，部队很快就搬走了。

接着，建在法海寺附近的承恩寺的一所中学——第九中学将男生宿舍迁进了法海寺。师生称呼那位还在此处守候的勤杂工吴效鲁为"吴大爷"，吴大爷五十多岁了，人和和气气的。电力公司走了，小战士走了，学校来了，他依旧干他的后勤杂事，踏实勤快，被学校委以重任掌管大殿的钥匙。大殿作为办公室，不准学生进来，吴大爷还在壁画周围用编织的小荆条护板隔离出一段不好靠近的距离。1958年文物部门尽管经费有限，还是对壁画进行了一次时隔五百年的维修，并给大殿装了避雷装置。

看门打杂的吴大爷是懂艺术的，这与他早年在荣宝斋当学徒有关。在荣宝斋他见识过不少书画艺术名品，耳濡目染，具备一定的鉴赏水平。他还经常出入有身份的政商客户宅邸，交付店里的古玩字画，辟如他给梅兰芳府上送

过扇面。总之，由这位见过世面且有艺术鉴赏力的勤杂工老人来掌管法海寺大殿的钥匙，真是一件幸运之事，也算一桩奇缘。

"文化大革命"爆发后，红卫兵小将以革命的名义让暴戾的荷尔蒙指向一切破坏活动，自然他们也要冲进法海寺大殿"砸烂一切封资修"。据学校的老员工后来回忆说，吴大爷急眼了，他拎了一把大斧子挡在大殿门口，要玩命。红卫兵当然不干，仗着人多，他们更混不吝。吴大爷看吓唬不住而且无人帮他，他就一孤胆英雄，还不如用点智斗。于是，他一个快七十岁的老人，手颤抖着打开大殿门锁，第一个冲进去，二话不说就砸佛像、砸罗汉。后来他告诉别人，佛像砸了还可以再造，画毁了就很难恢复了，佛菩萨神灵也不会怪罪他的。而红卫兵一看老头成了他们一头的，笑了，也就一通稀里哗啦乱砸，砸完了，封资修就算打倒了，在大殿壁画上众神的注目下，他们心满意足地走了，这一劫方算度过。当时模式口一带民众传闻吴大爷拎斧子保护壁画的事迹，但以为是以一己之勇吓走了红卫兵，谁知吴大爷是用了智慧。

红卫兵被轰到农村去大有作为以后，社会打砸抢逐渐平息，壁画安全了。没过几年，20 世纪 70 年代初，吴大爷以七十四岁高龄去世，而他生前给家人的嘱托与李童的遗嘱如出一辙：葬在法海寺附近。死了也要看着，守着。

在法海寺东北角的山坡上，有一处没有墓碑的坟茔，那就是河北涞水人吴效鲁身葬之处，他没有选择回故乡涞水祖坟，而是在这里继续守着。

吴效鲁死后，法海寺大殿的钥匙交给了另一位老人，曾经做过张自忠秘书的邱松岩先生。他在民国时期担任过河北蔚县和上邑县县长，治理有方，百姓称许。但张自忠殉国后他便离开军政界，回故里北京成为一介百姓，找了一份教书的工作养家糊口。机缘巧合，他工作及居住的地方正是在法海寺，吴大爷过世时，1901年生的邱松岩也已是年过七旬的退休老教师，但也不是等闲之人，早年的风云岁月使其走南闯北阅历颇丰，同时他还是一位书法爱好者，底蕴深厚，也非常懂得书画鉴赏，当今著名的书法家何大齐便是他的学生。何大齐回忆道，1976年，他到法海寺西庙拜访邱先生，从此拜邱先生为师。他叫"邱松岩"，是冲着那位福寿老和尚"嵩岩寿"，来继续看守六百年大殿里隐藏的秘密吗？如此说来，法海寺壁画总是在适当的时候等来一些特别的人，他们懂它们，珍惜它们，保护它们。

1988年法海寺便已是国家重点文物保护单位了。如今，经过七年修缮，法海寺壁画已经和圆明园遗址、三星堆遗址等一起名列国家第三批国宝级文物，地位极高。

法海寺原本是一间普通的明朝寺院，但围绕壁画，似

北京的隐秘角落

有隐蔽的机缘巧合使然，串联起了一系列它的创作者、发现者、欣赏者、保护者。因为地处荒僻，艺术高冷，很多时候，它也就躲避掉了人世间的战乱纷扰，慢慢地自我老化着，风化着，很少被外间知晓。但真待大难临头之时，便又会受到某种善缘的佑护，织构出一系列奇妙故事。

2016 年 6 月 16 日　于万柳

深山古寺的人间故事

　　早些年，我特别向往一个雪后山中古寺的情景：荒山远望，大地一片白茫茫，一介衲衣老僧，虽已年迈，但体格还算硬朗，在寺庙前的大平台上扫雪除尘，扫啊扫，倏然抬头望去，苍茫的眼神穿越时空……这个情景总是在我的梦中出现。后来看过一部连续剧，叫《走向共和》，其中恭亲王奕訢因政治失意隐居门头沟大山里的戒台寺的情景与之有几分相似。有个场景是，奕訢与前来拜访的某个官员在寺前的大平台上散淡饮茶，机锋交错的还是世间俗务。他虽然身在深山隐寺，仍然未能放下红尘俗事。

　　我没有关心恭亲王等人，而是关注他们所处的山中寺院，还有那可以远望城市抑或俗界的平台，此情此景总是萦绕于心，万般好奇与向往。直到某日徒步穿越西山，从双泉寺上升至天泰山，转过弯路赫然而见山中一寺，经打听得知叫慈善寺，忽然感觉有一种隔世的熟悉，终于明白原来梦中的寺院果然是有的，而且正好隐于山之深处。眼前的慈善寺毫无破败感，似在近些年修葺过，只因被巍巍西山重峦叠嶂地包围着，只得精致美好地隐藏于寂寥山林之中。

再后来我也曾徒步，亦曾开车抵达过这间寺院，大约十年期间去过四五次，每次见到不禁喜上心头。每次都在寺里一个很奇妙的连廊下品茗观山景，夕阳挂在山头，或者山风徐来，妙趣难以言表。

现如今此寺埋没山中，有急于"出世"之念头，据说2002年石景山区政府投资了三百万重修，将之作为石景山区的旅游文化景点进行开发。因为是旅游景点，文物景点（注意不是宗教道场，因为没有僧人道士住持）便只得依傍佛道及民间诸神，然后编排了不少似有似无的故事，以吸引游客到此一游。如今，这间寺院已成为集佛教、道教、民间诸神于一体的"综合寺庙"，也是神奇。所以围绕于它的传闻轶事竟然不少，其中不乏荒诞，但想想，哪家旅游景点不是如此呢？噱头是商业经营的必需品。

我去慈善寺的次数多了，自然要探究下这个寺的来历。富察敦崇《燕京岁时记》里有关于此寺的记录："寺门在南山之麓，寺在北山之巅，相去几至里许。沿山有流泉三四，涓涓不穷。所谓魔王者，语多荒诞不经，无从考其出处矣。"这几句描述了慈善寺的大致环境，亦提及它的一件惊人秘闻。

话说寺院建于明末，大约在顺治、康熙年间出了一位高僧在此修行。据说，他修炼滚石功，每日将石头滚下山去，然后再推上来，十里八乡都可听闻巨石轰鸣。最早的"疯僧"记述出现在乾隆十年（1745）的报恩圣会碑上，这块碑现立于寺内碑林。碑文记载，清初因"天慈所感，地气之灵，始有疯僧隐居荒山"，在天泰山"坐卧苦修"，"转石于沟壑，参禅于洞穴"。这种修行方式难免怪异，而高僧苦练若干年后果然获得成就，其坐化后肉身不腐，令人称奇。皇家封他为"魔王和尚"，将其不腐肉身供奉于寺内伏魔殿，于是四方百姓尊其神通，拜佛人士纷至沓来。

清朝的皇帝多笃信佛教，尤其是开国时期的顺治、康熙等。皇家顺应了这些神乎其神的传言，便将山中原本简陋的小寺像模像样地修整一番。到乾隆早年继续修建，喜欢四处巡游的乾隆帝也来此视察过，还留下些墨宝，如原供奉疯僧肉身的伏魔殿所悬"魔王和尚"的匾额和碑刻，均为乾隆御笔。可惜，1937年时一场大火吞噬了匾额。

关于西山疯僧的传说很有可能也传到过曹雪芹的耳朵里，曹雪芹会不会在其《红楼梦》中以此为素材，创作了一位行为疯癫实有凤慧的疯僧呢？也未可知。这也算是一桩传闻吧。

北京的隐秘角落

关于寺中僧人肉胎坐像，还有其他传言。按照报恩圣会碑的说法应该是指"魔王和尚"，但百姓中还盛传是顺治皇帝出家后在此坐化。百姓认为顺治死得蹊跷，几乎叫"失踪"，有可能是皇室碍于颜面掩饰皇帝出家的事实。其次，这里离京城很近，风水好，且寺院有些皇家规制，譬如大悲殿屋脊的雕龙与和玺彩绘，不涉皇室的话，皇家有什么理由如此投入？最后，传说康熙也曾多次到天泰山拜祭，或赐匾额，或赐金帛，这些行为不免出格，似乎也印证了顺治在此出家的传说。反正普通百姓容易听风是雨的，本来生活在底层暗无天日，往往容易相信一些没什么根据的传言，以附会神力。

民国年间这尊肉胎坐像是存在的。冯玉祥在《我的生活》一书中提及当年在慈善寺隐居时写道，老爷庙里"只有个干巴肉胎，头歪歪地望着北京。问这是什么人？和尚附在我耳边低声说：'这是顺治皇帝。'我笑了一下，明明又是和尚捣鬼，不知从哪里打听得顺治有出家之说，就造出谣言，愚弄百姓"。冯玉祥不信这些，他是信基督的，不信佛，后来他还在河南省有过灭佛的劣迹，所以对这类传闻难免嗤之以鼻。但百姓不这么想，寺里的僧人意欲勾牵信众皈依，也就广泛传播肉胎不腐的玄乎传说以彰显神奇感应。

果然，应了这般奇妙传闻，慈善寺成为京西香火极盛的寺庙之一。《燕京岁时记》载："每岁三月十八日开庙，香火甚繁。"在该寺西墙外有多座石碑林立，有碑刻上记载：慈善寺"例于每年三月之望，为古佛成道之期，远近村民、绅商学界、善男信女焚香顶礼者络绎塞途，感灵祈福者争先恐后……诚为一方香火极盛之寺也"。史料记载，从清乾隆年起，如意礼仪钱粮圣会、上吉如意老会、鲜果圣会、放堂圣会等大型民间集会都在慈善寺举行，这里是旧时京西著名的庙会所在地之一，也是京西古香道至妙峰山的必经之路。那时，上香、游玩的人络绎不绝，踩高跷、唱落子的，各种花会来此走会。

关于"不腐肉身"本尊，冯玉祥是亲眼见过的。我第一次上慈善寺时，寺院的管理人员也很肯定地告诉我和尚肉身是在"文化大革命"时期失踪的，应该是被人请走隐藏了。所以，天知道这尊肉身如今下落何处呢。

除了魔王和尚，围绕这个寺院，我现在可以查到资料的僧人还有三位，这三位不是传说，而是实实在在地修寺护寺、住持修行的僧人。

第一位僧人是嘉庆年间对寺院修复发挥过重要作用的仁寿和尚。今天，我们依然可以在慈善寺大悲殿的东西两壁看到两面碑文，分别是清嘉庆五年（1800）及嘉庆七年所造。

东面这面碑文的撰写者也算当年的一位官员——内阁

北京的隐秘角落

学士兼礼部侍郎萨彬图。据史料记载，这位官员因不满和珅贪腐，向嘉庆帝谏言说和珅的贪腐家财多有藏匿，远不止查抄所得。但嘉庆帝非常反感这类落井下石之人，斥责了他。在处死和珅的第二天嘉庆即发布上谕，申明和珅一案已经办结，不再大规模地牵连百官，以安朝臣之心。或许萨彬图是位忠心可鉴、为人正直之士，这与他作为一名虔诚的佛教徒倒是不矛盾。他在这篇碑文里热情赞扬了当时的寺院住持——僧人仁寿：

> 比年僧仁寿，目睹倾圮，志切营修，幼即锐于图，维长益坚。夫募化，工程浩大，独力担承。朝暮虔诚，舍身祈祷，人心向善，天意惠吉。

碑文告诉世人，这位仁寿和尚年幼时看到殿宇有的倾斜，有的倒塌，当时就有此重建心愿，立志维修，随着年龄的增长，意志更加坚定，奈何工程浩大，独力难以承担。他乞求人们施舍钱财，维修寺庙。他时时虔诚，忘我祈祷，希望人们发善心，希望上天恩惠。由这段记载可以得知，嘉庆五年，仁寿和尚已经虔诚祈愿多年，且募得善款，为重建慈善寺做出了重要贡献。

镶嵌在大悲殿西墙壁的碑文，更是令今人感动，那是一份普通老百姓捐助善款的记录。我猜测这篇碑文的撰写者大约就是仁寿和尚，它是嘉庆七年，东壁碑文完成两年后写成的，大致记录了萨彬图碑文之后两年间民间信众捐助善款修缮寺庙的义举。很多捐款人的名字根本不能称为名字，诸如一十七、八十五、吴八十一、七十四、百岁等，这些善众未曾留名，也许捐资的只是一砖一瓦，但信众虔诚炽热的爱佛之心跃然于碑。碑文上记载的文字翻译成白话就是："天太山慈善寺，原有大悲殿三间，经历多年，殿宇倒塌，佛像剥落，僧人仁寿带领众善人，不忍任其倒塌，所以表明心愿，到处向显贵的官员、善守信用的人、施主磕头募捐。自从开始筹划以来，承蒙佛祖暗中保佑，众善人扶持，已将佛像表面贴金，殿宇修缮一新。虽然佛祖有灵，但也因为人心向善，孜孜不倦，终成事业。众善人芳名应刻在碑上，永远流传。"所以说，慈善寺的仁寿和尚在嘉庆年间带领众善信对寺庙殿堂进行修复，并在其中起到了极大的作用。

第二位有文字记录的僧人是民国时期的玉宗和尚。根据有限的记录，他应该是清朝遗僧，大约在 1937 年寺院大火之前已经去世。

关于玉宗和尚，冯玉祥记载的文字相对多些。冯玉祥第二次到天泰山的时候（1924 年 11 月），他问当时的寺中住持玉宗和尚："从前来游玩时，只有一座大庙，此次来，看见新建了几所小庙，其中一座是送子娘娘庙，为什么新修这些庙?"和尚说:"因为老百姓来朝山进香,许多是为了求子,若不盖这个庙,他们就不来进香了。"冯玉祥听后哈哈大笑:"你真能干,你做和尚像开店一样,主顾要什么货,你就进什么货。"由这段笑谈记录可知,冯玉祥与玉宗和尚是比较熟识的,而玉宗和尚似乎也是一位可以运用方便法门权宜弘法的僧人。这便可以理解作为反对佛教甚至有过灭佛之举的基督徒冯玉祥竟然与一位山中僧人结下了友谊。

今天还可以看到一张冯玉祥在天泰山慈善寺的照片,非常有趣,一排人中间站的就是玉宗和尚,大约六七十岁,他左侧站着心不在焉的少帅张学良,张学良左侧则站着笑意吟吟的冯玉祥。从这张照片可以看出冯玉祥执意请和尚居中而立表达尊敬,同时也可以看出当时冯玉祥的得意内心。

正是这次张冯会面,促使冯玉祥发动了"北京政变",迫使直系控制的北京政府下令停战并解除吴佩孚的职务,监禁总统曹锟,宣布成立"国民军"。政变后,冯玉祥授意摄政内阁通过了《修正清室优待条件》,废除帝号,驱逐溥仪出宫,清室迁出紫禁城。晚年张学良谈及冯玉祥时,很不屑其人品,他认为冯玉祥根本没有推翻直系军阀的觉悟,是收了他张学良五十万大洋使然。这张照片正是张学良上山入寺说服冯玉祥时留下的合影。使出五十万大洋当然有点肉疼，所以一副心不在焉状。当然，玉宗和尚不会介入这些尘世纷争，他只是以修佛的山僧之心温婉应对这些点燃战火杀戮生灵的军阀。

冯玉祥曾与玉宗和尚共写一副楹联：松蟠福地千山翠，月到天台万里春。我更愿意相信"月到天台万里春"出自玉宗之笔，因为这句活脱脱就是照片上那乐呵呵笑盈盈的和尚的心语写照，"月到天台"定是他无数个坐禅之夜抬头一望的豁朗景象。

根据慈善寺里的碑文记载，玉宗、庆宗两位法师属于"前清季世"，也就是清朝末年法师，且二位在清末民初已将寺院打理得颇具一定规模。仰赖玉宗和尚的"经营擅长"，那时候的慈善寺基本就是我们今天看到的样子。到了 20 世纪 30 年代，玉宗、庆宗两位法师相继圆寂，他们"遗徒四人，尤守清规"。

1937 年冬天，寺院着了一场大火，寺内碑文记载是："庙役上香粗心不慎，竟为祝融（指火神）肆虐，星星之火，忽被燎原，楼殿十间，付之一炬，连及配殿六间并大悲坛、后配。所幸者魔王肉体尚存。""遗徒四人"励志重建庙宇，历经若干年广化善缘，祈请信众施济，终于在 1945 年完成全部修缮。

"回溯曩昔，偶因小误不慎，酿此意外奇灾，计时历延七八载，计款动用数十万，方获圆满之功者，胥为诸檀越、众善士群策群力，虔心诚意，赞襄指导，其功德真无量也夫！"此处碑文记载了从玉宗圆寂，寺庙失火，再到重建的历史，可见慈善寺经过重新修建，恢复了往昔辉煌面貌。

在这篇修缮碑文的落款处，我惊见一尊法号：妙安。碑文的结尾如是："住持永安、义安、妙安、德安率徒阖泉叩化"。"妙安"这个法号在冯其利《寻访京城清王府》的"刘海胡同三等子爵宅第"一章中提到过。话说妙安本是名门之后，老姓赫舍里，其祖先是清初弘文院大学士希福，是努尔哈赤时期被倚重的知识分子，他与堂兄硕色（一等公爵索尼之父）是当时著名的"赫舍里兄弟"，被赐号"巴克什"（满语"学者"之意）。因为他们精通满、蒙、汉等多种文字及语言，出使满蒙各部并协同编撰各类官制，在清初是非常难能可贵的知识分子人才。其后代一直蒙荫祖德，世袭三等子爵，居官者众，不乏显贵。但在 1900 年八国联军侵入北京城时，发生了许多惨烈的事情，包括祸及希福的后代——三等子爵文福一家。现在看到的记载是：

希福后裔、副都统、三等子爵文福守城失败，返回刘海胡同请命，秉父富谦命，第三子、刑部笔帖式斌福带领其长兄五福长子清霖、二兄文福长子清霭到西直门外祖坟地避乱。富谦及其子五福、文福、女儿三姑娘，儿媳伊尔根觉罗氏、呼都里氏、刘氏，孙清霈、清需，孙女大胖姑娘、二胖姑娘、竹姑娘举火自焚。

及至市面趋于平定，斌福带领两侄返回刘海胡同时，才知道合宅死难。其后，在后花园掘地埋葬。农历九月二十八日奉上谕该家族得到赐恤、旌表。1901年，年仅十三岁的清霖承袭三等子爵。但刘海胡同三等子爵宅第已经大伤元气。

民国初元，斌福幼子到天泰山慈善寺出家为僧，这位幼子就是后来法号妙安的法师。1920年，斌福把宅第和长子清某托付给本家后赴东北谋生。

从上述记录可知，1900年八国联军入侵北京之时，斌福非常年轻，尚未婚娶，所以老父亲为留一点根脉令他带长兄、二兄的儿子各一人逃至西直门避难，而1920年他北上东北时也没带上自己的儿子，还是带着在西直门避难的两位侄子出走。长子托付亲戚照管，幼子很可能尚未成人，但1920年尚未成年的幼子已经出家慈善寺，所以未有交代。如果说1924年冯玉祥将军与当时的住持玉宗和尚友善交往，那叫妙安的小僧应该是服侍大和尚左右的徒儿。1945年妙安的法号在碑文上出现时他已位列当家和尚，这时候他应该是三四十岁的中年僧人了。而 1940 年他的父亲斌福及堂哥清霖（承继三等子爵者）阔别二十载重回北京城，他的大哥已经离世，只有他远在山中一寺，不知他是否曾与俗家的父亲骨肉重逢？

据说新中国成立前夕慈善寺再一次遭受火焚，部分建筑被毁，也就是说，用了七八年艰难筹资刚刚复建三五年的寺院再被火烧。及至新中国成立后，按照一般的理解，僧人从 20 世纪 50 年代至"文革"开始基本被遣散干净，且慈善寺比较接近军事禁区"潭峪"，逐渐人迹罕至，只能尘封深山五十载，任由房屋坍塌，院落破败。"文革"期间，寺内的各种塑像、碑刻被列入"四旧"，大多数被人为损毁。魔王和尚肉身这次也彻底销匿无影。至于那位有着傲人祖先的赫舍里氏——妙安和尚，也就不知流落人间何处了。

寺院也如同人间一般，隐藏了不少故事，当然因为它是人间凡尘的观望者、出离者。僧人们以幽闭的大山为屏坚持他们无畏无惧的修行，无论世间春花秋月富贵荣华，抑或世事巨变人寰惨剧如何流转，在他们眼中，佛法的修行才是永恒，其他的，如同一场接一场的火灾，只是起起落落的无常。

2015 年 7 月　于万柳

这座城门，
录下了北京城最惨烈的镜头

1898 年 9 月 28 日，押解谭嗣同的囚车通过宣武门。自 24 日被捕，只五天的时间，慈禧太后希望速斩"戊戌六君子"，以儆效尤。这座城门见证了为推进中国走向现代改良而舍命的义士谭嗣同最后的身影。随后的六十八年，这座城门被逐步拆除：从清末至 1930 年，清政府和民国政府为修建环城铁路、方便交通而拆除箭楼、闸楼及瓮城，新中国成立后于 1966 年拆除城门及围墙。全套拆除似乎与它丧失实用性以及成为城市交通障碍相关，拆除就是将它所代表的旧时代与文化彻底铲除，达到实体与精神上的消灭。

董毅的《北平日记》，我在读到第三卷时才算搞清楚他家住哪儿，他家住宣武门外西南的下斜街一带（今依旧为"下斜街胡同"）。1940 年，辅仁大学国文系大二学生董毅为了节省住宿费，每天骑车从宣武门外下斜街，穿宣武门门洞，一路直线奔北，过西单、西四，至定阜街辅仁大学上课。这一路飞奔他只消用时二十几分钟，令人好不惊叹。今人开车走这一趟，二十分钟基本是在红灯下消磨的。他的日记里一半诅咒坏天气，再有一半赞美好天气，那个灰蒙蒙的北平古城在好坏天气的转换里闪烁存生。那时候，宣武门连同城门、城墙俱在，只是瓮城被政府拆了，成为"火道口"，原来瓮城聚集的缸瓦集市也被挪移出来，今天"缸瓦市"这一地名即源于此。

有为青年董毅每天要从宣武门进内城，一起北风，他便得增重黄土二两，爆土狼烟，西单繁华市井便蛮荒起来，那时的北京城因为沿城一圈九大城门，倒很像个古城，一个粗粝的缓慢而陈旧的古代社会。如果时至黄昏饮马护城河，城墙映辉，场面静好，恍若迷失于蓟国辽京，不知后有元明清。

总有些东西在中国社会贯穿始终，譬如城墙、城门、子城（内城）、罗城（外城），今人以现代观点察知，嘲笑此乃画地为牢，自我绑缚，只是走个马牛驴车嘎嘎悠悠的小农经济怎适应马达轰鸣车轮奔跑的现代社会？原北京市市长彭真表达过毛泽东对工业化的感性态度。他说，毛主席站在天安门城楼上向南看去，大手一挥，指着广阔的天安门广场说应该看到全是烟囱拔地而起，冒出浓烟！是的，在 20 世纪 50 年代，烟囱冒出黑烟代表现代化、工业化，象征世界强国。这位伟人向南一指，目力所及，也钦点到了一座破旧沧桑的城门。这就是宣武门，距离紫禁城不超过三公里。

自 20 世纪 50 年代开始，北京城完成了从古代规制城郭向现代规制大都市的改造。现代规制就是 20 世纪 60 年代以后的环线建设，即二环、三环、四环、五环、六环摊开的大饼形制。古代规制亦是画圈，便是宫城、皇城、内城、外城，是以城墙串起城门连成的三个半圈，外城只有小半圈。这是横亘明朝、清朝及民国的基本格局，时长五百五十余年。画圈是本城的一贯特色。

宫城就是今天的故宫，基本保持明清制式，基本完好，虽然 20 世纪 50 年代也曾差点被拆掉一批宫殿，以修出一条南北贯通的大路及大公园，供人民群众跳舞欢娱，好在有陆定一等卓识之士坚决反对才得以保全。

皇城即是在紫禁城外不远环绕的一圈城郭，今天的天安门就是它的南门。南皇城墙就是我们今天看到的长安街红墙，浪漫如初，保持完好。北门是地安门，已拆。东西围墙的位置便是今天的东黄城根大街、西黄城根大街，不复存在。

内城基本轮廓便是今天二环路围绕的一圈，只是南二环走向是原外城的界限。内城由九座城门连同城墙圈围，它们便是朝阳门、崇文门、正阳门、宣武门、阜成门、德胜门、安定门、东直门、西直门，俗称"内九"。所谓

"九门提督",还有今天外地游客常常听说的"九门小吃",便指这内城九门。

外城为明嘉靖年间,为保护天坛和城南密集的人口、繁荣的商业所加筑的,开城门七座,分别为西便门、广安门、右安门、永定门、左安门、广渠门、东便门,俗称"外七"。外城只是向南延伸了八公里,沿着内城南墙向南接出去一块,就跟衣襟短了又接出去一块般寒碜。外城盖得捉襟见肘是因为当时朝廷财力有限,且南城人口密集,修城墙拆迁民房众多,民怨沸腾。

外城从清末即开始拆除,民国时期、日本人占领期间便逐步完全拆除,前几年恢复了外城一座城门——永定门。梁思成反对的"拆除北京城"是指内城的拆除,是20世纪50年代到70年代末这个阶段,直至德胜门箭楼由拆改修作为终止。当然,所谓终止也是因为几近拆光了,不剩什么可拆的了。

建设北京的二环路及地下的环线地铁(今天的地铁2号线),均始于20世纪60年代。这是一个漫长的跨越"文革"期间的工程,直至20世纪90年代初才完全竣工,而这也是京城九座内城城门(含瓮城及箭楼)及内城城墙逐步被消灭的过程。今天留存下的所谓"一对半"城门,是指正阳门(前门)及德胜门箭楼。正阳门因为建国后一直为北京卫戍区占用,20世纪80年代才腾退。

德胜门箭楼则因其位置避开了开挖地铁的占地，因不妨碍才得以幸免。1976年唐山大地震后德胜门箭楼一角出现过破损，有垮塌危险，当时的市政府准备把箭楼拆掉，脚手架已搭好，幸亏文保人士的反对，才最终没有拆成。市政府便顺势施工，把破损的一角修理好了，如此才保留下这珍贵的半道城门。

当年修建地铁的方式是挖开上盖施工，地铁沿线的建筑一律拆除，而各种房屋建筑如果拆迁再重建势必成本过高，于是规划建设者瞄准了内城城墙，地铁建于地下，地上建起了二环路。记得金日成20世纪90年代初来北京访问，特意被邀请沿二环观光，作为现代化建设成果展示给他看，纪录片里金日成始终惊得嘴巴不合。九大城门及锁链般使之彼此相连的城墙换成了今天的二环路，这是交通大动脉，有时也叫二环路停车场。每天无数车辆压在原来的城墙基石上，车主畅想房贷车贷，忧心职场钩心斗角，遐思游日本逛欧洲，走出去看着别人古老的城市啧啧称奇，殊不知他们碾压于脚下的也曾是千年古城的基石，而梁思成等君早已眼不见为净了。

内城九座城门各有功能。西直门以从西山往皇城拉水通行水车亦叫"水门"。阜成门是整个冬天京城取暖材料煤炭从门头沟进京的入口，也叫"煤门"。宣武门有一大特色就是"死门"，一是城里死人要从这个门洞抬出城，往陶然亭义地一带下葬，二是死因要从这里押赴法场，执行秋斩。门洞旁原有刑部所立石碑一通，上刻"后悔迟"三大字，警示社会，算是当时的法制教育。因为宣武门外菜市口是清朝的执行刑场，死囚出宣武门，过断魂桥（护城河上的吊桥），就基本上接近人生终点了。据说，好多死囚出了宣武门便已经魂飞魄散，几近死人。

当然，城门共同的功能是守城、通行。内城南门有三：正中是正阳门，东为崇文门，西为宣武门。崇文门与宣武门在命名上遵循了古代"左文右武"的礼制，两门一文一武对应，取"文治武安，江山永固"之意。"宣武"两字的典故来自东汉张衡《东京赋》，他描写的是当时洛阳城的景象。"文德既昭，武节是宣"为其中语。"武节"原指将帅掌握军事权力的符节、凭证，在这里与"文德"对应，延伸为"武德"，说的是"言文武之教，无处不临"（薛综注），有宣誓国家武力、八面威风之意。

宣武门最初兴建于元大都南城垣上的城门——"顺城门"。明永乐十七年（1419），朱棣要求拆掉元大都城墙和城门，把南城墙继续向南推移，另外建的新城门并没有起名字，而是沿用了原"顺城门"之名。

正统元年（1436），英宗当朝，重建顺城门城楼，增建瓮城、箭楼、闸楼，正统四年工程竣工，才另起新名——宣武门。宣武门城门面阔五间，通宽 32.6 米，进深三间，深 23 米。城楼为两层，连同城台通高 33 米。重檐歇山顶，灰筒瓦绿琉璃剪边，饰绿琉璃脊兽。箭楼与正阳门箭楼形状相似，但尺寸略小，通宽 36 米，通进深 21 米，连台通高 30 米。瓮城东西宽 75 米，南北深 83 米。东墙辟券门，上建闸楼。清朝建立后，虽然"顺城门"已在明英宗时更名"宣武门"，但在民间通行的叫法还是"顺城门"，北京老百姓舌头卷起儿化音，更是讹传为"顺治门"。到了清乾隆年间还这么讹叫，就有官员向上禀报，说老百姓天天嘴巴犯着世祖（顺治皇帝）的名讳，甚是可恶，请求圣上给此城门赐额。乾隆很奇怪官员怎么这么糊涂，就让官员们去看看城门上的门额，不是明明镌刻着"宣武门"吗？由此可见元朝"顺城门"之名到了清朝依旧深入人心。

五百余年寿命的宣武门，没见证过这个国家什么提振士气的辉煌大事。虽说名曰"宣武"，应宣帝国之赫赫武威，但事实上这道门和国家军事武力没有关系。明清两朝都是向北方宣示武力，即使象征性的大军北征，皇帝御驾亲征也是走北边的德胜门，德胜门也是大军得胜还朝皇帝举行仪式的地方，而宣武门从未获此殊荣。当然，地理位置使然，皇帝也不能为了个城门名字搞形式主义率众出南，跑直隶（河北）转一圈，又不是旅游。但讽刺的是，这道宣武门倒是日本侵略者入侵北京的一个通道，见证了侵略者耀武扬威，宣扬武力。

好事不曾有，迄今难解的世界自然之谜倒是在这里发生了。天启六年（1626），宣武门附近发生过一次惊天大灾难，这就是被称为世界三大谜案之一的"王恭厂大爆炸"。另外两大谜案为三千六百多年前发生在古印度的"死丘事件"，以及1908年6月30日发生在俄国西伯利亚的"通古斯大爆炸"。

关于本次爆炸，历史记载五花八门，迄今为止，历史学家和自然科学家都不能给出合理解释。王恭厂的范围大致在今天西城区新文化街以南、宣武门西大街以北、闹市口大街以东、佟麟阁路以西的永宁胡同与光彩胡同一带，当时为工部制造、储存火药的仓库，位于宣武门西北500米处。这次爆炸范围半径大约750米，面积达到2.23平方千米，已经涵盖了宣武门，现场惨烈。在这么小的范围内死了2万多人，可见当年宣武门一带人口密集程度。

根据明朝官方的记载，这一灾难被认定为王恭厂火药库失火引发爆炸。《明史·五行志》记载："天启六年五月戊申，王恭厂灾，地中霹雳声不绝，火药自焚，烟尘蔽空，自昼晦冥，凡四五里。"当时火药库建在内城是因为方便管理，怕放在外城火药被流民偷抢造成隐患。但此次变故之后，火药厂便移至西直门外安民厂了。

司礼太监刘若愚是这次大灾变的目击者之一，他在《酌中志》一书中详尽地记述了这场巨大的灾难：

> 天启六年五月初六日辰时，忽大震一声，烈逾急霆，将大树二十余株尽拔出土。又有坑深数丈，烟云直上，亦如灵芝，滚向东北。自西安门一带皆霏落铁渣，如麸如米者，移时方止。自宣武门迤西，刑部街迤南，将近厂房屋，猝然倾倒，土木在上，而瓦在下。杀有姓名者几千人，而阖户死及不知姓名者，又不知几千人也。凡坍平房屋，炉中之火皆灭。只卖酒张四家两三间之木薄焚然，其余无毁。凡死者肢体多不全，不论男女，尽皆裸体，未死者亦皆震褫其衣帽焉。

还有说："石驸马大街有大石狮子，重五千斤，数百人移之不动。从空飞去顺承门外。"石狮子飞出宣武门算是奇观。

王恭厂距象房较近，大爆炸时，象房倒塌，大象上街踏伤百姓多人。

这次灾难最大的特点是爆炸，巨大的爆炸，并没有发生大火，爆炸威力不符合当时王恭厂军火库存储黑火药特点。黑火药燃烧的特点不明显，且不会有如此大的爆炸威力。有记载说"天色皎洁，忽有声如吼，从东北方渐至京城西南角"，"从西北起，震撼天地。黑云乘之颠荡"，说明这场自然力量来自东北或西北，但奔着宣武门方向而去，恰巧这里有军火库，所以王恭厂是不是只是受害者而不是引发者，始终存疑。

王恭厂离紫禁城太近了，直线距离只有三公里，说是紫禁城脚手架上正在为建筑施工的工匠亦震落而亡不少。熹宗皇帝正在用早膳，乾清宫大殿严重损坏，一片狼藉，御座御案都翻倒在地。侍奉皇帝进早膳的太监皆死亡。而最尊贵的亡者是不满周岁的皇太子朱慈炅，皇权大统继承者竟然在宫中被砸死，征兆不祥。

这次诡异的爆炸还有更加奇怪的特点：裸体奇观。上面提到"凡死者肢体多不全，不论男女，尽皆裸体，未死者亦皆震褫其衣帽焉"。时人不管死的活的，身上衣物均被刮去，事后有人报官，说有衣服飘至西山，挂于树梢，昌平县校场衣服成堆，器皿、首饰、银钱俱有。官家派人查验，果然不虚。

皇帝只是二十二岁的青年，这次灾难对他打击很大，当时朝政腐败，宦官跋扈专权，皇帝不辨忠奸。这位年轻的皇帝喜欢做木工，不理朝政，魏忠贤大权独揽。因此，朝野舆论认为此次大爆炸是"天怒"，是上天对世间纲常混乱的警告，熹宗皇帝在惊吓与焦虑中寝食难安，不得已下"罪己诏"一道，检讨自己的德行，表示要"痛加省修"，以求"万事消弭"。他还下旨从国库拨出黄金一万两以救济灾民。他的精神遭到重创，身体竟然虚弱起来，第二年他便因落水生病而服用"仙药"身亡，终年二十三岁。回首天启大爆炸，似乎更像为明王朝敲响的丧钟，皇太子直接毙命，皇帝受刺激而亡，皇权交给熹宗皇帝的弟弟朱由检，即崇祯皇帝，明朝的末代明皇。

后世一直将天启大爆炸作为自然未解之谜进行多方研究。1986 年，在天启灾变三百六十周年之际，北京的地质学家发起过一次研讨会，试图用现代科学知识和手段，对这次灾变进行一次广泛而深入的探讨，找到合理的解释，结果是科学家们各种说法莫衷一是。大致归纳为以下几种说法：地震说、火药爆炸说、飓风说、陨星说、大气静电说、地球内部热核高能强爆动力说、陨星反物质与地球物质相逢相灭说，等等。各自解释了某一方面的某种现象，但都无法解释这场爆炸出现的"低温无火""荡尽衣物"等罕见特征。甚至有人提出"中子弹核爆"的大胆假设，认为是某种超自然力量进行的一次实验。这场爆炸超越了人类认知范围，尚不能解释。

不知有无天启大爆炸的心理暗示，总之宣武门一带自此笼罩了某种不祥的阴影——有血腥之气。明朝时候京城执行死刑的法场在西四牌楼，城内血腥充斥太不吉利，所以清朝后，就改为拉出宣武门外斩首了。所谓"拉出午门斩首"只是一种"以讹传讹"的说法。真在午门杀人，血溅红墙实在太不吉利了，明朝时只是在午门"廷杖"，杀人还是拉到柴市（西四），而清朝时午门是打仗归朝的庆祝之地，不可能处决死刑犯。

1912 年，三十一岁的鲁迅应教育总长蔡元培之召，任教育部官员。5 月，他初抵北京，住宣武门外南半截胡同绍兴会馆藤花馆，任教育部社会教育司第一科科长，8 月任命为教育部佥事。鲁迅在京的第一住所离菜市口很近，也离"戊戌君子"谭嗣同曾经的居住地——浏阳会馆很近。1912 年时死刑怎么执行，菜市口还是不是京城法场，都是疑问。但鲁迅写于 1919 年的小说《药》里面提及的华老栓找人血馒头之说，很有可能便是他在第一住所附近的听闻。1914 年，政府颁布《惩治盗匪法》，规定"死刑需用枪毙"，其后分别在 1924 年的《司法公报》、1928 年国民政府《暂定刑律》重申强调。1932 年颁布的《六法全书》再次确立"死刑用枪毙"，枪毙遂成为主要的死刑执行方式。1912 年到达北京的鲁迅，正赶上朝代更迭时期，他所居住的菜市口地区是否还发生过砍头事件并不见详细记录。但人血馒头之事定在市井流传，并非凭空想象。它是指死刑犯的家属贿赂刽子手，请他们在将犯人砍头后，用馒头塞堵颈腔，以减轻血流满地。民间还相信如此塞堵，可以防止死人阴魂外散，阴魂游荡于世不利生者。

今天菜市口十字路口便是当年法场的范围，它在原宣武门城门南一千米之处，一条大道——宣内大街抵达的第一个大十字路口。大辽时期，这里是辽国陪都南京安东门外的郊野，金代是中都施仁门里的丁字街，明朝时是北京城最大的蔬菜市场，沿街两边全是蔬菜摊档，而菜市最集中的街口称为"菜市街"，清代时改称"菜市口"，此名一直沿用至今。清朝时这里用作法场以后，蔬菜生意并未萧条，反而日益红火。官家执行死刑叫"出红差"，"出红差"时商家暂停营业，而处决完死刑犯，马上有人净水扫街，黄土掩埋血水，收拾停当，各家买卖重新开张，碧血丹心映菜花，观瞧完杀人的看客也就变成买菜的，继续人声鼎沸，吆喝震天，热气腾腾的菜场生活重新回归，仿佛刀光血影不曾发生，犹如大幕重启，时空落入不相干的场景之中。奇怪，菜市口的生意还越杀人越红火，无人以为讳。这种现象可以视为中国文化特有的怪象，此一时彼一时，可以瞬间更替无缝衔接，而人们并不会陷入更深层次的哲学纠缠。所谓原罪、赎罪、罪之根本的思考，以及被视为多余之物的慈悲关怀，这些均远离饮食众俗。这是个丧失了哀痛、愤懑转而麻木、世俗的社会。

在菜市口路口执行砍头问斩的法场位置并不完全固

定，要看当天监斩官的心情，他有权决定将办公案台搭在哪里，在哪里问斩。所以，监斩官带刽子手停在哪里，那里的商铺店家就必须完全配合官家。多数时候，执行地选在一家叫"鹤年堂"的药店前，即今天的菜市口十字路口东北角，东临铁门胡同（该胡同今天尚在）。每每有"红差"到来，鹤年堂都会被通知："明日行差，准备酒食，切勿外传，日后付款。"到了第二天，药铺停业，死囚被押到地点先做地狱般等待，监斩官、刽子手们先在鹤年堂吃饱喝足，在鹤年堂门口放好监斩台，午时三刻一到，监斩官朱笔一圈，顷刻间人头落地，嘎巴利落脆，算是完事。有一个阴森森的鬼故事是讲半夜三更会有无头鬼拍鹤年堂的门板讨要刀伤药。还有一句老北京俗语：鹤年堂前讨刀伤药——死到临头。当然，鹤年堂也有好处，监斩官的朱笔是不带走的，丢给店家。鹤年堂会将朱笔卖出极高价格，买者踊跃，说是镇鬼避邪的供物。刽子手使用的鬼头刀今天收藏在国家博物馆，据说有三种规格。

　　今天的菜市口大街是大路通衢，但它的改造代价是拆掉了众多历史悠久的胡同，其中最有名的叫"丞相胡同"，1965 年后叫"菜市口胡同"。据说是因为明朝嘉靖内阁首辅严嵩在此居住过而得名，鹤年堂建于嘉靖四年（1525），传说店前正匾"鹤年堂"三个大字为严嵩亲笔，但不是严嵩为这个药店提笔而写，而是严嵩宅邸有一处厅堂叫"鹤年堂"，严嵩家被查抄后，这个匾额流落民间。这块招牌相当醒目，在明清两朝，"鹤年堂"就是进入北京城的明显标志：过了卢沟桥就是广安门，过了广安门继续北上，看见"鹤年堂"就算到了北京城城根了，因为宣武门近在咫尺。除了严嵩，那个反严嵩的杨继盛的宅邸在达智桥胡同 12 号，这里离宣武门更近，仅三四百米距离，今天是北京市重点文物"杨椒山祠"。杨椒山祠更重要的意义在于是戊戌变法时"公车上书"的发起地，以康有为、谭嗣同为首的一千三百多名举子在这里聚集，由康有为起草上皇帝书，称"公车上书"。仅原菜市口胡同，就住过曾国藩、左宗棠、刘光第、蔡元培等，秋瑾曾在胡同内的女学堂任教，李大钊曾在胡同内创办《晨钟报》。谭嗣同故居（浏阳会馆）、鲁迅故居（绍兴会馆）、康有为故居都在附近。所以说宣武门外菜市口是进入京城的重要聚集地，政治人物文化名流汇聚。

谭嗣同在菜市口法场被斩，而此地距离他的居住地浏阳会馆也就是三百米左右。法场有个规矩，三类人被斩围观者不可叫好起哄：一是朝廷官员，多少要念及其为朝廷服务的苦劳，给他点面子，也是给朝廷的体面；二是妇人之辈，可能是基于礼教缘故；三是唱戏的（叫了好万一死鬼听见了爬起来返场谢恩该如何是好？）。谭嗣同死得应该是悲壮的，但怎么个悲壮法并无确切记录。他在狱中写下了题壁诗："望门投止思张俭，忍死须臾待杜根。我自横刀向天笑，去留肝胆两昆仑。"这个没错，但有说他曾仰天长啸："有心杀贼，无力回天！死得其所，快哉，快哉！"这个真实性就不知道了。据谭嗣同武术师父胡七（胡致廷）所写《谭嗣同就义目击记》（原载1940年《新语林》），他与大刀王五组织了十六个武士想劫法场，"指定顺治门城窟窿为动手地点"（民间仍然称"宣武门"为"顺治门"），但无奈那天一路重兵把守，他们没有机会。康广仁是第一个被砍的，谭嗣同是第五个，"一刀飞去，鲜血汩汩然冒出，脑袋还装在颈脖上哩"。谭嗣同最后一刻可能用北京话对刽子手说过：赶紧赶紧，麻利儿的。刽子手可能说过：好汉，二十年后还是条好汉，走你！这或许就是"快哉、快哉"的另一个版本吧。吃刽子手这碗饭精神压力很大，刽子手也会向药店买药镇静解压，也会对被斩者说上几句他们可以听到的人世间最后的话，譬如"早死早托生，托生个好人家吧"。

宣武门就是这么个见证惊心动魄生死两重天的地方。它也是个低洼之地，仿佛正是为了积郁那些无明怨恨之气不得消散。据记载，明朝某年连日暴雨，这座城门竟然泡在了水里，大门打不开了，是找来象来街（今长椿街）象房的大象帮忙才把门拉开的。城门南的上斜街、下斜街为什么是弯曲如河流，而不是取直的胡同？因为它们原本就在河道上。董毅在《北平日记》中写道，最发愁下大雨送弟妹进城上学，城门泥水浸泡，泥泞难行，人力车都找不到，找到了也拒载。

低洼泥泞，门洞狭窄，这些都不适合汽车通行。20世纪50年代，行人、自行车、马车、驴车，再加上已经开通的15路公交车，城里城外交错进出，的确，只有几米宽的宣武门门洞不堪拥挤。梁思成先生不忍城门和城墙被拆，他书生般地提出，城墙的土方经过几百年的风雨浸淫坚硬如铁，应该保留。但他提不出来解决城里四十万人每天吃喝拉撒各种供应及垃圾清运的办法。1953年，宣武门城墙被扒开大豁口，内城其他地方也有五处被扒开豁口，修建马路。1965年推掉城门时，剩余的墙体全部被推倒，土方填埋了护城河，墙砖用于当时的人防设施防空洞及菜窖了，也就是说这些砖石今天大多掩藏在北京城无数个废弃的防空洞及菜窖里。

关于拆除古城的争论已是过眼烟云，反正一切已经拆除干净，讨论对与不对又有何意义？在新中国建立之初，全国上下有着进行工业化、改变贫穷落后农业国跻身世界工业强国的强烈热情，当然看着旧东西不顺眼。理由便是：古旧的城墙是封建帝王统治的象征，新的社会来临了，必须毁掉一切旧的制度，而旧制度的物质载体的象征——城楼、城墙，必须被取代；城墙的存在阻碍了交通；城墙的包围是保守的表现，城墙的封闭导致北京城不能顺利与国际接轨，城墙的存在是束缚北京城发展的一大桎梏。今天回首三大理由，感觉最讽刺的是"阻碍交通"，因为恰恰是踏在内城"遗址"上的二环路才是全天候的交通"肠梗阻"。

"忘记历史意味着背叛"，所以要正确看待"历史健忘症"。我们愿不愿意做没有根基飘过浮生几十载，为衣食琐碎竟折腰毫无作为的一代人？值得深思。据说宫城北门"地安门"将复建，与"天安门"遥相呼应。这是继外城南门"永定门"复建后古城恢复计划中的一环，如果包括宣武门在内的内城城门逐一恢复更是好事。今天先进的设计建设水平完全能够变通解决所谓"阻碍交通"这等小事，可以在偏移原址一些距离的地方另行复建。如果城门复建，复建的将是一个城市的历史，一个城市的文明与骄傲。

北京城曾经拥有的城墙与城门，其外观虽然不符合现代审美，与玻璃幕墙格格不入，但它们就是那个样子，是我们的辈辈祖先用岁月与智慧揉搓出来的东西，说它们蠢笨也好，说它们庄严也好，都无法改变它们作为一种文明印记的地位。西方人有"广场文化"，我们有"城文化"，用不着升华到市民文化与帝王文化、民主制度与封建专制的层面上去批判，去自我贬低。对于曾经发生的历史而言，这仅仅是彼此各异、无高低之别的客观存在。北京的城门是这个城市珍贵的文明财富，是一种庄严而挺拔的标志，一种精神象征。文明可以被毁灭，但不应被贬低。

2016 年 7 月 11 日　于万柳

2016 年 7 月 14 日　修改

若是梁思成，
他必定会坐在西直门城楼下哭泣

　　我这里说的西直门不仅仅是今天所言的一个地名，一个让司机抓狂的复杂而傲娇的立体交通设施。是的，说起今天的西直门，人们首先联想到的是头疼的堵车，是"首堵"的翘楚，或者如疯狂米老鼠般绕来绕去鬼打墙的笑话。我说的西直门是一座曾经宏伟而骄傲的城门，它是一系列的组合：城门、城楼、瓮城、瓮城门、箭楼、城墙、护城河、吊桥等。

　　作为古城北京的西北城门，西直门消失了还不到五十年，而它作为一个城市守护者的象征，一个生生息息人来人往的朝代更迭的见证者，优雅而雄伟地持续存在了七百多年时间。

　　20 世纪 50 年代初，梁思成夫妇为保护古城文物有过许多积极的作为，他们受中国人民解放军某部门委托编制的《全国重要建筑文物简目》（1949 年 3 月成书），其中第一项文物便是"北平城全部"，并且标注："世界现存最完整最伟大之中古都市，全部为一整个设计，对称匀齐，气魄之大，举世无匹。"但是，自1952年开始，古城开始被拆除，虽然它不是一天就可以建好的，但拆除的速度却是惊人的。20世纪50年代整个社会高昂亢奋，人海战役般地进行摧枯拉朽，敲砸挪运，破坏总是快过建设，十几座城门，八十里城墙，以先城墙后城门，有时以两者并举的顺序在拆、拆、拆。

梁思成在1955年之前担任北京市都市计划委员会副主任、中国建筑学会副理事长等职务，他必然参与过关于北京城市拆建的若干次会议，感性的他曾有多次哭诉。一个五十多岁的男人，梁启超的长子，中国建筑领域的权威，多次以哭泣的方式表达对拆除古城的反对，他甚至与时任北京市都市计划委员会总规划师兼企划处处长、留英派建筑学家陈占祥提出一个将中央行政区迁至月坛西至公主坟东这一区域的方案——《关于中央人民政府行政中心区位置的建议》，史称"梁陈方案"，方案融合了当时世界上最先进的城市规划建设理念，包括将古城完整保留的设想。浪漫美好的林徽因甚至为顺应人民政府社会主义建设与人民幸福生活的宗旨，说将古城建成人民可以娱乐休息的花园，城墙上种上各种花草树木……"梁陈方案"当然没有可能得到同意。当时反对拆古城的还有张奚若，他被高层批评，但没听说他哭，传出最高层对梁思成哭诉的看法是："古董不可不好，也不可太好。扒个牌楼也哭鼻子，打个城门洞也哭鼻子，这是政治问题。"

梁思成除了哭诉和在会议上与"主拆派"激烈争论之外，还给周恩来写了多封信件并最终得到周恩来的召见。据说，会面持续了两个小时，周恩来双臂抱在胸前，耐心地听他讲述。他极富诗意地向总理描绘阜成门帝王庙牌楼在太阳渐渐沉没西山时的美丽画面。周恩来没有正面发表意见，只是意味深长地吟咏了李商隐的诗句："夕阳无限好，只是近黄昏。"

事实上，梁思成在 1957 年没有被打成"右派"完全是托其慈父的佑护。当时的领导人大多是戊戌变法前后出生、后来成为革命者的一代人，他们自幼便对康有为、梁启超有偶像般的崇拜，不看僧面看佛面，梁思成真是因为有个好爹梁启超，所以即使被扣上"唯心主义""复古主义"的帽子，也还可以哭诉吵架，比一般的知识分子略微任性一些。周恩来可以耐心地听他两个小时的倾诉，毛泽东即使说有人哭鼻子，也只是有分寸的批评。但和他搞"梁陈方案"的陈占祥就没那么幸运了，1957 年，陈占祥首批被打成"右派"。

我之前困惑梁思成为什么给周恩来举"帝王庙牌楼"的例子。比起城门楼子，那就是个街上的小件儿，就如同今天建国门、复兴门作为地标的牌楼简约版——彩虹桥，单薄、简单，象征性的街门而已。现在想来，梁思成汇报工作的时候，根本没有想到如西直门那般庞然大物会有被拆除的一天。他还只是着眼在四九城里那些街里街外的文物。当然，城门城墙很重要，但城墙自清朝末年到民国结束一直被蚕食，已经是七七八八的样貌了。而城楼、瓮城、箭楼这些主体建筑，从 1952 年开始拆，但到 1955 年，全部被拆除的只有左安门和西便门，大部分城楼及附属建筑虽有残缺但依然存在。

梁思成没有以在西直门观夕阳举例说服。西直门是一组庞大的城门建筑，正好把住京城的西北角，遥对山峦，不知七百多年来有多少人在此观望过残阳如血，西山如金，玫瑰色霞光渐变虚无，走向一天、一年、一生黑夜的沉寂。似乎七百多年的恒常穿越了十代人的人生。

梁思成不能想象这座伟大的城门，承载、见证过元、明、清、民国至新中国七百年历史的建筑会有被摧毁之日，他在 20 世纪 50 年代时没有焦虑过此事，因为与其他年久失修且岌岌可危的城门相比，西直门气势恢宏，傲视四方，有极高的审美的价值与强大的实用性，甚至在 1950 年还得到了人民政府大笔资金投入维护，城楼、瓮城、箭楼都得到了修缮，至于交通问题，在一旁的城墙上开出几个券门就顺利解决了。我见过一张 20 世纪 40 年代燕京大学学生进城游行的照片，因队伍比较庞大，学生们干脆就从城墙垮塌处而入，可以走城门，也可以不走。城门只是个象征了。

但这象征是七百多年的伟大杰作！我们在近现代看到的西直门，是京城九大城门中仅次于正阳门的第二大城门！即使在20世纪五六十年代所谓社会主义工业化热情高涨时期，西直门如同正阳门一样，排序上仅次于天安门，作为古典建筑的杰作，没有人会考虑拆除它们——想都不会想。所以梁思成不会拿西直门作为看夕阳的背景，那时他与周恩来都不会认为它是可以被拆除的建筑。

西直门缘起何时？它与京城城郭的变迁有关。辽国时期京城作为其南京析津府，范围较小，在今天北京城区的西南部，周长三十六里。金朝时期京城是作为其中都城，在辽城池基础上向四周又扩大了一圈。金朝有五座都城，分别是上京、东京、西京、北京和中都。其他都叫"京"，是陪都，唯此地叫"中都"，是金朝的政治中心，真正的国都。皇城基址在今天的广安门一带，西直门的位置不在城池之内。辽金时期，西直门一带远离都城，相对蛮荒。元朝立大都，弃置辽金城池作为皇城的功能并将之烧毁，把下层百姓留在那里，将新建的都城向东北方向移动，西直门作为城垣上重要的门户，几乎是与大都城同时修建的，即建造于1267年，当时起名"和义门"，由刘秉忠总设计。

元大都的建造对后续明清建造京城影响很大，它有完整而合理、大小合宜的城郭规划设计，考虑了整个城市的用水、交通、排水等基础设施。特别是郭守敬将西山一带的水源引入高粱河，经过和义门一带入城，汇入积水潭，解决了城市用水，并形成漕运水系。从南方经运河过来的货船可以直接抵达城市中心，水路、陆路都成为商业通衢，难怪《马可·波罗游记》记述：

> 凡是世界各地最奇特最有价值的物品也都会集中在这个城里，特别是印度的东西，如宝石、珍珠、药材和香料。契丹各省和帝国其他地方，只要值钱的东西也都运到这里，以供来京都经商而住在附近的商人的需要。

让一个城市灵动而活泼起来的汩汩清水，正是从和义门这里分流进城，一部分给了城池的护城河，另一部分向东进入城中积水潭。这个水系被称为由高粱河、海子（即积水潭）、通惠河构成的漕运水系统。另一个水系则是引高粱河水在和义门南一百二十米处入城，分为南北两支，南支入太液池（今中海），北支入太液池北岸（今北海），构成大都宫苑用水系统。

到了明清两朝，上述饮用水系失效，皇室王府或者富裕人家嫌城里井水不好喝，都是差人从西山玉泉山运水，从西直门入城，故俗称西直门为"水门"。在瓮城门洞上有刻着水纹的石头，这是"水门"的标志。实际上，在元大都建成之后，这里便是整个城市生命之水的入城之地，早早就是名副其实的"水门"了。

元大都城墙是夯土筑成，周长 28.6 千米，高约 10 米至 12 米，基宽 20 米至 24 米，顶宽 10 米至 15 米，共设 11 座城门，城门的命名均与《周易》的卦象有关。今天京城仍有几处地名是元大都城门的名称，如城墙北门为光熙门，取《周易》"艮（东北），止也……其道光明"之意；北城墙偏东有门为安贞门，取《周易》"乾上坎下……安贞吉"之意；城墙西有健德门，取《周易》"乾者健也，刚阳之德吉"之意。

而西城垣正中为和义门，取《易经》"西方属秋、属义之理"；这座城门遗址没有消失，虽然明清两朝在此处重建新门，即后世熟知的西直门，但和义门遗址和残存的遗物实际上是被后来的西直门所包裹起来了，再次重建天日是在 1969 年。

元朝时期的和义门与战争没有太大关系，最后一任元朝皇帝是从健德门出逃奔回草原老家，继续苟延北元王朝的，而几天之后，1368 年 9 月 14 日，徐达进京走的是齐化门。为了防止北元反扑，徐达曾命华云龙整修和义门及附近城墙。

永乐十七年（1419）再次修缮和义门后改名"西直门"，与元大都东城垣的崇仁门改名"东直门"对称，据说取自"民兴教化，东至东海，西至西陲"。正统元年（1436）英宗当政，命太监阮安等监修京师九门城楼，正统四年完工，修建时利用和义门原有的门洞，将原瓮城压在新建的箭楼之下。英宗修建的西直门延续至清而没有更大改动。

清乾隆五十四年（1789）曾大修西直门城楼、箭楼。据《日下旧闻考》记录，当朝之时已在西直门城门内外修整一条石道，长二十里直至圆明园，清朝皇帝均从此门出京，前往西北郊之三山五园游玩驻跸。

乾隆十年有御制《西直门外诗》：

> 良苗近陇复遝町，一雨能回五谷青。
> 今日轻舆凭览处，稍纾半夏刻靡宁。
> 晚田稻可冀丰还，瞻望每每一解颜。
> 不为沽名勤望岁，乐忧此外更无关。

由此可见，出了西直门便是大片大片的良田塍陇，乡村秀色令年轻的皇帝神清气爽！

明朝正德年间的进士蒋山卿曾写《出西直门望西山

北京的隐秘角落

诗》一首：

> 路出西郊外，寻幽兴已赊。
>
> 径回迷落日，林合隐疏花。
>
> 山色争迎马，湖光欲泛槎。
>
> 翠微多少寺，处处足烟霞。

这两首出西直门诗有相映成趣之妙。乾隆诗描述的是出西直门看到的太平盛世，农人勤作，五谷丰登，是帝王对基业的劳心，以小见大，说是"不为沽名勤望岁"，那大好江山天下富锦，怎能不"瞻望每每一解颜"？而进士蒋山卿则是文人名士风流，信马由缰漫游西山寻幽探寺，迷失于湖光山色乐而忘返。皇帝与文人抬眼看到的事物反映了他们截然不同的关注点。

光绪二十年（1894）修西直门至颐和园之石路，同时修缮西直门城楼，后因甲午战争爆发，未及完工即告中断。再之后的大修就是新中国成立后的1950年了。

所以，我们见到的1969年被拆除之前的西直门即是明清两朝保持始终的模样。它的基本描述是这样的：城楼台基底宽40.9米，城台顶进深24米，城台高10.75米，内侧券门高8.46米，外侧券门高6.3米；城台内侧左、右马道宽5米，城楼面阔五间，连廊面宽32米，进深三间，连廊通进深 15.6 米，城楼连城台通高 32.75 米；瓮城为方形，东西长 62 米，南北宽 68 米，瓮城南侧辟券门，券门上建闸楼，东北角建有一座关帝庙。

明正统元年新修的西直门包括门楼、门洞、箭楼、瓮城、瓮城门各一，均采用山东临清烧制的特大城砖。门楼通高 34.41 米（包括楼台），为三层飞檐歇山式建筑，柱、门、窗皆为朱红色，檐下的梁枋上饰以蓝绿两色图案，顶部为绿色琉璃瓦，饰有望兽及脊兽。在门楼台下部正中与城垣墙身垂直方向，辟有券顶式城门洞，因沿袭和义门之制，较内城其他门洞低。装有向内开启的城门一合，用福山寿海五面包锭铁钉固定。城门正前方为一重檐歇山顶箭楼，西、南、北三侧共有箭窗 82 孔。箭楼西侧面阔七间，内侧庑座面阔五间，通高 30 米，俯视呈"凸"型。瓮城连接城楼与箭楼，为东西 62 米、南北 68 米的方形。西北角设有瓮城庙。在瓮城南墙辟有一瓮城门，与城门方向成曲尺形，以利屏蔽城门。上方有一座单檐硬山谯楼，两层 12 窗，称瓮城门楼。城外护城河的木桥后改为石桥。西直门城门为木质，有地堡式城楼三间，上设五孔水眼的水窝两个，可向城门灌水，以抵御火攻。

今天通行的资料称有史书记载，万历四十六年（1618）西直门城楼被大风刮倒，这岂非令人谬赞的妖风不成？经我细查《明实录·明神宗显皇帝实录》卷之五百七十一，真实的情况是：万历四十六年六月壬申，大风刮倒西直门牌楼。是牌楼不是门楼！我们今人可以展开想象的翅膀，万历年间这伟大的西北城门楼前面竟还有一座画蛇添足的装饰性牌楼！

从1952年开始的拆除北京城城门的行动，时急时缓。进入20世纪60年代随着开挖建设地铁的需要，城门、城墙次第被清除。至1969年，为修建环线地铁，终于轮到拆除西直门了。

在1969年军队的工程部队拆除西直门的时候，意外发现压在明代箭楼之下的元大都和义门瓮城城门，门洞内有至正十八年（1358）的题记。城门残存高22米，门洞长9.92米、宽4.62米，内券高6.68米，外券高4.56米。城楼建筑已被拆去，只余城门墩台和门洞。城楼上尚存向城门灌水的灭火设备。木门已被拆去，仅余承门轴的半球形铁"鹅台"和门砧石。

这些发现是令人振奋的重大考古发现，也就是说，明朝复建西直门时，并未完全拆除原有的和义门瓮城，留给了后人元朝时期的遗物。只可惜，1969年时的考古学家、文物学家已是被造反派踩在脚下的"臭老九"，没有任何发声的权利和提供有价值意见的机会，唯有遵从权力的指挥去完成对文物的彻底清除，人们不关心什么元朝文物，视其为古老的废物。所有人只关心最高指示，为备战、备荒，"深挖洞、广积粮"，一心只去挖开地面修地铁。

如此重大的元瓮城文物只暴露在 1969 年的天光之下几天的时间，就被彻底拆除、毁灭，烟消云散，与明清的西直门一起成为砖石土木垃圾，不知散落何处。

梁思成是听说了拆西直门而发现和义门瓮城遗址的情况的，那时他已老弱病疾，风烛残年，行动不便了。他试图嘱咐妻子林洙去现场拍张照片，但被拒绝了。林洙认为，已经是被打倒的知识分子，甚至被扣上"反动权威"帽子的梁思成不应再招惹是非。

我想，如果全北京会有一个人在西直门城楼下哭泣，那人必定是梁思成！他为古城的文明哭，为古城的美丽哭，也为自己引以为豪的古典建筑艺术哭。正如他曾经说的："拆掉一座城楼像挖去我一块肉；剥去了外城的城砖像剥去我一层皮。"但 1969 年，他甚至没有哭泣的勇气和力量了。在他生命中的最后三年，西直门已消失无迹，那里空空荡荡，任凭北方朔风呼啸，飞沙走石，尘埃漫天。西直门内密集成片的低矮房屋结团成块，灰暗呆板，了无生趣，它们失去了守护了这方土地几百年的城门、城墙，落日的余晖可以直接落在它们苍凉的屋顶。居住者举首西向，只是一派西直门外冬日里萧条茫然的景象，也就是传统称呼的"城外"，而西山绵延，突兀地在承接落日。

20 世纪 80 年代初在此地修建城市立交桥，该桥是我国

北京的隐秘角落

第一座三层快慢车分行的环岛互通式立交桥，在当时很时髦，远看如同飞碟。那时候我是每天往返于新街口至颐和园的走读高中生，坐着无轨电车绕过最上一层大圆盘，可以俯瞰下层转盘，也可以抬头看一眼夕阳。尤其冬季的京城，四方灰秃秃一片，夕阳在还盛行烧煤取暖的冬天傍晚，透过薄暮泛着忧郁的红色，那是十几岁的我看到的西直门残阳如血。土飞碟立交桥是西直门被拆除十年后的作品。

按当时的车流量和立交桥的通行能力预计，这座桥应该可以用到 2020 年。但不到二十年，这座立交桥就落后到成为交通瓶颈，阻碍数量猛增的车辆通行。于是，1999年 3 月将其拆除，同年，一座华丽壮美、线条动感的新式大型立交桥在原地诞生。请注意，立交桥的中心位置就是那往昔岁月中的西直门城楼原址。

新的西直门立交桥被京城网友戏称为世界第九大奇迹！它绕晕无数老司机，令英雄好汉晕圈竟折腰！它的神奇绝非浪得虚名，不仅仅是它的华美外观与现代感十足的韵味，众人不能理解的是，它是如何纠结着钢筋水泥，并拧巴成一团线条诡异交错的杰作！如果你不懂其中行车、骑车、走路的秘籍，有可能如在一个庞大的设备间里来回转磨，走错的概率和走不出的概率同样存在。

段子手们没少为这座大桥"唱赞歌"吐槽，最令人折服的段子是："立交桥刚改造好的时候，马师傅被派去那里指挥交通，大伙儿都挺羡慕他，因为那是北京最气派的立交桥。可是过了仨月，局里接连接到投诉，说马师傅业务不熟练，乱指路。想去安定门的让他给指到了动物园，想去动物园的让他给指到了蓟门桥，想去蓟门桥的让他给指到了金融街……最夸张的是有一位司机哭诉说，他想去八达岭长城，按马师傅说的一直走，结果到了河北保定。"段子有夸大之嫌。北京市交管局特别制作了一个西直门立交桥十四个方向的行车线路图，绝对是秘籍宝典，如果你从某地到某地不事先查阅此宝典，你就不能怨天怨地怨警察叔叔，更不能怨"世界第九大奇迹"太过强悍。

古老的城门楼、青翠树木掩映下圮败的城垣，还有与其紧紧相依的旧京城街道景物，曾经是怎样一幅赏心悦目的优美画面！但这些彻底离开我们快五十年了。七百多年的西直门，此处缘聚缘散了众生的喜悦哀怨，七百多年本身构成的一定是某种复杂厚重的气场，远去的事物让都市人在怨念里饱含惜怜，只是，现代的生活与设施似乎令人难以招架地纷繁杂芜、费脑费力。人们在失去了悠悠然登上城楼看风景的那座城墙以后，即使残阳如血如故，终究还是归于西山，可车水马龙喧嚣里，只剩下小心看路的心思，散淡的情致已留给那个风过云天的旧时光。

2016 年 11 月 29 日　于万柳

两座孤独的山门，
一部王朝的盛衰史

所谓孤独的山门是指恩佑寺与恩慕寺仅有遗存的两座山门。它们是奇迹，因为它们经历过无法形容的劫难。它们是孤独的山门吗？还好，它们毕竟是两座，几百年来相依为伴。如今它们斜对着北京大学西校门，茕茕立于颐和园路的东侧，西邻北大宿舍"畅春园"。我在幼年的时候，经常乘 32 路公交车经过此地，现在忆起，那真是风狂地荒的年代，尤其冬天因为树木枯败、人烟稀少，建筑显得格外凋零。那两座山门因主体红色，金色琉璃瓦冠顶，总是一抹艳色掠过呼啸的公交车。它们是那么孤立无依，没有任何建筑附靠。远处的民房是那类丑陋的近现代的低矮平房，灰茫茫的一片。它们宛如遗世的美人，被一个久远的年代抛离开来，以迟暮的尴尬俯视岁月匆匆。

它们也正是清朝首善之园畅春园遗留给今天世人的唯一印迹。它们曾经是两座并排的寺院的山门，今天则犹如破落人家的大小姐，风光不再但矜持依旧，面向一座喧闹的大学，相依相伴沉默无语。

这两座山门相隔二十余米，乍一看十分相似，不论是造型制式还是大小规格，但它们的建造时间相隔整整四十五年。四十五年对于现世的人而言，几乎是一生的绝大多数时间，而这两座山门身后的庙宇相隔四十五年相继建造完成，是为了纪念两个大人物——康熙大帝、孝圣宪太后。他们是翁媳关系，一位是巩固并强健了清朝后二百年的统治基业、建立了东方强大帝国的皇帝，另一位虽然只是寻常妇人但孕育了一位伟大的皇帝——乾隆。虽然孝圣宪太后并无过多的卓杰智慧，也没有机会如同另外两位清朝女人——孝庄太后、慈禧太后那样对政治发挥影响，但她的儿子确是一位成就卓著的全才皇帝，故而后人都是以无比艳羡的心态看待并神化这位太后的。譬如，以她的故事为蓝本的《甄嬛传》真是把她拔高到智勇双全、出神入化的地步。

慈佑寺是雍正皇帝为康熙皇帝荐福且供奉康熙遗照而建，后遗照移至圆明园祐安宫，寺内便供奉三世佛。那时候乾隆皇帝只是十三岁的少年弘历，他亲眼所见祖父去世后的宏大后事场面，也见证了这座为纪念祖父所修建的寺院。而这座寺院的原址正是康熙平生钟爱的工作与读书的场所——清溪书屋。在康熙人生的最后一年，弘历被"送宫里养",其实很多时间就是在这座书房陪伴在祖父身边,对于畅春园、对于清溪书屋,他自然有着非同寻常的情感。

康熙帝于康熙六十一年(1722)的严冬辞世,那时圆明园只是各别小规模的园林的组合,其中某处是赐给雍亲王胤禛居住的。雍亲王平日在圆明园读书写字,修习佛法,韬光养晦,而父亲康熙则是将接近一半的时间用于在近在咫尺的畅春园办公或休闲。他们距离上的近是其他皇子不可攀比的,这便于父子相处以及康熙对雍正耳提面命的执政教育。尤其在康熙六十年圆明园"牡丹台"的家庭聚会上,康熙第一次见到十一岁的弘历,弘历聪颖从容的应答和堂堂正正的外表令康熙帝大喜过望,他在垂暮之年看到了王朝的希望。他称弘历"福过于予",并召见了弘历的母亲,当时只是地位低微的藩邸格格,四品官凌柱之女,康熙称其是"有福之人"。可见晚年的康熙很明确地倚重雍正进而以高瞻远瞩的眼光培养弘历为王朝未来的接班人。尤其在后期,雍亲王的地位显然超越其他皇子,如康熙六十一年十一月九日,雍亲王代表康熙,奉命代行主持十五日南郊大祀,并不断遣护卫、太监至畅春园向康熙帝请安。康熙帝晚年重用雍正,也是因为其表现出办事才干和忠孝品质,为他后来即皇帝位奠定了基础。

弘历成为乾隆皇帝后,回忆在畅春园陪伴于祖父身边的日子，饱含深情，赋诗（乾隆三十三年《御制清溪书屋诗》）云：

书斋朴斫碧溪边，玉几亲凭宛目前。

盱食何由希烈骏，含饴惟是忆恩骈。

犹仍堂构秋风日，迅速光阴卅六年。

况此轩皇成鼎处，云天仰望益愀然。

1722 年 12 月 20 日（农历十一月十三日），康熙帝几乎因一场感冒而猝死。在十月，身体健康的皇帝还兴致勃勃地去南苑打猎，回来便风寒感冒。却不曾想这场感冒迁延数日后竟突然恶化，在接近冬至的日子的深夜，康熙帝不治身亡。康熙帝自己也不曾想到那次狩猎竟然要了他的命。意大利传教士、园林设计艺术家马国贤（马特奥·里帕）对那夜有这样的记录："（圣祖）驾崩之夕，号呼之声，不安之状，即无鸩毒之事，亦必突然大变，可断言也。"由此可见，康熙的死亡还是比较突然的，连康熙本人在那一夜都为突然而至的死亡惊恐万分。但那应是康熙对世界最后的呼号！据记载，当时包括雍正的死敌八阿哥、九阿哥在内的八位阿哥及后来的皇舅隆科多都已奉诏入园，聆听康熙临终嘱托。据正史《清实录》记载，康熙明确传位予四阿哥胤禛。这个时间段是寅刻，也就是凌

北京的隐秘角落

晨三点至五点，接下来的一天，估计康熙一直处于弥留状态，至当晚戌刻，也就是晚上七点至九点，一世英雄康熙大帝薨逝。

谁能想象，在二百九十三年前的冬天，在今天这座破败山门的附近，在今天一片杂乱的"西门鸡翅"小餐馆一带，康熙皇帝以他最后对世界的呼号结束了叱咤风云的一生，而身边是八个各怀心事的皇子。就是在这个不起眼的位置，发生了这一切。在二百九十三年后的2015年仲夏的午后，溽热难耐知了高歌，我徘徊在北大西门喧闹的颐和园路之西侧。这一片区域北部是北大蔚秀园，西部、南部是沿用"畅春园"之名的北大宿舍区，两山门外西侧是一溜沿街狭长的民房，大多用作餐饮杂货店，门外堆放着箱子、墩布等杂物，垃圾也是一撮撮的，甚至围着两座山门的铁围栏内，也被小商贩堆着些废弃电器等杂物。总之，这里是一派杂乱无章的毫无美感的景象，无法想象此处曾是康熙时代皇室最大的郊外御园，也是康熙帝去世的地点。

畅春园是如何缘起的呢？畅春园并非康熙创建，可以说它的美妙是在康熙某一次郊游期间偶然发现的，那时它仅仅是一片叫"清华园"或者"李园"的旧址。它的前身是明朝万历皇帝的外祖父李伟所建的"清华园"（与清华大学那个无关），康熙皇帝在这个园林的基础上重新整理并扩建成清朝的第一个大型"御园"。清初期的皇室继承了不少明朝的资产，当时在京城西郊这个位置的除了李伟的清华园，还有米万钟建的"勺园"，位置在现今北京大学内，北大现在也依然沿用"勺园"这一名称。勺园与清华园遥相呼应，其分隔的道路历来是一条官道，在康熙年间重新铺整，是从西直门延伸过来的皇室出游的路径。这条路今天叫颐和园路，但我怀疑它在道路取直上面有过小小的调整。因为两座山门并非在一条线上，乾隆所建的恩慕寺山门与今天的道路完全平行，而雍正所建恩佑寺山门向东南方向倾斜了接近二十度。也就是说即使相隔四十五年，这两座寺庙外的马路（当年的官道）也曾经有过角度的调整，今天的颐和园路是在乾隆年间确定的。

畅春园占地六十公顷，总结各路史料，其旧址大致在今北大西墙外，蔚秀园和承泽园以南，西至万泉河路西侧，南至中关村西区原大河庄一带，现在是一片商业楼宇，其中一处名为"大河庄园"。有资料说南至"双桥东路"，出入也不大，因为原来这里确实有平行两桥，还有一关帝庙，名为"双桥老爷庙"。据清《日下旧闻考》所载，"畅春园宫门之南有菱池，俗称菱角泡子"，相传即"丹棱沜水"（古字"沜"通"畔"）。今天在中关村西区，尚有一条名叫"丹棱街"的街道大抵与此相关。清初期，尤其康熙年代，大清政局内部刚刚稳定，外患尤多，康熙帝作为一代克勤克俭的君王，不尚奢华靡丽，将原有的明朝故址修葺整理一番也是很好的皇家御园。

康熙二十三年（1684），康熙南巡归来即开始整修这座明朝的废园。完工后，御制《畅春园记》，开篇记述畅春园的地理位置："都城西直门外十二里曰'海淀'。淀有南有北，自万泉庄平地涌泉奔流，汇于丹陵沜。沜之大，以百顷沃野平畴，澄波远岫，绮合绣错，盖神皋之胜区也。"紧接着说自己管理社稷民生，日理万机，身体渐渐不支而有疾，偶然来此游历，清风拂面，泉水甘甜，精神一振仿佛病体痊愈。（"朕临御以来，日夕万几，罔自暇逸，久积辛劬，渐以滋疾。偶缘暇时于兹游憩，酌泉水而甘，顾而赏焉。清风徐引，烦疴乍除。"）并说明，当年明代国戚李伟在这里建的别墅规模宏大："韦曲之壮丽，历历可考。圮废之余遗址周环十里，虽岁远零落，故迹堪寻。瞰飞楼之郁律，循水槛之逶迤，古树苍藤，往往而在。"但康熙帝标榜自己的节俭廉洁，不嗜铺张之作风，对原址顺势而为，将水系重新整理一番。"爰诏内司少加规度，依高为阜，即卑成池相体势之自然取石甓。夫固有计庸界值，不役一夫。宫馆苑籞足为宁神怡性之所，永惟俭德，捐泰去雕。视昔亭台邱壑、林木泉石之胜，絜其广袤，十仅存夫六七，惟弥望涟漪，水势加胜耳。"这段记录大抵写出了康熙打造畅春园的过程。康熙时代充当法国国王路易十四与康熙皇帝沟通桥梁的法国传教士白晋在向路易十四汇报的时候，也提到这座园林的简洁朴素：

> 康熙皇帝有一座行宫，建在距北京城二里远的地方。他很喜欢这个行宫，一年当中，有一半以上的时间都是在这里度过的。这个行宫布置得相当整洁而朴素，除了他让人在里面挖了两个大池塘和两三条水沟之外，一点也看不出这里有像康熙皇帝这样拥有巨富的君王所应有的奢华迹象。与巴黎近郊王公们的别墅相比，这座行宫无论是从建筑规制上看，还是从占地面积来看，都远远难以企及。

这座朴素的清初最大的"继承"园林，是奢靡恢宏的圆明园的"前园"，在其主要的居住主人——康熙皇帝、孝圣宪皇后先后使用并居住近百年之久之后便成了鸡肋，再也没有什么王朝的重要人物青睐它了。康熙皇帝自康熙二十六年二月二十二日首次驻跸畅春园，至康熙六十一年十一月十三日病逝于园内寝宫，凡三十六年，每年都要去畅春园居住和处理朝政。三十六年间，累计居住畅春园 257 次 3800 余天，年均驻园 7 次 107 天，一次居住时长最短者为 29 天，最长者为 202 天。据此推测，康熙帝即使不是一半时间也基本上有三分之一的时间在畅春园理政及休养。再加上在帝京漫长寒冷的冬天他是必须回宫住进温暖的皇宫暖阁的，所以可以说畅春园就是康熙后半生的常住地。

雍正皇帝驾崩乾隆继位后，乾隆的母后，那位"有福之人"变成了畅春园的女主人。乾隆帝对这位老太后深情孝顺，隔三岔五过来请安，《日下旧闻考》之《国朝园囿——畅春园》篇记录了乾隆帝探访母后写下的大量情深意切、母慈子孝的诗篇。诸如：

> 昨夜雨诚大，慈恩免问安。
>
> 今晨晴更爽，趋诣敬承欢。

这首诗特别备注了："十六日朝传旨请安，因夜雨较大，皇太后差人止行，谨遵懿旨展缓一日。"每到冬天来临必是亲自迎请太后回宫避寒。乾隆特别记道："每遂冬，朕自圆明园进宫，圣母以风景清胜，尚留园居，至节进万寿进京。朕间数日赴畅春园问安，率住御园信宿，以便再修定省，凡来往三四次，遂恭奉慈驾还宫。"还有诗云：

> 畅春养志冀娱亲，来往问安年历循。
>
> 遂驻御园期信宿，适当子月景清真。
>
> 林无余叶山有骨，冰出平湖水入神。

傍晚西南云气重，翘思其雪麦根皴。

这是多有趣的一段记录，那年是乾隆三十七年（1772），老太后有那么一点儿小任性，而年过六旬的老皇帝还要和母亲撒娇，三请两请要母亲回城里温暖的宫殿。母亲觉得畅春园冬天自有清丽之色，老皇帝就三天两头地过来，后来干脆住在一旁时时问安，直到老太后慈驾还宫方为作罢。这段记录令人不得不想到为老太后隆重举办的八十大寿庆典：年已六十的乾隆皇帝粉墨登场，彩衣蹈舞，在颐和园的大戏台为太后表演《花子拾金》。威名传世界的乾隆大皇帝居然扮演"花子"，宛若烂漫稚童，承欢慈母膝下。帝王将相人间亦是父母儿孙。这真是一座充满温情、洋溢亲情的园子，也是畅春园最为温情的时期。

至于畅春园的确切面貌，因为迄今尚未见其盛时的全图，所以只能根据文献记载知其大端。据《日下旧闻考》所载，畅春园坐北朝南，园区南部为议政和居住用的宫殿，北部是以水景为主的园林。由此可见，畅春园当为京城西郊第一座兼有宫廷和游乐双重功能的离宫型园林。从横向来说，畅春园主体建筑分为中、东、西三路，三路建筑各成体系，但又彼此相连。一位曾目睹畅春园的官吏说：畅春园"垣高不及丈，苑内绿色低迷，红英烂漫。

土阜平坨，不尚奇峰怪石也。轩楹雅素，不事藻绘雕工也"。从中可以看出畅春园虽为皇家园林，但整体上仍然具有自然雅淡的特点。畅春园还设有总管大臣、郎中以及总领等官职，用以对畅春园进行管理。曹雪芹的舅祖李煦，就做过畅春园总管。

从《清实录》也可以看出，康熙时代的畅春园是康熙驻跸的重要地点，甚至在这里举办过大型活动，如"千叟宴"。现在无法想象康熙在当时社会的浩荡权威，因为官方的记载难免有夸耀夸张之辞，令今人读来难免瞠目结舌。如《清实录》记录康熙五十二年第一次千叟宴的情形：

> 甲辰。宴八旗满洲、蒙古、汉军、大臣、官员护军、兵丁、闲散人等。年九十以上者七人，八十以上者一百九十二人，七十以上者一千三百九十四人，六十五以上者一千十二人，于畅春园正门前。诸皇子出视颁赐食品。宗室子执爵授饮。上升座。命扶掖八十岁以上老人至御前，亲视饮酒。
>
> 乙巳。八旗满洲、蒙古、汉军，七十岁以上妇人，齐集畅春园皇太后宫门前。随召九十岁以上者，入宫门内。八十岁以上者，至丹墀下。七十岁以上者，集宫门外。大臣妻年老者亦皆召至宫门内赐坐。

皇太后皇上亲视颁赐茶果酒食等物。其余令诸皇子、
率宗室子以次颁给。又赐大臣妻衣饰彩缎素珠银两。

上述引文生动地记述了畅春园内外千叟宴的盛况。康熙
皇帝"亲视饮酒"，与皇太后"亲视颁赐茶果酒食"，皇
子宗室都是亲自敬酒，一派祥和康泰的景象。当然，那
位皇太后不是康熙的亲妈（亲妈在他九岁的时候就过世
了），她是顺治的第二位皇后，出身科尔沁左翼的博尔济
吉特氏——孝惠章皇后。这一年老太后七十三岁，也是
寿高之人。

　　让我再简单地为这座业已灰飞烟灭的园林在康熙之后
的岁月做一个概括：雍正年间，雍正帝没有继续在这个园
子居住，他还是常住自己熟悉的圆明园一带。曾有一度，
畅春园驻扎了军队，并修建了营房。这个时间跨度为雍正
朝十三年及乾隆朝前两年，这一时期畅春园失去了往昔的
繁华热闹。雍正在康熙帝的书房旧址清溪书屋处建造了一
座佛寺——恩佑寺，用于雍正怀念其先考康熙帝，并举行
祭祀荐福。

　　到了乾隆时期，历经雍乾两朝数十年建设，京城西郊
的"三山五园"皇家园林区逐渐成型，恢宏壮丽的园林
杰作——圆明园已经彻底取代畅春园。乾隆三年正月，为
便于皇太后颐养天年，乾隆皇帝撤出了驻扎了十几年的军

队，重新整修畅春园，因为圆明园与畅春园相隔咫尺，便利皇帝随时前往问安。《清实录》记载，乾隆皇帝在乾隆三年正月亲自到畅春园视察指导修缮工作，并将太后居所分别定名为"春晖堂"及"寿萱春永"。据《日下旧闻考》载，两处均在畅春园中路，规模为："二宫门五楹，中为春晖堂五楹，东西配殿各五楹。后为垂花门，内殿五楹，为寿萱春永。左右配殿五楹，东西耳殿各三楹。后照殿十五楹。"原本居住于圆明园长春仙馆的太后，正式移驻畅春园直至乾隆四十二年去世。

乾隆四十二年正月，这位有福的老太后仙逝。她是在皇宫去世的，但因生前在此常住，故暂停灵于此，待应行诸事结束后，再行奉移泰东陵安葬。接着二月，乾隆召见军机大臣面谕，将循祖父康熙帝为孝庄太后建永慕寺例，为其母修建恩慕寺。非为礼佛供神，只为寄托哀思，令军机大臣记录此意。只消三个月，恩慕寺便改建完成，工期极短，乾隆皇帝对此也非常满意，嘉奖了相关人员。这成为该园最后一项大工程。

自此之后，畅春园是真正地寂静下来了，只剩下恩佑寺、恩慕寺作为祭奠祭祀的场所。其他房舍再无见有居住记载。虽然乾隆皇帝还曾下谕，规定日后圆明园为理政办事之所，圆明园内长春园并同宫内宁寿宫，为其本人归政后颐养之处，而畅春园因地近圆明园，便于尽孝，应作奉养太后、视膳问安之地，且抄存上谕，令日后子孙务守。可是自他的母亲过世后，也未见有其他太后在此居住的记录，这道谕告并未执行。乾隆六十年八月，《清实录》中出现了"管理畅春园、三山事务"这样的官衔，首次将"三山"与畅春园并提。除圆明园外，畅春园地位与其他所有园林地位相当，交内务府管理。乾隆帝过世后，别提子孙是否继续用这所园子"奉养太后"，这座曾经的"御园之首"已不再珍贵稀有，反而是跟随一个没落的王朝被反复蹂躏洗劫。

嘉庆年间，畅春园的地位不断降低，大量裁撤护卫园林的禁军，守卫级别不断降低。因为自乾隆四十二年乾隆慈母孝圣宪太后去世后，一直贯穿整个嘉庆王朝，大清朝就压根儿没有皇太后了。这只能怨乾隆，乾隆帝总共有两位皇后，一位寿数薄浅早早过世了，另一位因疯癫被废黜了，之后乾隆帝没有再立后，自然嘉庆三十年执政期也没有皇太后可以奉养，致使畅春园园林荒芜。直到道光年间，皇太后是有了，即孝和睿皇太后（她也不是道光帝的亲娘，他的亲娘孝和淑皇后没有长寿到看到儿子登基的福报）。虽然这位皇太后是道光帝的继母，但据传因嘉庆帝死得突然，在传位问题上这位继后秉公无私，宣诏皇位由并非亲生的旻宁（道光帝）继承，宣称遵从了嘉庆帝甚至是乾隆帝的遗愿。这位聪慧的皇后有亲生儿子，但她的确属识时务者，稳定了朝廷的秩序。所以道光帝对这位皇太后感恩并孝敬一生，原本是打算续上乾隆帝遗训，接太后在畅春园居住，但经历六十余年的无人常住，畅春园已今非昔比。"殿宇墙垣，多就倾敔，池沼亦皆湮塞"，如果重新修缮，不是一两年就能够竣工的。与其耗费财力物力去修缮，不如使用现成的园林房屋，道光帝本身就是个节俭吝啬的皇帝，所以最终放弃对畅春园的重建。道光二年（1822）八月，道光皇帝迎接孝和睿皇太后入住绮春园（圆明园旁），"相距咫尺，视膳问安"，方便尽孝。

如此这般，朝廷干脆把畅春园郎中一名、畅春园食钱粮署苑副四名调拨到绮春园当差，畅春园的事务由该园六品苑丞办理，不再另行添设官员，此后的畅春园没有了高级管理大臣郎中。畅春园作为单独设立的单位被取消了，降为附属园林。道光年间，畅春园加速荒废，大量建筑非但没有维修，反而一拆了之。在雷景修于道光十六年绘制成的《畅春园地盘形势全图》上，我们看到许多殿堂旁边注明"拆去"字样，说明这些建筑物即将被拆除，它们是中路的延爽楼、瑞景轩、玩芳斋和韵松轩，东路的清远斋、渊鉴斋、太朴轩，西路的船坞、买卖街、无逸斋、蕊珠院、集凤轩和雅玩斋等，共十三处建筑，大多是畅春园的主要建筑。道光二十九年，正阳门的箭楼发生火灾，重建箭楼所需的三丈四尺多长大木料无处筹办，竟然将畅春园九经三事殿的三丈六尺长的大梁拆下抵用。咸丰六年（1856），文宗为了给他的七弟奕譞修建蔚秀园的前所与后所，拆除了畅春园内清溪书屋以及导和堂的木料。

所以说，乾隆帝一驾崩，后续子孙基本本着一个"拆"字，蚂蚁搬家般把畅春园搞成一堆零碎。到咸丰十年，英法联军攻入北京焚烧圆明园时将这个烂摊子干脆一并烧毁。大清国力减消，且畅春园已不具有实际价值（慈禧太后更倾向于在颐和园颐养），畅春园废址失于保护。到了同治年间，园内残存建筑的有用之石料等被拆，用于圆明园复建工程。光绪二十六年八国联军占领北京时，畅春园再次遭到附近居民及八旗驻军的洗劫，石材木料没了，园内树木山石均被私分殆尽。清政府便将畅春园西面的护园河道和畅春园内的大部分河湖填平，开辟为训练军队的操场。现有地名"西苑操场"为证。到宣统年间，畅春园一带已经成为稻田、水洼和土岗子了。至民国时期，畅春园遗址已成荒野，仅留下恩佑寺及恩慕寺两座琉璃山门。

从上述畅春园被蹂躏的历史可知，能留下恩佑寺及恩慕寺两座琉璃山门已是非凡的奇迹！因为毕竟这两座山门还有上好的石材琉璃瓦，一大波一大波的洗劫者饶过山门的心理不得而知，基于它们是佛堂之门首？官家可能是基于对祖宗残存遗迹的一点留恋，百姓大约有着给佛祖留最后一点面子的敬畏心。是的，这两座山门非但得以保留下来，而且是几乎完好地保留下来了，不可谓不是奇迹！

侯仁之先生曾建议政府"还应该将恩佑寺、恩慕寺两处庙门周围地区杂乱无章的建筑，尽行拆除，进一步扩大小公园（指万泉文化公园）的面积，并使仅存的两处古建筑得到应有的保护"。但侯先生这个愿望直至 2013 年他过世时也未能实现。这里依然是些脏乱的小餐馆，家家卖着著名的焦糊麻香的"西门鸡翅"，夜深之时也会有口腹饥饿的年轻学子在这块康熙帝呼号离世的地方大口啖肉喝酒，然后，掀起另一种喧哗。

恩慕寺、恩佑寺作为佛寺建筑正是寓意了万物无常之相，纵使繁花似锦春常在，也终有曲终人散别离时。两位热爱这个园子的主人前后八十余年在此居住，他们离世后，园子由生入灭，终成废园，无任何用途。这里终于清静下来了。

自民国至今白驹过隙又是百年，遗存的两座山门还是那么尴尬地矗立着，每天迎来送往那些仰慕道路对面那座名叫北京大学的人，看人们在大学门前各种摆拍，各种喧嚣。其实，无非颐和园官道之西边不亮东边亮罢了。

2015 年 9 月 15 日　于万柳

北大南门外，
有一条穿越历史的神秘通道

　　北大南门外，隔一条海淀路有一片呆板杂乱的楼房，称为"海淀路社区"，楼房一看就是 20 世纪七八十年代的产品，只为功用不为美观，长方形盒子式，几个门洞。这片社区将北京大学与昼夜车轮喧嚷的四环路隔开，而这个社区确因其东西狭长，承担了北接海淀路（因单行线相对少车），南接四环路的隔音降噪吸音海绵的重任。此外，它自己也几乎是向着四周全方位开放，一楼房屋几乎全沦为底商，而间杂着还有拼接出来的商业建筑——餐馆、便利店等，被汽车、快递包裹、送餐车包围起来，全天候地陷自己于内外喧哗熙攘之境。

　　这个社区有两条南北过道，对司机而言简直是开车秘籍，因为这两条过道可以直接贯通海淀路与四环路，避开了去中关村大街排冗长的红灯队，只需几十米的路程就可拨云见日，洞见四环，穿插起来游刃爽利。

北京的隐秘角落

这两条几十米长的过道可不一般，因为在这里，没有无缘无故的过道，它们曾经是当年海淀老镇上两条著名胡同的中段部分，西边过道是军机处胡同，东边过道是娘娘庙胡同。今天，两条胡同早已没了踪迹，它们的北段，在20世纪50年代北大扩建时，被划入北大，也被海淀路占用，这条路是当时修建的从西直门通往颐和园的重要马路。两条胡同的南段，便是今天四环路上车轮滚滚碾压的地方。

北大南门某种意义上是其正门，虽然今天看来过于陈旧，且框架式的设计也毫无美感，但这里始终是跨入北大高门槛的象征，年年新鲜学子入学后都会在此拍照，仰头挺胸，志向高远。但它只是北大内部人可以进出的校门，外来参观者恕不接待。这座貌似有着几分老式威严的大门正对着同样老派的小区，那里却是一派欢腾热络的景象，仿佛高端之于市井的某种姿态。但时间的飞船退后若干年，这里也是一派普通民众的烟火生活景象。

军机处，顾名思义是官方开辟的机关及官员住址。按照清朝制度，军机大臣得随时应召承旨，故以轮流值班的方式辅佐君侧，所以就着这"值班室"的制度，衍生出大臣们干脆在附近置办房产，自己住家里踏实，也不耽误候旨办事。紫禁城隆宗门内有军机处值房三间，是军机处的正式办公地点，而海淀镇另设一处值房"外值庐"则是由于清朝皇帝太后常以颐和园为夏季行宫,如此方便政务。后来海淀军机处"外值庐"所在的胡同就被称作军机处胡同。大人权贵大抵住在此地,便形成高档住宅区,有着漂亮的合院式宅邸,与当时海淀镇作为郊外的平民世界形成鲜明对比。同属海淀镇的娘娘庙胡同与之相邻,则是百姓自然聚落的结果,自然形成的商铺民居交织混杂,烟火熏熏,气味沁人心脾的不外乎酸臭甜咸。这种反差倒是有点像今天北大与海淀路社区的对比。

但娘娘庙胡同却颇有文明来历,它以一所规模不凡的明朝庙宇闻名,即天仙庙,俗称"娘娘庙"。根据记载,这里原有一所庙宇,但已废弃。明隆庆年间的权贵宦官陈慎斋发现此庙,遂集资重新修建,有当时朝廷翰林院编修济南人沈渊为其善举撰写碑文。虽然至今全无,但根据乾隆中期《日下旧闻考》增记,当时尚有明碑一通,为沈渊记。现提供字迹残缺的碑文拓本内容如下:

赐进士第、翰林院编修、经筵官、同修国史、前东宫校书、济南沈渊撰。

中宪大夫、尚宝司少卿兼翰林院侍书、直内阁制敕房掌房事、预修国史、玉牒、经筵官、古燕周维蕃书并篆。

北海店在都城西,去城二十里许,故有天仙庙,不审创自何代，岁久倾圮。中贵陈君过叹□倾废所栖也，而颓□若此，□称又谓规制不广，遂出赐金，易地八亩，诛茅伐石，聚材纠工，拓而新之。旧止正殿，其山门环垣俱坏，兹缘旧饰新者壬□□□□□殿□右配殿各塑设神像，山门环垣俱备。又立祀田五十亩，供四时香火，延羽士守之。工起于隆庆辛未二月，告成□□□□月也。既成，锦衣郭君将季父陈君言走余拜曰：庙成矣，当有记，愿公无靳一言。余谊兹举，领诺之。已而叹曰：陈□□□□□□，盖世之多蓄财者率重用，且家骎骎厚矣，尚孳孳为利如不及焉。视诎于财者尤甚，传有之为富不仁矣，为仁不富矣，□□□今比比然也。而况有捐金新庙制如陈君者不难乎？即有捐金新庙制如陈君者，又溺心福泽，日夜望神报。弗报，且祝□□善事神者，其有以福之祝再三，少有利达，欣然曰：神所为也，是曩捐金报也。呜呼！使神果若此，何以此，世所共迷，而余所甚惑者也。求捐金，新庙制，而不萌神报之念，如陈君者不尤难乎？夫轻数百金起庙，且不媚神，邀福以累德，兹余所谓好义者。因孔子曰：夏道周人皆事鬼神，敬而远之。其陈君谓邪，且陈君事上以勤慎著声，不逾岁，擢而大任，之贵盛矣。而谦厚雅饬，恂恂若儒者。又天性俭素不喜侈，以廉洁自持，门无

□□□不识，咸啧啧道之。兹又其好义之大者，其侄郭君，敦厚纯实，善守季父家法，贤与之等，而督率之劳居多，其好义亦均也。兹庙立□□大父字之贤益彰矣，遂刻诸石，以示来者。陈君号慎斋，郭君号松山，河南许州人，记之者沈□官太史，山东济南（此处约缺七字）。

隆庆六年岁次壬申八月望日

这件碑文记录尽管缺了一些字，但大意可以展示给今人，已是弥足珍贵了。我要特别强调的是碑文内容的与众不同，大部分佛寺碑文强调建寺缘起，歌颂兴建者功德，很少涉及宗教信仰方面的论述，而沈渊却比较深入地分析了天仙庙善缘人陈慎斋的宗教观。陈慎斋为宫中有地位的宦官，偶然路过"北海店"发现这么一座"岁久倾圮"之庙，遂发心把附近八亩土地买下，开荒兴建，把原有殿宇修葺一新。为了长期供养此庙，又花钱买下附近五十亩田地"供四时香火"，请来道士住持守庙。隆庆辛未年（1571）二月开工，第二年完工，陈的侄子、锦衣卫郭某找到沈渊为此庙撰碑文。沈渊了解叔侄二人的发心与为人后非常感慨：一般人都是为富不仁，而想"为仁"的却不富裕，力不从心，像陈君这样一掷千金的富人少之又少；即使捐金建庙又都是求得一己的福报，日夜祈求神灵

· 223 ·

襄助，得不到报答就再三祈求，稍微得到点儿利益就说是神仙显灵，这便是世人对神灵的功利需求，也是我（沈渊）迷惑之处；而陈君却不图自利神报，"不媚神，邀福以累德"，只是积德行善，是真正的急公好义之人；虽然孔子说对鬼神之事应敬而远之，但陈君不一样，他侍奉皇上"勤慎"，被委以重任，却谦和仁厚，儒雅低调，平素不喜奢侈，廉洁自持，非一般建庙求利者可比。

沈渊在碑文中提出了对世俗社会求神拜佛的功利心的质疑，并赞赏了陈君对神祇膜拜的深刻认识与高远境界。即便今天看来其观点也毫不落伍，因为世俗社会对宗教的认识很大程度还是停留在自求其利的层面。

沈渊眼中的河南许州人陈慎斋及其侄子郭松山，便是对神灵有彻悟认识的人，他们的宗教观是正确的。

这座明庙香火长久，从 1571 年维持到 1860 年，近三百年，地位不凡，在清朝也进入官方记载。而它的毁灭缘于火烧圆明园。赘漫野叟《庚申夷氛纪略》记述了火烧圆明园事件，并提及附近海淀被牵连焚烧：

> 贼匪即于是日，直扑海淀，绝无一卒一骑出而御之。遂于酉刻，焚御园大宫门，延及同乐园、慎德堂等十八处，市肆间如娘娘庙、老虎洞各大街，王公大臣之平泉、绿野各名园，尽付劫灰，火光烛天，数日不灭。

明朝娘娘庙毁于火烧圆明园的余火。与娘娘庙街相接的下洼子胡同却跳出来一位抵抗者，这个人叫燕桂，"因夷人焚毁海甸街巷，迎至下洼子地方，砍倒夷人数名。力不能支，当时被夷人刺死，尸骸被焚"。与他并肩作战的还有一位叫燕茂林的八品顶戴，亦被夷人砍死，尸骸被焚。可叹！两位燕氏英雄（他们是叔侄），明明以卵击石，却学不会皇帝咸丰奔走热河，也学不来圆明园那些四散而逃的守护官，如"总管大臣明善逃走"，"绝无一卒一骑出而御之"。他们是为被圆明园牵连沾包的海淀镇做了毫无意义的送死抵抗。这便是下层小人物的悲哀，他们看不到大势全局，又容易被当权者的"忠义"煽情迷惑，不知牺牲所为何人，更不知牺牲于事无补。

悲剧还不止于此。燕桂的次子燕岐瑞，娶了大名鼎鼎的"样式雷"家族的女儿——雷景修的长女为妻。在燕桂牺牲的那天，燕桂夫人和燕雷氏带领全家老幼男妇共十六口，集体自焚，壮烈殉难尽节。看吧，这就是被誉为"民族英雄"的燕桂的无谓牺牲，他不可能保全海淀镇，也不可能保全娘娘庙，他的死只是导致了更为惨烈的家族悲剧（见"样式雷"家《雷氏族谱》）。咸丰皇帝回銮后内务府报奏抚恤，但由于其家人都死干净了，只得在他们住家的杨家井胡同北口路南堆了一座大冢（又称"肉球坟"），立了块石碑，称"海甸褒忠墓"，可惜这个褒赞谁也听不到了。大致位置在今天彩和坊北段路东，就是杨家井胡同。

而设立在娘娘庙下洼子这一带的畅春园汛守备署官房，正是燕氏叔侄供职的地方，其有类似今天派出所的功能，可以关押嫌疑犯等。前些年拆除这些房屋时，发现墙皮夹层中有好些题诗，据说正是那些犯人所写。此事令我遐想：这真是个神奇的地方，小当官的神勇愚忠，抓的犯人却是诗人，然后小庙钟磬悠扬，市井熙熙攘攘，各色人等心思不同。

当然，时间便是一切物质存在的大把刷。海淀镇虽然被圆明园牵累了，但生活还是要继续，老百姓的精神世界不能没有"娘娘"来求子、医病，下层人民比权贵富阶层更需要一个精神慰藉场所。到光绪十年（1884），娘娘庙的前殿九间得以修葺，为海淀居民提供宗教服务。民国时期进行过三次庙宇普查登记，海淀娘娘庙出现在1928年的登记册录中，记录内容如下：

娘娘庙，坐落西郊四分署海甸娘娘庙二十一号，建于明，由海甸合镇绅商建筑，清光绪十一年重修。本庙面积南墙东西长十二丈五尺，北墙东西长十九丈七尺，东墙南北长十五丈八尺，西墙南北长二十一丈七尺，房屋五十二间。管理及使状况为：由海甸合镇

> 所办之海晏水会及北平总商会海甸镇分事务所管理。
> 庙内法物有佛像六十六位，铁磬三个，铁香炉十一
> 个，铁鼎一个，铁钟两个，铁花瓶十个，供桌八张，
> 铁烛扦十五个，另有树四棵。

如此看来，这时的娘娘庙成了海淀镇"集体财产"，由商会出资并管理。这是对娘娘庙最详细的一次记录，而之后的 1936 年、1947 年北平政府组织的登记工作中则不再有海淀娘娘庙的相关文字记录。

但是，1937 年后娘娘庙再次出现在一位叫林海音的女作家的散文《海淀姑娘顺子》里面。那一年，林海音作为记者采访了位于海淀镇娘娘庙胡同的"挑花工厂"，见到一位心灵手巧可以创作《颐和园全景》挑花作品的姑娘——李顺。这位顺子姑娘是林海音幼年时代的玩伴，她依稀记得她们几个小姑娘曾誓言绝不出嫁，因为女人的生活实在是太辛苦了。这时的顺子的确没有出嫁，却收留并养活着另一姑娘，这个姑娘曾经拐跑了顺子的提亲对象，后在一场车祸中被压断了双腿。林海音在描述娘娘庙时写道，这里的建筑给她留下深刻印象，那是一整排的房屋，有高门槛的门楼……我怀疑海淀镇的工商业者在日本人占领北平期间，大约是出于民生艰难考虑，将娘娘庙房屋出租经营。

北京大学 1953 年扩建校园时，把娘娘庙胡同的北段

北京的隐秘角落

圈入"燕南园"的范围（那时接手的记录为"海淀挑花社"），这间海淀一带贫穷人家妇女谋生的手工作坊正式结业。真不知道有着朦胧的"不婚"女权意识的顺子姑娘最终是否出嫁，还是劳作到 1953 年？被拆除的娘娘庙原址即今日北大 32 号楼的位置，这里一直是学生宿舍。

北大南门外，现代大学与一片居民楼对峙在彼此迥异的姿态里，大学庙堂高处，永远是学子们的青春居所。他们以过客的粗略态度远离这里一切的过往历史，那些与他们毫不相干，而身居盒子居民楼里的人们大概梦想的是北大再一次南扩，把他们的不动产收于囊中，那将是了不得的普大喜奔事件。低矮的平房民居，坑洼不平的胡同，那些站在高坡上抬眼可见的山外斜阳，属于静谧缓慢的旧时代，一去不返，它的黑白底色与时间带来的又一代新生命以及欢腾的今日生活似乎很难关联。我们很难达到沈渊理想的宗教境界，求一己之利还是我们今人更直接的价值取向。"娘娘"于女人那些身体生理的大事件的功效，不如妇产医院来得直接，在原有的"存在"失去价值后，我们转而选择了更有价值的"存在"。所以对历史的佯装深情都是虚伪的，我只不过在追求"实际"的现实里，掺杂些许"虚伪"的佐料，做一些可有可无的历史记录。

2016 年 8 月 12 日　于万柳

无数学子朝拜的北大花神庙
和一位公主的哀愁

　　北大"花神庙"坐落于未名湖南岸，孤零零，只一座山门，旁侧有不搭界的汉白玉石件，但不知所谓何来，与原有的寺庙无关。这件文物遗址与"花神"无关，倒是浸润过一位中年失意公主无限的哀愁。

　　我有幸在燕园度过四年读书时光，在此来去匆匆，只对小山门感觉好生奇怪，前后无依靠，落在小丘和小湖之间，从过去时光突兀而来便带着有点笨拙的老气。大二时我们军训，在未名湖北岸一字排开卧地练习瞄准，扛的是真枪——56式步枪，当然空弹膛，只为摆个瞄准的英姿。一个星期下来，趴在湖北岸向南岸瞄啊瞄，没什么显著的目标给大家瞄，于是我们就瞄那个有些迷离而神秘风情的小山门，它就这样被大家众矢之的般狠瞄了一个礼拜。

　　仅仅留下山门的庙宇，就是托付山门给后人讲述其凄美的过往。此"花神庙"，非"花神庙"也，是名"慈济寺"。芳名"花神庙"只是个传说，抬眼望去，门额上明白无误五个蓝色字："重修慈济寺"。而花神庙被广泛传播则全拜"北大游"的导游们大忽悠神嘴所赐。

未名湖畔今天俨然成了旅游热地，来京旅游的学生团体最爱来这里"朝圣"般游玩。假期来临，未名湖畔几乎被蜂拥而至的各类中小学生旅行团占据，就如同莫言老家的院子里野草也是仙草一般被崇拜者拔去供着，燕园里的草木沟壑似乎也是仙气十足，亲近一番必得秘籍灵丹。旅游公司总是把这种校园游当作某种契合功利心的法器，好像一番游览亲泽就会让那些苦读学子多少沾上了北大的灵气，不来呢，似乎就没找到门儿。不知北大有没有统计过，真正考进来的有多少是中小学时代因为游燕园而得了真经？

这种痴迷心也落在这座小小山门上，这是"燕园游"的重要景点。导游总是口若悬河地介绍这里是什么"花神庙"，又是"花"又是"神"，乾隆皇帝慈禧老佛爷，总是一番神奇噱头。美好的花神总是暗合观瞧者那颗溢满希冀的心，为多少求个灵验，于是这里便成了"许愿门"，可怜一座小小山门里外被涂满各种奇葩留言。诸如"我要上北大""北大等着我"（应该是等着北大批评你吧，乱涂乱画），还有"我要成名""XX 到此一游"，并郑重写下自己尊号陷入重症幻想。更有甚者写下："北大，请保佑我明年考上复旦！"这各种涂抹不是压力所致的发泄，而是压力所致之神思恍惚，包括那些忽悠人的导游在内，大家都是一群实利追逐者，不明就里不着边际地许愿，不知道他们面对的是一座比他们爷爷的爷爷还老迈的清初文物。

"慈济寺"明显是佛寺门额，而"庙"，归属民间诸神灵。"花神庙"之名应属中国民间信仰尊奉的百花之神，膜拜对象是晋代女道士、上清派第一代太师魏夫人之亲授弟子女夷。"寺"与"庙"并不在一个宗教体系内。"花神庙"听说读写都是活色生香的，人间味道十足，令观者感应花香沁脾，加之恰好有两通关于花神的石碑落入燕园，这种联想便有了存在的基础。而"慈济寺"最大的硬伤就是缺乏史书材料记录，尤其是官方记录，属于典型的"知道怎么没的，不知道怎么来的"那种庙宇。后人只能从今天它所属的园林历史来研究判断。大抵而言，慈济寺是一座私家佛寺，属于和珅家族，应为和珅拥有淑春园时期大肆建筑的作品之一。和珅死后，由其后人丰绅殷德夫妇维持。丰绅殷德死后，其夫人即乾隆最宠爱的有着靓丽而骄人少女时代的固伦和孝公主，勉力支撑慈济寺最后的时光。

"慈济寺"规模不大，山门北开，对着小湖，向南逸去，沿小丘递升，拾级而上，有主殿一座，东西各有偏殿，主殿的正中央位置现在有美国人埃德加·斯诺墓茔。四周寻去，今天仍可以看到当年大殿的后山墙墙基残部，离地二三尺高，但地基土石牢固，两旁山林仍随处可见殿宇被拆除遗留的零散石件。越过小丘继续向南，便是一泓幽静湖水，西侧忽有高台，竹林隐蔽通幽处，便是曾经的燕京大学校长司徒雷登的住所，今天是学校贵宾接待场所——"临湖轩"。而"临湖轩"的原址便是和珅在淑春园里建造的地标性建筑——"临风待月楼"。可见无论是淑春园时期还是后来的燕园时代，这一带在某种意义上都是园林的核心——寺院与重要楼宇相互呼应，相映成趣。

但我怀疑"慈济寺"这个名字本身的可靠性，因为门额的写法太过奇怪，罕见"重修"某寺这样的写法。一般我们见到的佛寺门额都是"敕赐""敕建"，如果沾不上"敕"，就直接叫某寺好了，如此"重修"某寺为额，不合常理。此外，"慈济寺"也从来没被重建过，而山门无所谓重建，它本身就没被毁，无非涂料褪色墙皮斑驳，但涂一遍颜色也叫"重修"？此外，以蓝色书写门额也极为罕见，中国内地佛寺匾额、门额书写一般喜用金色、红色，即使藏传佛教门额一般也是蓝底金字，如雍和宫。用蓝字书写寺院门额显示出书写者是极为随意的，至少是对中国传统寺院的规制了解不多。至此，我高度怀疑这五个蓝字与司徒雷登建燕京大学、据有燕园期间有关，是不是某位对中国文化或者佛教寺院有些知识的洋教授的创意，或者是留洋归来的我中土博士所为？在我看来，"重修慈济寺"如果再加个感叹号，那就是一句表决心的标语口号，作为寺庙门额有些不搭调，只是表个重建寺院的决心而已。

飘忽的"花神庙"之说也并非空穴来风。在北大校园里真有与"花神"相关的遗迹，但与这座"慈济寺"没有任何关系，那便是坐落于燕南园北口的道路两旁、碑身上百分之八十的字迹已漶漫不清的两通石碑。它们来自圆明园，记载的是乾隆时期圆明园花圃园艺的繁盛景象。

根据拓片资料，其石碑文字情况如下：

石碑一

碑额正书：万古流芳

碑文内容：

洪惟我皇上德溥生成，庥征蕃庑。万几清暇之余，览庶汇之欣荣，煦群生于咸若，对时育厥功茂焉。王进忠、陈九卿、胡国泰，近侍披庭，典司艺花之事，于内苑拓地数百弓，结篱为圃，奇葩异卉，杂莳其间。每当露蕊晨开，香苞午绽，嫣红姹紫，如锦如霞。虽洛下之名园，河阳之花县不是过也。伏念天地间一草一木，胥出神功。况于密迩宸居，邀天子之品题，供圣人之吟赏者哉！爰引列像以祀司花诸神，

岁时祷赛，必戒必虔。从此寒暑益适其宜，阴阳各遂
其性，不必催花之鼓，护花之铃，而吐艳扬芬，四时
不绝。于以娱睿览，养天和，与物同春，后天不老，
化工之锡福岂有量乎？若夫灌溉以时，培护维谨，此
小臣之职，何敢贪天之功以为己力也。乾隆十年花朝
后二日圆明园总管王进忠、陈九卿、胡国泰恭记。

石碑二

碑额正书：万古流芳

碑文内容：

钦惟我皇上德被阳和，幸万几之多暇，休征时
若，睹百卉之舒荣，撷瑞草于尧阶。春生蕽英，艺仙
葩于阆苑，岁献蟠桃，允矣鸿禧，复哉上界。彭文
昌、刘玉、李裕，职在司花。识渐学圃，辟町畦于禁
近；插棘编篱，罗花药于庭墀。锄云种月，檀葩粉
蕊，烂比霞蒸，姹紫嫣红，纷如锦拆。虽有河阳之
树，逊此秾华；宁容洛下之园，方兹清丽。伏念群芳
开谢，胥有神功。小草生成，咸资帝力。荷荣光于上
苑，倍著芬菲；邀宠睐于天颜，益增旖旎。爰事神而
列像，时崇报以明禋。必戒必虔，以妥以侑，从此阴
阳和协。二十四番风信咸宜，寒燠均调；三百六日花

期竞放，何烦羯鼓。连夜催开，岂必金铃？长春永
护，于以养天和之煦妪，供清燕之优游，则草秀三
芝，并向长生之馆，花开四照，纷来延寿之宫矣。乾
隆十二年中秋后三日圆明园总管彭开昌、刘玉、李平
恭记。

　　这两通石碑隶属圆明园，一是因为落款都是圆明园总
管题记，二是文中分别指出"于内苑拓地数百弓，结篱
为圃"及"识渐学圃，辟町畦于禁近；插棘编篱，罗花
药于庭墀"。这说明花圃建在离皇帝住所较近的地方，而
绝非圆明园的附属园林淑春园。石碑分别于乾隆十年、乾
隆十二年由两拨不同的圆明园总管刻记。

　　石碑一是为纪念"花朝节"而记。花朝节是我国民
间的岁时八节中最富诗情画意的节日，俗称百花生日。石
碑一记述花匠们是如何精心耕植花圃以致繁花满园，表彰
了他们出色的工作："从此寒暑益适其宜，阴阳各遂其
性，不必催花之鼓，护花之铃，而吐艳扬芬，四时不
绝。"但他们敬畏"司花诸神"，虔诚祈祷，繁花似锦的
景象只是他们按时节浇水侍弄的成果，"何敢贪天之功以
为己力也？"

　　石碑二记述的时间是乾隆皇帝中秋节游园之后，"锄
云种月，檀苞粉蕊，烂比霞蒸，姹紫嫣红，纷如锦拆"，

描述了圆明园花圃的美丽景象，当然"伏念群芳开谢，胥有神功。小草生成，咸资帝力"，歌颂花神与帝王的神奇功力，视之为百花盛开的根本。

圆明园本身自有花神庙，即"汇万总春之庙"，但它建于乾隆三十四年。长春园也有花神庙。长春园之始建约为乾隆十年，第一通石碑很可能就是立于花圃之畔，并非"汇万总春之庙"所属。而第二通石碑倒是有可能立于长春园花神庙内。由此可见，流落到燕园的这两通石碑当是长春园出品，与当年的淑春园没有半点关系。

恰恰因为有庙碑之名而无庙宇之实，人们便把石碑附会到那一道慈济寺残门之上，且花神之美且柔，成就一番美妙搭配，春去秋来，倒也贴合未名湖畔那绰约的姿影。

今天北大燕园的主体部分是乾隆时期的淑春园。淑春园的历史终结于庚申之变（1860 年英法联军火烧圆明园事件），它曾经的主人是钮祜禄·和珅。

在乾隆四十年前后，淑春园被赏赐给大学士和珅之前，它是相对比较自然的田野风光园林，隶属于圆明园，但并没有什么现成的建筑，也没有刻意规划的园林。往更远时代推演，这里曾属于明朝米万钟勺园的范围，但世事荒乱朝代更迭，到清初，勺园本身早已是芜杂废园了。淑春园之名称最早出现在乾隆二十八年，《大清会典事例》记载：乾隆二十八年，内务府"奏准圆明园所交淑春园并北楼门外等处水田"。由此可知，在乾隆四十年前后，淑春园被赏赐给和珅之前，淑春园已从勺园原址演变至自成一园，经过整理成为附属于圆明园的皇家园林。水田居多，没有可圈可点的建筑，更没有宅邸功能。如果有官办的寺院，皇室文档及《日下旧闻考》里一定会有所记载，所以在赐给和珅之前，这里就是以水田湖塘为主，不大可能存在"慈济寺"。

和珅得到乾隆赏赐的淑春园，固然与其得到乾隆非同寻常的荣宠有关。此外，皇帝赏赐皇家苑囿也不单单是让宠臣们当作郊野别墅享乐的，因为皇帝有相当的时间在圆明园居住并工作，这些赏赐地点也是为方便臣子们候场子觐见行公务。但和珅还是大兴土木有恃无恐，因为后来他竟然成了皇室亲家，乾隆皇帝最为宠爱的十公主嫁给了他的儿子丰绅殷德。和珅把淑春园建成了当时京城首屈一指的私家园林别墅，并在其中建了大量房屋。未名湖北岸原被称为镜春园的地方在二十几年前还有许多破旧的院落，即是当年和珅建设的。当然，他还建了不少堪比宫廷规格的高堂大屋，这就成为后来嘉庆皇帝追究其"园寓点缀，竟与圆明园蓬岛瑶台无异"的罪过。在未名湖南岸，和珅为自家建了一间寺庙，位于今天上书门额"慈济寺"的山门处。

这间小寺庙，可以推测就是和珅家自己烧香祭祀的地方，反正建个私家小寺院，自顾自烧香拜佛保佑自己及子孙兴旺，也没有什么利世利他的真心意。他如此贪得无厌且权势横行，早已令嘉庆皇帝不耐烦了。嘉庆四年（1799）正月初三，太上皇乾隆宾天，尸骨未寒，嘉庆帝便以和珅二十大罪将其赐死。根据《清史稿》的记录，其中第十三条罪状即是："昨将和珅家产查抄，所盖楠木房屋，奢侈逾制，其多宝阁及隔断样式，皆仿照宁寿宫制度。其园寓点缀，竟与圆明园蓬岛瑶台无异，不知是何居心！"这"园寓点缀，竟与圆明园蓬岛瑶台无异"便是直指淑春园内的湖中小岛及华丽奢侈建筑——"临风待月楼"。

和珅占据淑春园时期曾重新命名园子为"十笏园"，被嘉庆帝收回后，"十笏园"又恢复"淑春园"之名。园子主体一分为二，西部仍归和珅家使用。这不是看在嘉庆皇帝的悔意上，而是他对亲妹妹即丰绅殷德福晋——固伦和孝公主的怜悯。按和珅大罪株连九族亦不为过，但唯其一人受死，儿子丰绅殷德并未治罪，嘉庆皇帝多少是因为不愿让自己的妹妹成为寡妇。即使淑春园被查抄，理论上收回皇室，嘉庆帝还是留出其中大部分的园子给妹妹、妹夫居住。淑春园的东部，园子的一小部分即赐给了成亲王永瑆。除了以上两部分外，淑春园北部剩余部分收归内务府管理并再行分配。根据《中国古典园林史》的记载，内务府在收回淑春园之后划出东北面的一部分，由嘉庆皇帝赐给四公主庄静固伦公主，名"镜春园"；再划出西北面的一部分赐给皇五子惠亲王绵愉，名"鸣鹤园"。至此，淑春园一分为四。

丰绅殷德死后，嘉庆十五年，固伦和孝公主已无心力打理花费浩繁的园林，遂请求上交园子与内务府。但内务府碍于公主的尊贵并未正式接收，只是使用一些房屋来办公，也取用他们认为多余的山石木料，蚂蚁搬家式拆捡建筑饰材。但小寺院并没有被拆除，至少在嘉庆年间，这间寺院还在，甚至还有香火。有诗为证：

> 一径四山合，上相旧园庭，绕山十二里，烟草为谁青。昔日花堆锦绣，今日龛余香火，忏悔付园丁。……谁弄扁舟一笛，斗把卅余年外，绮梦总吹醒。悟彻人间世，渔唱合长听。

这首诗来自潘德舆《养一斋集》中的《水调歌头·游海甸和相旧园》。我判断潘德舆描写的是 1830 年至 1839 年间淑春园的状况，因为有"斗把卅余年外"，指和珅之死于 1799 年后过去三十余年。潘德舆于 1839 年过世，他诗中提到"今日龛余香火"，说明小寺院依旧有香火，虽然冷清但并未灭失。

北京的隐秘角落

道光三年（1823），成亲王永瑆与固伦和孝公主先后去世，内务府按照惯例将两处地方正式收回。道光末年，道光皇帝把淑春园旧址赐予清初摄政王多尔衮继子的后代——睿亲王爱新觉罗·仁寿居住。这时的淑春园便成为"睿王园"，"睿"字满语称"墨尔根"，所以也被称为"墨尔根园"。睿亲王的后代进入民国就成了败家亵祖之流，几万大洋就将园子卖给了陕西督军陈树藩，拿着大洋下天津狎妓荒唐，说是一天便花掉一万大洋。又是几番因缘巧合，美国人司徒雷登辗转西安，各种花言巧语打动了军人陈树藩将原淑春园旧址以极低的价格卖给燕京大学。其中曲折动人故事不再赘述。总之，淑春园至1921年正式演变为燕京大学校园即燕园之主体部分。而慈济寺山门，挪也挪不走，烂也没烂掉，自从被英法联军烧掉后，不知是内务府还是睿亲王家，将寺院主体建筑基本拆光，剩下的山门随着园子易主燕大。

"慈济寺"毁于1860年9月庚申之变，被英法联军放火烧掉。当时英法联军从圆明园自东向西一路抢劫放火烧过去，从淑春园、畅春园直到清漪园（颐和园）、静明园（玉泉山）、静宜园（香山），"慈济寺"与这些大型园林比较起来，微乎其微，不值一提。

光绪时期醇亲王奕譞因办理颐和园修建事务，曾两次游历此园。淑春园火劫之后，慈济寺被多方拆除，大殿及偏殿已不复存在，故而他为淑春园写下了一组四首诗，并没有提到小寺庙，说明慈济寺是在 1860 年到 1880 年被拆毁灭失的。醇亲王来此游历的时间大约在 1884 年到 1890 年（颐和园启动重修）。奕譞本性谨慎低调，所以不吝大段赘述了他来此游历的缘由：其府邸园林即是与"淑春园"西部毗邻的"蔚秀园"，算是邻居，但自己从未前来游览（显得他是多么勤于公务，不会轻易游荡玩乐），后来只是因为公务之需才仔细地考察了此地。

需要强调的是，"慈济寺"自始至今没有见诸任何正式记载，无论是淑春园文档还是清史文档。我穷尽查到的资料，只有前述潘德舆提及的在 19 世纪 30 年代尚有香火之说。醇亲王奕譞游历此园时，庙宇已不复存在，他只是对当时园子里尚存的、有代表性的景物写下了四首诗，分别是《临风待月楼》《石坊》《巨石》《孤屿》，未提及寺宇，说明当时情形已如今日所见。他记录道：

> 是园乾隆年间归和相坤。籍没后入官。传闻禁园
> 工作，每取材于兹，足证亭台之侈，之巨。后辗转为
> 睿邸园寓，虽栋宇仅存，山水之秀美固自若也。余园
> 近在比邻，曾未获游览。迨庚申变后，逐就荒芜。去
> 岁匆匆一涉，辄为俗沉所扰，未得从容吟咏，兹赴差

之便，逐物成诗四章。

这段记录更加证实了庚申之变洋人只是点了把火，大拆迁工作还是清廷自己干的，即把有用的材料拆卸下来用于"禁园"物料，而奕譞"赴差之便"，就是他承担修复颐和园工程，也来这里看看还可以搜罗出什么石材木料。

今天占据"慈济寺"原正殿遗址中心位置的是埃德加·斯诺墓。土丘之上，俯视着"慈济寺"山门，长方形的墓碑上有叶剑英题写的金色字：

中国人民的美国朋友

埃德加·斯诺

1905～1972

斯诺于 1934 年 1 月在燕京大学开设新闻写作课程，他住在海淀军机处 8 号。1936 年他从燕大出发，前往陕北考察，撰写了《西行漫记》（又叫《红星照耀中国》）一书。1972 年 2 月 15 日斯诺逝世于瑞士日内瓦，其遗嘱希望安葬燕园。其实在 1970 年，斯诺夫妇就访问过燕园，据他的夫人洛伊斯回忆说：

我们在一个略为发灰的浅红色的亭子（指慈济

寺山门）边停了下来，眼光穿过它的拱顶，凝视阳光下碧波荡漾的一片湖面。在我们身后，拾几步石阶向上的那块稍为高起的地方，有一片蔓草丛生的空地，四周松树围绕，遮住了我们的视线。

请注意，他们在1970年10月之秋的未名湖，透过山门看到的那片"空地"就是两年后斯诺的埋葬之地！这件事未免神奇，冥冥中是何等神力指引他考察了自己的墓地？

一座安静的寺院山门在一所活力四射的大学里，它的活力不仅来自青春喷薄的莘莘学子，还来自无数天南地北到此膜拜的年轻人，这是寺院修建者无论如何也想象不到的。如果说当年和珅出于一己私利，为求神拜佛保佑而建造此寺，那真是没有任何神佛可以保佑这位大贪蠹。同样，"燕园一日游"随便拜拜寺院剩下那道残门，和珅的寺院残门又能保佑什么呢？同样荒诞不经。来此求神助的学子们，学到了我们年长者灌输给他们的功利世俗，以为直截了当的索要可以暗合神祇保佑，得以名利一蹴而就。而事实上，形式礼仪往往沦为自我欺骗的笑柄，似乎与和珅家建寺的唯利初衷无异。

和珅那么聪明绝顶的脑子都看不透世间财富的本质，以为狂搂豪揽便能获得永世长存的富贵保障，而保全他的子嗣还是靠着十公主那点亲情的力量。"慈济寺"最后的恩主便是这位生趣乏味、心灰意懒的固伦和孝公主。公主没少来此烧香礼佛，但这并没有改变她不幸的家庭人生，她的孩子夭折而丈夫丰绅殷德也过早离世，留下她一人徘徊至四十八岁黯淡往生。

人世间各种欲念也会进入寺院形成暗流涌动，人们对待宗教也往往拿着世俗的解决方式，比如给予好处行使贿赂，交易交换，无力而为之的事情试图请求宗教的法力助力解决。这表明世俗心态的大胆与对欲念的渴求，甚至可以纵横捭阖于自己未知的领域行大无畏闯荡之举，以乐此不疲的世俗技艺驰骋想象中的法海无边，所以便有了游客对一座佛教山门的崇拜、许愿。而距离十几米处的小山坡上还有一位高度同情共产主义的异国人的墓茔，每天沐浴在种种欲念之光中。

2016 年 8 月 7 日　于万柳

在保福寺桥下，
寻找历史的草蛇灰线

　　京城保福寺原本就是一座寺，与桥搭不上关系。但它在灰飞烟灭六十年后又还魂附体成了一座桥——北四环路上的保福寺桥。这不禁让人感激给这座桥起名的文化人，是他不让一座古老寺院轻易离开古都的文明记录。

　　保福寺桥位于北四环中关村三桥与展春桥之间，与展春桥的中间还有一座京包线铁路桥高悬起来。如果是清晨向东而行，晨光会迸射在飞驰而过的火车车身上，光线一瞬间凌乱破碎，被动感的车厢拉拽。很快，朝阳复出，毫不吝啬地用最新鲜的阳光点亮中关村的蓬勃朝气。这一段路的两侧，有 20 世纪 50 年代建造的典雅建筑，虽然老旧但被粉刷成灰色，庄重依然；也有现代化的装饰玻璃幕墙的大厦，如银谷大厦、融科资讯中心大厦、长城大厦、世纪科贸大厦。稍微向西一点，便是中关村电子商贸圈，云集着海龙、鼎好、e 世界财富、中关村科贸、四通、中关村广场，这些象征着"中国硅谷""国家级人才特区""中国第一高科技发展与自主创新示范区"，现代化高科技活力四射，生机勃勃。这片中关村热土正是六十年前的一个破败村庄——保福寺村以及保福寺的旧址。

回忆保福寺村旧事，难免让人想起一件如鲠在喉的事，那就是鲁迅的原配夫人朱安死后即葬于此，没有墓碑，没有任何标志，一抔孤坟磨灭在岁月的灰土里。那是1947 年夏天的事情。这位一生凄苦的女人最终也没有魂归南方，而是葬在千里之外的京城异乡。她临终前曾委托一直对她多有关照的宋琳（即宋紫佩，鲁迅早期的学生）给许广平捎信，希望死后葬骨上海，守在"大先生"（鲁迅）身边。当然，这个愿望没有实现。1947 年的条件，又是夏天，将其身后运至上海，这简直是一件不可完成的任务。而那时，火化非常少，一般都是土葬。所以，她没有可能身后再回南方，上海也好，绍兴也好。一般传说出于鲁迅的那句名言——"她是我母亲的太太，不是我的太太"，认为朱安必是陪伴鲁迅母亲周老太太而去，葬于周老太太墓旁，所以朱安死后葬到保福寺周老太太墓地的说法流传最广，这种说法在坊间几乎是众口一词。但事实是，周老太太没有葬在保福寺，她是葬在海淀四季青板井村（当然今天也没村子了，但板井路是有的）。于是又出来另一个小众的说法，说周老太太葬于板井村周家墓园，然后就想当然地认为朱安亦葬于此地。这种说法见于《海淀文史资料汇编》中《鲁瑞墓地》一文，我查阅了，但无图无真相，没有拿出朱安墓地的直接证据。真实的情况是，许广平希望朱安陪伴周老太太，本来已经陪伴一生了，最好下葬板井村。但不知出于什么缘故，周作人大儿子周丰一与宋琳（鲁迅的学生，对朱安晚年多有照应）商洽的结果是把朱安下葬在西直门外保福寺。友人给许广平的信里提及，"棺材还好"，但没有墓碑更没有墓志铭之事。朱安希望魂守"大先生"，众人希望她继续陪着周老太太。但这些都没有实现，朱安只是一个人孤苦伶仃地埋葬在保福寺村的周边荒野。

保福寺村消失于 1952 年到 1959 年。新中国成立后，中央政府对中关村地区重新规划。1952 年，中国科学院确定了以中关村作为院址进行建设的规划，中关村自然村被划进了中国科学院的建设蓝图。但这个规划后来进行了微调，因为燕京大学与北京大学合并，形成新的北京大学。1952 年年底，中关村自然村北部的土地被从中国科学院的建设蓝图中划出，划给了北大建成中关园。中国科学院在中关村自然村剩下的范围以及保福寺村、蓝旗营和三才堂村征地进行建设。到 1959 年时，中关村地区各个自然村已经被中国科学院的研究所、厂区、宿舍占用。中国科学院微生物研究所就曾坐落在保福寺村原址之上。

20 世纪 50 年代的征地、拆迁、平坟在强大的政治政策与建设社会主义科学城的高涨热情中进行，一切应该推进得很顺利。毕竟，那时候此地人口不多，中关村只是 70 户人家 276 口人的小村，紧挨其南部的保福寺村人口也多不到哪里去。这里贫穷、荒凉，三分之一的土地是坟场。最早搬来住的中科院的家属回忆说，1952 年搬来时还有破旧的民房待拆，位置在中关村通往海淀镇的路口，民房外墙上竟有用白灰画的圆圈——"狼圈"，防狼用的，据说野狼害怕白圈。也就是说，20 世纪 50 年代初还有西山的野狼会窜至海淀镇中关村一带，白毛风一刮，昏天黑地。荒坟野地，这就是今天中国高科技硅谷的前身。

中关村自然村在民国时期隶属于保福寺行政村，而行政公署就设在保福寺村的寺庙——保福寺。1947 年至 1948 年北平警察局的户口调查表显示，无论是中关村的，还是保福寺村的、蓝旗营的、三才堂村的，都在"住户地址"一栏填写"中关村"或者"中官村"。那时这一区域属于北平行政区第十八区十八保，保长刘长禄是中关村人。既然保福寺村是行政村，保长就在保福寺村里的寺院保福寺里公干。

无论如何，中关村是一块福地，今天更是一片热土。其从零散自然的小村庄，发展到明清之后太监来此购买"义地"，普通人也愿意埋葬在这片抬眼即看到西山的土地上。这里寺庙众多，各种烧香拜佛，各种积善培德，各种修行往生的魂魄，说不定聚足了一股气，倒成就了今生善地，聚来了中国科技研究的顶级单位。中国科学的精英人才，一举将其从农业社会推送到科技研究的前沿领域，真像坐上土火箭一举升天。今天的中关村更是升级为中国"高科技""自主创新""顶尖高校科研院所"的代名词。

保福寺是保福寺村里的寺庙，也是最后被拆掉的寺庙，因为这座寺庙还坚持发挥了几年余热。新中国建立之初在这座寺庙成立了一所公立小学——保福寺小学。这所小学主要是解决周边农民子弟及陆续搬来此地的中科院子弟的上学问题。寺院已经很破旧了，但毕竟还算是这一带较好的建筑。大殿门槛很高，弱小的学童几乎是手脚并用爬过门槛到大殿里上课，而那时大殿中还有泥塑佛像、金刚大士的雕塑，小小学童在金刚怒目下琅琅读书也真是生动之景。这所小学一直坚持到 1958 年，中国科学院终于在相邻的西面建好了一所小学，就是今天闻名京城、拉动周边房价破十万一平方米的著名学校——"中关村一小"。而名气同样响当当的中关村二小、中关村三小都是相继从中关村一小分离出来的。可以说，这三所著名小学都是缘起于一所庙里的学校——保福寺小学。保福寺小学搬迁至新址后，保福寺也就结束了历史使命。寺院大概也破到没有啥实用价值的地步，而且是封资修的东西，名声不好，这座明朝始建的寺院就此寿终正寝。有人说 20 世纪 80 年代保福寺还有孤零零的大殿存在，但我穷尽所能查阅了海淀区文物部门的资料，以及传印大法师主编彭兴林著的《北京佛寺遗迹考》，都没有找到印证。说它 20 世纪 50 年代末被废弃，最多没熬过"文化大革命"，希望这个判断是正确的。

从明朝起，在中关村这块永定河故道的低洼地区，就开始兴建寺庙，有皇家出资为纪念有功之人而修建的类似悯忠寺的庙宇，如陈府村有广惠宫，建于明嘉靖十三年（1534），又称刚秉庙，是为纪念在靖难之役中立有战功的太监刚秉而建。后来民间募资建庙开始兴起，特别是明清两朝太监偏爱在这一带购买义地，修建寺庙。寺庙在一定程度上是这些义地主人的精神祠堂，是他们能够平复此生憾恨而寄希望修得来生的皈依。此外，这个地区也是兵营，如蓝旗营等，村庄的发展程度不高。直到乾隆年间，中关村这个地方仍没有确切的地名，在《日下旧闻考》里被指为"南海淀之东二里许"，而当时的南海淀（后来的海淀镇一带）与皇庄（今天的"黄庄"）相对已是繁华的聚居地。

据载，"南海淀之东二里许有保福寺，东柳村有长寿寺、观音庵"。东柳村后来未见记录，民国时期有"东大院"，不知是否由其演变而来。"南海淀之东有正蓝旗护军营房"，"陈府村有内务府包衣三旗营房"，"陈府村有紫竹林、碧霞宫、太平庵"。陈府村即民国时期的"成府村"，现在中关村北部有"成府路"。上述就是乾隆年间对今天中关村这一带有名号的建筑的记录。

保福寺建于正德十一年（1516），"内经厂提督僧录司左善世"翯公驻锡于此，圆寂后建"灵塔"，有碑一座，立于正德十一年。左善世是明朝管理宗教事务的僧官。也就是说，这座寺庙缘起于一位僧官——翯公禅师，他于此修佛并于此圆寂，然后于此建了灵塔。过了将近一百年，万历三十九年（1611）重修寺院时铸铁钟一口。到清朝道光年间、光绪三十一年（1905）都还进行过重建。民国时期进行寺院统计，记录如是：

> 此寺位于保福寺村六十四号，占地二亩零四厘，有九间瓦房，土房两间，附属瓦房一间。泥像九尊，铁五供一堂，另有石碑两座，井一眼，楸柳四棵。属合村公建。被村公所及小学占用。原有翯公禅师灵塔，三十年代塌了一半，但仍有香火。

这个记录说明民国时期这所寺院基本等于公共财产，合村共建，附近各村都是出了资的。同时也可见那时候条件多么窘迫，没钱建村务办公用房及学校，一座明朝留下来的寺庙又当村公所，又当学校，老百姓还要进来对塌了一半的灵塔烧香拜拜。

至此，我以为我已将保福寺的情况了解清楚了，但又偶然发现了一个叫西保福寺的遗寺，真是跌掉眼镜都不愿相信，一个仅几十户人家的小村子，修了几座庙，有完没完啊。但西保福寺确实存在。我是从一片碑文拓片中发现这一线索的。拓片所属的石碑据称原放置于保福寺，所以也被称为保福寺碑文拓片。从其行文内容看，类似敕碑格式，记述的是一个叫德明的清朝官员的事迹，内容如下：

经筵讲官太子太保礼部尚书镶蓝旗满洲都统谥恪勤公德明

朕惟礼乐自天子出，实资习掌故之臣；笾豆则有司存，允赖骏奔走之职。缅旧劳之可念，礼□变崇；昭令闻于弗谖，义存奖劝。爰稽彝典，式表嘉名。尔原任太子少保、礼部尚书德明，奉上惟勤，执事有恪，早由司库迁职奉常，掌六祝而辞修，七祀而靡忒。遂□妙□□秩，清卿涖贰，春官升华宗伯。诏相小礼，玉帛钟鼓之间；赞导法仪，进退周旋之习。经筵侍讲，胪句传声。历三衔统制之司，摄四译会同之

馆。偶回翔于铨部，实终始于容台。惟先朝之任遇
良，专属在疚，而猗毗尤切，靖共尔位。襄大礼以告
虔，夙夜惟寅；赞明禋于登侑，宫衔特晋。嘉乃成
劳，遗疏俄闻，深予轸恤。综生平之行谊，锡美谥以
恪勤。考典易名，镌辞崇实。於戏！国之大事在祀，
汝既宣惇典之勤；人惟求旧有言，朕岂靳酬庸之礼？
贻诸奕叶，视此丰碑。

嘉庆六年岁次辛酉月

这幅碑文除个别字词，基本保持完整。从内容看是以
嘉庆皇帝语气写就的类似今天的悼文，悼念的是一位叫德
明的礼部尚书。"经筵讲官太子太保礼部尚书镶蓝旗满洲
都统谥恪勤"——这一大串都是荣誉性的虚职加谥号，
他实际上是一位在宫内长期服务的"从一品"官吏礼部
尚书。嘉庆帝与这位礼部尚书有怎样的关系不得而知，但
就一位九品官阶中列第二位的"从一品"官员（不是正
一品），皇帝都要亲下敕文，没有特别的关系应该不至于
此。嘉庆期间，仅礼部这一层级的官员有满人二十四位、
汉人十四位，汉尚书包括大名鼎鼎的纪晓岚。当然，其中
相当一部分是从乾隆朝延续下来的官员。这位德明应该也
是，因为他为皇室服务多年，看立碑时间，他在进入嘉庆
朝的第六年便过世了。

这段文字对于今人而言，比较艰涩。说是悼文吧，德明的生卒年月不详，更像是皇帝对德明一生功劳的基本评价，就是盖棺论定。全文讲述的都是德明的工作事迹，说他主要是负责朝廷祭祀方面的礼官，经筵侍讲，在皇帝身边上传下达，还担任过禁军的统领，负责过接待外邦朝贡来访的部门——四译会同之馆，短时间还在吏部负责过选拔官员的工作，但大部分时间在礼部（容台）尽心尽责服务。碑文赞美他敬业勤恳，日夜辛劳，成绩斐然且极少疏漏。皇帝也非常珍惜这位臣子，纵观其一生功劳，应以"恪勤"作为他的谥号。祭祀是国家大事，德明生平笃厚忠诚，勤勉尽职，皇帝怎么能够吝啬对他的酬劳？故而将这些赞誉评价给予其后代子孙，特立此丰碑纪念。

放置这座碑的保福寺并非《日下旧闻考》和《民国寺院调查》记录的那个保福寺，而是建于嘉庆年间的位于村西的一家募资寺院。我甚至怀疑这是德明的家庙，因为敕碑在此，寺庙的名称也未见记录。民国时期寺院调查的资料因其坐落于村西而称之为"西保福寺"，这不是其名，只是说明它坐落于保福寺村西边而已，而且特别提到"另有石碑一座"（即指此碑）。但从对该寺院的描述来看，它更像一份殷厚的家产：

西保福寺坐落于北郊第一分署保福寺村六十一

号，清嘉庆年建立，本庙面积四亩余，房共二十五间，附产土地三十二亩。管理及使用状况为自行管理，附产出租。庙内法物有木佛像二十九尊，泥佛像三十七尊，大铁钟一架，铁磬三个，瓦供器两堂，另有石碑一座，水井一眼，柏树一棵，楸树六棵，槐树五棵。

将民国时期对保福寺与西保福寺的记录进行比较，我发现西保福寺显得更阔绰，占地大，佛菩萨塑像多，法器多，有三十几亩庙产出租，有水井，甚至树都有十二棵。但它似乎不对外开放，未见其功用。没有提及住持法师讲法授经，大约也不接受民众烧香拜佛。而且它建于嘉庆时期，有石碑一座。我们可以大胆推定今天保留的"保福寺碑文拓片"应该就是这座西保福寺里的石碑拓片。

保福寺民国时期就是由村公所和小学使用，是个对公众开放的地方。鼐公禅师灵塔历经四百多年，沐风栉雨岁月沧桑，经历了雍正年间的西山大地震，民国时还能撑住一半残躯，接受民众烧香叩首，这于百姓而言就是了不起的大有神通的灵塔。

一座公庙，一座私庙，一个村东，一个村西。公庙保福寺就在现今中关村三桥之南，融科资讯中心大厦所在地。私庙西保福寺的门牌号与公庙的差三个号，应该向西

北京的隐秘角落

不会很远，而西边就是中关村一小、二小、三小及科学城一些 20 世纪 50 年代的宿舍楼。有当地老人说，西保福寺在五六十年代被征用，做过一个中学的办公用房。可见，新中国成立之初，这些寺庙都算是比较有使用价值的好建筑。

我见过一张声称是保福寺的老照片，照片上是一位年轻女子，20 世纪 50 年代的妆容打扮，笑意盈盈，目光纯净，在今天这个时代看来，温婉、质朴。但我还是以"美丽"来概括那活脱脱的生动面容。这位美丽女子站在寺院里，身后大殿虽然老旧但齐整尚好，最震撼我的是照片中院子里的两棵大树。一棵老病不堪布满树瘤，不能判断树种，而另一棵是槐树无疑。从树径估量，一两百年的树龄也说得过去，但推到明朝正德年间四百多年将近五百年是不大可能的。而且，从民国的调查记录看，保福寺里的树和乾隆年代记录的一致，只有楸树和柳树，而西保福寺里是有槐树的。据此我判断这位姑娘是站在西保福寺里拍下了这张照片。她是年轻的老师，抑或女中学生都不好说，但应该是与老人说的这里做过中学的用房有关系。

这张照片很珍稀，为今天的我们多少留下了一间寺院最后的样子，可惜它是西保福寺，或者其他，但就是不是保福寺。保福寺作为从明朝正德年延续到 20 世纪 50 年代末的寺院，存在了四百四十二年（1516～1958），曾经慰藉了众多痛苦的灵魂，给苦难的人间生活带来了哪怕一点点温暖的光亮。但没有留下一张照片，遂成憾事。

明、清、民国，保福寺村是在一条缓慢的时间带里踽踽而行，缓慢接近静止。这里几百年间都是郊野，寺院、农户、农田，还有包围着它们的大约三分之一占地的坟场。有一位"从一品"朝廷官员在此竖碑立传，炫耀着嘉庆帝对他的恩宠，更有一位苦命凄凉的叫朱安的浙江绍兴女子在此孤魂难归。

对于这位女子，给予多少同情怜悯都不为过。因为她不识字，她的精神世界一片荒芜；因为她缠足，三寸金莲走不到京城的东南西北；似乎她也不信佛，没有信仰依止。啥也没有，就剩下数着指头苦挨残生了。她一生围着周老太太尽媳妇的本色侍候着，她的人格降到了只求苟且活着的地步。周老太太死了，她也成了六旬老人，捧着她那一生羞辱的名分。是的，被男人休弃且还不得不依赖那个男人活命，还有比这个更羞辱的吗？许广平给她的信几乎每一封都是在谈论钱，因为她没有依靠，在周老太太去世后周作人家自然也不再供养她了，而且周作人在抗日战争胜利后作为汉奸被国民政府抓去判刑坐牢，已经泥菩萨过河自身难保了。从 1947 年 3 月许广平给朱安的信中可以得知，朱安的心脏出了毛病，估计是因为贫困忧郁而生命开始衰竭。许广平提到可以请宋先生（也就是宋琳）、

阮太太这些好心人帮帮她，并祝她吉人天相，天气暖和身
体就好起来。可是到了 6 月，她就不行了。她去世前一天
见到的最后一个人就是宋琳，她已经衰弱得不能下床，哀
求宋琳转达许广平将她葬在上海"大先生"身边的心愿。
关于这件事，宋琳特别致信许广平。这是一封令人动容的
信，朱安嘱托了两件事：灵柩拟回南葬在大先生之旁；每
七须供水饭，至"五七"日给她念一点经。宋琳写道：

> （一）可由先生（指许广平）从长酌核。（二）
> 所费不多，希望顺其意以慰其灵，念她病时一无亲切
> 可靠之人，情实可怜，一见琳终是泪流满面，她念大
> 先生，又念海婴，在这种情形之下，琳唯有劝慰而
> 已。言念及此，琳亦为之酸心。

这封信宋琳写于 1947 年 7 月 9 日，也就是朱安死后
的第十一天。朱安之临终孤苦，跃然纸上。她的头脑清醒
到最后一刻，也被苦难折磨到最后一刻。宋琳走后第二
天，6 月 29 日她被发现一个人孤独地死去。这是个生于 6
月死于 6 月、名字叫"安"而一生没有安宁的女人。死
后的这份清净也没维持多久，一年后，因为保福寺这块坟
地属于周作人家私产，国民政府对这个文化汉奸的私产予
以没收。新中国成立后，民国的资产当然归属新中国政

府，而这或许让周作人减少了个地主罪名并因祸得福了。1951 年中关村地区就已确定规划建设中国科学院，继而北京大学建设中关园，可以想象大规模的平坟拆迁使 20 世纪 50 年代初期的中关村地区灰土漫天，遍地工地。

出了国民政府监狱的周作人进入新中国，文化汉奸之罪名已不光是他关心的什么斯文颜面的事，他整天惴惴不安的是自己八道湾的房产会不会被国家征收，有没有心思去保福寺村迁坟就不得而知了。如果要解开朱安坟迁移之谜，还有一条线索就是有朝一日可以从周作人日记中寻找。周作人一生写日记，一直坚持到 1966 年他去世，但现在公开发表的是截止到他 20 世纪 30 年代的日记。

另一种说法是朱安坟毁于"文革"破四旧。总之，一切都过去了，坟墓又能代表什么？一个女人走过了悲惨委屈的一生，她生不逢时，被旧制度扭曲。她不见爱于鲁迅，也没被周家人好好安置，乃至于死了也是被孤零零地抛在一个曾经叫保福寺村的村庄，在异乡与异乡人长眠相伴。

保福寺在今天只代表京城北四环路上的一座桥，车鸣轰隆，不舍昼夜。中关村是创业者的大舞台，是雄心勃勃者筑梦的起点。人们怀揣的都是当下的各种不安，为各种不确定的未知的未来焦虑，也为肆意蔓生的贪念烦恼。作为当代人，我们活在互联网的虚幻里，删除了历史记忆，

北京的隐秘角落

被各种现代化的电子科技硬件软件绑架着，并将其视为满足欲望的喧嚣的资粮，失去了内心安宁。北四环通衢大道覆盖的是一段并不遥远的岁月。长亭外，故道边，古刹钟声，荒坟野岭，西山在夕阳西下之时，注视旧岁也注视今生。那也让我在本文的刹那里回望一下消逝的寺院，消逝的村庄，还有那些曾飘荡于此未获安宁的灵魂。

2015 年 12 月 19 日　于万柳

一槐一柏一柳树，
一座七百四十年古镇的守望

海淀镇生卒年，1260～2000年，计七百四十年。

海淀火神庙位于北京大学西南角墙外，大殿前三棵古树，一槐一柏一柳树，均有百年龄，向东南略略倾斜着，这便是百年来被冬天西北风狂虐的结果。火神庙归属北大管理，租给大明眼镜店当营业用房。

2001年北大为扩建畅春园学生宿舍区，把一直歪斜着戳在篓斗桥边的"畅春园东北界"界碑移走了。不知实情的侯仁之先生着急上火，急忙打电话询问负责学校后勤建设的副校长，副校长答复说，界碑移到火神庙里保护起来了。侯先生这才松了一口气，在他看来，畅春园界碑在某种程度上是"三山五园"的代表性文物。这个事件让我了解到，北京大学对海淀镇最后的文物遗存——火神庙行使管理权并有着维护的责任。它的位置为我们标注了有七百四十年历史的海淀古镇南北分界线，也是海淀镇彻底消亡的历史见证者。

　　海淀镇有七百四十年历史是从元初王恽的《中堂事记》起算，其载：元世祖忽必烈"中统元年赴开平，三月五日发燕京，宿通玄北廓，六日午憩海店"。若从中统元年（1260）算起，至 2000 年年初中关村西区的崛起，恰为七百四十年。它始于农耕聚落，明清后期为西郊皇家苑囿与贵族园林提供劳务、物资。海淀镇的基本架构就是胡同加寺庙，浓浓的市井，静静的梵修。它的范围西至万泉河路，东至黄庄中关村大街，北至北四环路，南至海淀南路。但这只是所谓的"南海淀"。"北海淀"应从四环路向北，涵盖北大燕园，直抵圆明园。只不过明清两朝，皇家苑囿和贵族别墅占地瓜分了北海淀，近现代燕京大学和继而进驻的北京大学占地建楼，北海淀已从地名标志上消失。而南海淀是草根市民生活聚居地，韧性十足地走过几朝几代七百四十年，最终终结于中关村西区的崛起。

　　20 世纪 80 年代我有幸在燕园读书四年，对海淀镇的样貌有整体认识。那时有一道小南门在北大校园南院墙的西南处，从这个门出来过海淀路便进入海淀镇了。我们一般走进一条叫"军机处"的短胡同，向南不远便是一条相对宽一些的东西走向的叫"老虎洞"的大胡同，两侧店铺林立。老虎洞因胡同口有石雕老虎而得名，在清朝是传统的商号聚集的地方，因为这里距离王公贵族们居住的北海淀更近。再下去，有一条叫西大街的，它便是海淀镇的主商业街了。

时至今日，我对海淀镇的清晰记忆并不多，脑海里浮现的就是灰蒙蒙的陈旧的房舍街道，地上的灰土总是扫不干净的样子，房屋灰砖灰瓦，有些店铺还使用木栅门板，打烊后把这些门板上齐，功能像今天商铺放下的铁闸门。木板大多红漆脱落不知来自什么年代。这里因为依傍着北大，每逢周末也是满坑满谷的年轻学生，买东西的，租图书的，谈恋爱闲逛的，没事干的就叫"吃饱了撑的散德行"。年轻人欢声笑语，活力四射，有点像今天中关村的早年版。出了校园这里便是商业花花世界，虽然大多数时候我们只是瞎逛不买，因为穷，兜里无钱，但是看着商铺或摆上街的各式漂亮衣服就可以获得精神上的享受。上大学的日常支出基本靠那十几二十块的助学金，除了吃饭再买几本便宜书就不剩什么了。

老虎洞沿海淀路有一家国营的"长征食堂"，是当年的高档餐厅。能经常出入此地的人在我们眼里简直是富得流油！后期食堂还增添有烤鸭，专设外卖窗口天天馋人玩。我们班组织一干同学咋咋呼呼进去吃豆腐脑，出门便成立了一个叫"长征食堂豆腐脑协会"的组织，并设会长副会长若干，把豆腐脑吹得天花乱坠，成为青春记忆里的珍馐美味。可豆腐脑离烤鸭实在差着若干票子呢。而当年有钱的同学则以"长征食堂"的熘肝尖美馔显摆招恨，豆腐脑与熘肝尖便是著名的贫富差距分水标志菜！

西大街及延续下去的南大街是海淀镇的主要商业大街，除此之外，还有各种买卖小铺和一家大型国营海淀百货商店。这条主要街道两侧有众多的胡同入口，走进去就是迷宫似的绕来绕去的小胡同。

海淀的地名根据其历史地理的特点可做如下分类：一是因有沼泽地带的地理特征，如大泡子、南海淀、北海淀、西上坡、下洼子、龙凤桥西岔、泄水湖、大坑沿、大河庄、银丝沟、港沟；二是以街巷方位和功能命名，如双桥东、后马路、三角地、西栅栏、西大街、果子市、墨蟠居（以大石磨盘著称）、南栅栏、南大街、南小街；三是以庙宇命名，如娘娘庙、观音阁、苏公家庙；四是纯粹的吉祥寓意，如金龙馆、辛庄、前辛庄、永辛庄、善缘桥、太平院、太平庄；五是以清代军机处"外值庐"地点命名，如军机处胡同；六是以水井命名，有双井、杨家井、大井、前官园、后官园；七是与皇室活动相关，如彩和坊、香厂子胡同、御马厩（海淀基督教堂所在地）、灯笼库、菜库、买卖街、苏州街、碓房居、官用冰窖；八是表彰妇女贞孝名节，如贤孝牌；九是以动物起名，如老虎洞（因老虎石雕而得名）、莺房、南羊圈、北羊圈、兽医桩、驴市口；十是以标志性树木起名，如榆树林、槐树街、桃林。

如此丰富多彩的地名，便是活色生香的生活写照，而在此起居的人们也是你来我往，此生彼灭，烟火相续。略提几个令人感叹沧桑的故事吧。

彩和坊曾有清末大太监李连英的住宅，确切地说是他弟弟李莲源所用。大宅子按照皇家工程做法，多进四合院，设计独特，建筑讲究，是海淀镇少有的四合院精品。这堂院落今天尚存，后世多有修缮、维护，保存完好，算是老镇遗存的翻新版，目前被一家叫"潮江春"的酒楼使用着，位于彩和坊路24号。李连英在海淀有三处宅园，碉房居一座，彩和坊一座，军机处一座。他死后停灵在碉房居宅中。

杨家井胡同有那位圆明园"堂吉诃德"燕桂的宅邸（他的故事我在《北大南门外，有一条穿越历史的神秘通道》里有所提及）。燕家原本开木材厂，为圆明园等皇家园林供货而发了大财，所以和著名的明清皇家园林建筑营造师"样式雷"家族联姻，但因为庚申之变，火烧圆明园殃及海淀，全家尽殁，原本算得上海淀镇精品的宅邸也就凋零无存了。类似情况还有太平院胡同西院的僧格林沁府邸，因僧王过世没有后人打理而日渐破落，民国后期卖给京城富豪同仁堂乐家,新中国成立后由学校——彩和坊小学修缮使用。

槐树街 1 号便是燕桂的丈人、当时的大国工匠"样式雷"家族的宅邸。"样式雷"家族来自江西,几代为皇室建筑的总设计,涉及故宫、三海、圆明园、颐和园、静宜园、承德避暑山庄、清东陵和清西陵等重要工程。这处宅邸是匠师们为自家设计的,匠心独具,装潢精美。雷宅占地广阔,南北宽 56 米,东西长 123 米,分中东西三路。中路为三进院落,前院为门房和书房,有一旁院为车马房;中院为主人居住,有正房、东西厢房及耳房;后院为佛堂和厨房。西路有四合院一座,房间若干,游廊贯通,靠北墙还建有面向老虎洞胡同的几间铺面。东路北侧开大北门,配有小花园一座。雷氏家族没少从皇家工程中获取利润。但火烧圆明园后他家生意式微,后来宅邸转给一盛姓太监,由其养子居住。1948 年冬,养子夫妇弃屋而去,这里便成了共产党东北野战军 41 军司令部。1949 年 1 月,前北平市市长何思源带领一个十一人的"北平各界人士代表团"来此拜见军方。

槐树街 1 号"样式雷"家是历经两百年的大宅子,其基址在今天四环路主路下。他家南北宽 56 米,正好就是今天这条主路的宽度,在原先的"第三极"图书大厦、如今的中国技术交易大厦北侧。什么荣华富贵庭院深深,今天不过是众车驶过，一缕尘烟。

今天八一中学所在地过去被叫作"黑灯影"，原因是这里原有一座大坟头，由石头垒砌，四周环绕松柏数十棵。据说是元朝大臣贺登盈的坟墓，到民国时树木被伐，坟地被平，成了穷人的乱坟岗子。而"黑灯影"大概是贺登盈谐音而来。与"黑灯影"近邻的"灯笼库""港沟"，则是富家大宅王爷府邸，两相辉映，相互吓唬。清人震钧《天咫偶闻》一书云："旧日士大夫居第，多在灯笼库一带，朱门碧瓦，累株连甍，与城中无异。"

港沟胡同位于大河庄胡同南侧，灯笼库胡同北侧。胡同为东西走向，胡同西口为万泉河。临水望山，风景最美。清朝以后便有王公大臣在此建造郊区别墅。现存的只有礼亲王花园，这确实是清宗室铁帽子王之首——礼亲王代善后人的宅邸花园，即今天门口总站着行礼请安的小哥的"白家大院"。民国初年，礼亲王后人已将其抵债给了同仁堂老板乐氏家族。那时候的乐家比皇室都有钱，皇室欠他家的药钱都被一笔勾销过。所以，这座花园确切地说应叫"乐家花园"。因为同仁堂乐家的事迹被编成一部连续剧——《大宅门》，里面假托乐家为白家，所以饭店又把连续剧"白家"移植到"乐家"的花园上了，叫"白家大院食府"。

而港沟、大河庄胡同西部是万泉河及所谓"菱角泡子"，或者叫"大泡子"，这些便是传说中海淀的起源——"丹稜沜"到明清以后的体现。原来，这里是有湖泊洼地的湿地，有所谓"万泉"，泉眼密布，今天仍有地名万泉庄。随着水源出水量的减少，人们圩田造地，排水填沟，这一海淀镇最正根儿的发源地便成了居民区。20世纪80年代，人们更是对万泉河进行大面积填埋，建起了一排高大居民楼——稻香园小区，这个小区独占了海淀镇地理发源的"鳌头"。

我所认识的20世纪80年代的海淀镇还基本保持着上述格局，众多胡同围拱着一条主要商业街，居住密度较高。那些小小铺面的招牌，有很多是我们法律系李志敏老师题写的，甭管铺面买卖多小，店面多寒碜，李老师都认真写下雅号并署上自己名字，高雅的文化气氛扑面而来。

学生们一般徜徉在西大街，在百货商店买点生活日用品。国营商店态度极差，有一件事让我印象深刻，那是去海淀百货商店（今天的华奥大厦）买雨鞋。黑色的样子蠢蠢的，没有其他颜色可挑，买时只试了右脚，结果回来发现两只鞋都是右脚的，回去退，售货员一脸的难看，仿佛这是我的错，而且她不能给我一只左脚的，因为给了我，另一双鞋又都成右脚的了。反正气得我忘记是怎么解决的了，又不会吵架，而且那个年代吵架也不能解决问题。出了百货商店我恨恨地在西大街一家位于二楼的咖啡座找了个靠窗的位置，点了一杯速溶咖啡安慰自己，一瞥窗下看见某位80级图书馆系的学姐飘然而过。在我眼中她是校花级的人物，面若云霞，眸若秋水，她一个人悠悠地走着，感觉整个西大街变得好异样，放仙光，街上的男孩子齐刷刷行注目礼，真是好赞。我这落魄的连买双雨鞋都不顺的人，因为学姐飘过而心情转好。这就是海淀镇在我生命里某个有亮色的定格。

今天再回到西大街，已改名为“中关村创业大街”，满街都是踅摸各种神奇机会的人，寻求创投资金的人，每个人都揣着新近研发的APP和各种奇思妙想。原来那家咖啡座的位置基本上就是一个叫“三大不六咖啡”的位置，年轻人会在这里排队到街上，等候那些思路怪异的蛇精病天使投资人接见。好吧，这里应该找不出一个会为买雨鞋而精神萎靡的年轻人吧。

1999年，海淀区计划利用“中关村”的品牌效应，将海淀古镇刨地N丈整体挖掉清除，建成崭新的现代化办公科研新区——中关村西区。侯仁之先生得知这一消息一定内心煎熬，毕竟，这是他与之生命交融七十年的古镇。古镇将在他眼前被彻底拆除、抹掉，而新建的中关村西区，将与世界上任何的现代化街区不出两样，披着高大玻璃幕墙外衣的钢筋水泥庞大建筑，以一吞百，一座楼宇的庞大体量横扫一片曲折的胡同与宅院，以及夏日的柳荫与蝉鸣。于是，侯先生写出了他晚年的重要论文《海淀镇与北京城——历史发展过程中的地理关系与文化渊源》，以期向后人讲述曾经的海淀是怎样的海淀，希冀消逝的海淀不被后世遗忘，希望海淀镇上独具特色的自然景观能够在西区建设中得到继承和发展，他更期盼着海淀历史文化精神承传下去。

但精神传承谈何容易？皮之不存，毛将焉附？十多年后人们再看海淀，"中关村西区"与任何地方的开发区、科技园大致相仿，就是一系列的玻璃幕墙现代建筑，阳光照射二次反光，映在楼体上的天空阴晴不定，如同毫无主见的面孔，如此千篇一律的现代建筑群在今天世界上任何大城市随处可见。而那个独一无二的古镇，如飘洒的一地落叶，被收集、运走、埋葬，再如何静好的岁月也只是奢谈与雅趣——往事只剩回味。

被侯先生爱人般眷恋着的海淀镇，用他的观点简单概括就是：它是古镇，因为坐落于"海淀台地"而吸引人们来此聚落，目的是开发"巴沟低地"，排水造田，耕织畜牧；其地势东高西低，由于近现代不断修路建屋，这个差异模糊了，但民国时期来西郊游玩的人们都会发现，自中关村向海淀方向骑车由高到低非常明显，到了海淀镇万泉河沿线向西望去便是明显的洼地地貌，远山近水，田畦如织，柳树如浪，一派绮丽风光。

　　"海淀台地"就是自白石桥向北到北大南院墙，向西到海淀及万泉庄一线的高地，这个台地是古永定河冲刷隆起的堆积。而界限之西北事实上是古运河河道，是低地，即侯先生命名的"巴沟低地"。正是由于这"台地""低地"的美妙搭配，且元朝的大都城设址较金中都北上，从原广安门一带移至三海一带（今北海），人们也随之北迁，故海淀开始形成聚落。"巴沟低地"虽然是古河道，低洼而多湖泊，但人们可以通过排水改造成良田沃土，日出而作日落而息。水草丰美也为畜牧提供了天然条件，如六郎庄原名"牛栏庄"即是因台地农民把牲畜放诸低地饲养而得名。

　　明清时期这一带形成自然村落聚居，而贵族们也发现京城的西北是建造别墅的上风上水，于是蜂拥而至，如明朝万历国戚李伟的清华园（即清朝畅春园），米万钟的勺园，到清朝更是三山五园地大规模开建。这下商机来了，为皇家苑囿贵族别墅提供各种劳务及材料的商家店铺得以发展，海淀镇逐步形成，不仅是通过农业劳动获取农副产品，各种工艺匠人商贾贩夫也应运而生。

　　直到民国，一出西直门，抬眼便是西山，就算是进入郊区农村了。从很多文字记录可知，西直门外便是乡下。宗璞在《南渡记》里写道："出西直门经过路旁一些低矮的民房便是田野，青纱帐初起，远望绿色一片，西山在炽热的阳光下太过分明，几乎又消失在阳光中。"可见那个清贫的社会却有淡淡的自在与透明。从西直门到海淀大约有十里路，清室为了自家的便利，如出游度假、从玉泉山补给用水，修了一条相对平整的御道，通抵颐和园等地。为三山五园提供一定服务的海淀镇在御道之侧，便享受了交通的便利。

海淀镇作为京西重镇，其商业活动的繁荣程度可从其坐落的寺庙见得一斑。那时候的民众除了日落日息周而复始的生活，他们的精神苦闷、命运思索总是会找到宗教的寄托渠道。这个镇子有大小寺庙数十座，基本上为民众或商家募资所建。

海淀镇的边界四至恰恰是四座标志性的寺庙。

东界寺庙，为今天中关村西区的最东沿，新中关大厦东北侧家乐福之南出口的"双关帝庙"，其实它是原来"双关帝庙"中的东侧关帝庙。在 2000 年开发中关村西区时此庙已年久失修，破烂不堪，当时拆除后重新建起，请注意，这次重建除却在原址，规格式样完全改变，没有老庙的影子。关帝庙现名为"慧聪书院"，与关帝信仰无关，仅供当今社会的精英在此辩经论道，讨论资产增值、翻番之道。门前简介说："书院以强企为本，商学共荣，专事股权共享制度的研究。"庙之西侧立一方石碑，上方为一书卷石雕，下面书写"耕者有其田，商者有其股"，与一座古文物好不搭界，不伦不类，且它不对公众开放，只用于精英宣扬发财致富之道。

为何叫"双关帝庙"？史载此地原有两座并列的关帝庙，格局形制相同，给人以合二而一的感觉，故称"双关帝庙"。又因古代凡关帝庙前必立一根旗杆，以为标志，所以又叫"双旗杆老爷庙"。民间有"老爷庙的旗杆——独一挺"的歇后语，可证此说。东关帝庙始建于明代，康熙四十九年（1710）翻修，康熙五十二年皇帝六十大寿的"仁庙万寿"庆典时，此庙正值御道之侧，也是彩棚旗幡亮丽多彩，香火大旺。寺院坐北朝南，四合布局，山门殿三楹，原供有关公坐像。庙内现存古树一株，挖西区大坑的照片上可见此树虽老弥坚的样子。1928年北平市政府社会局对庙宇进行登记时，该庙属私产，面积三亩左右，房屋计二十二间，庙内法物有木像一尊、泥像四尊、铁挂钟一口、铁磬两口、供桌两张、大小佛龛各六个。1947 年北平市政府民政局对寺庙进行登记时，东关帝庙仍为私产，主持僧为觉生。但是，西侧关帝庙早已无存。当年它与东侧关帝庙的区别在于，殿中供奉的是关公手捧《春秋》一书的站像，栩栩如生，威风凛凛，这一站像是文关公。想必当年的人是两庙关公一同拜，有文韬武略美好祈愿。

西界寺庙，为"双桥老爷庙"，位于海淀镇西通往六郎庄路的路口处，为京西海淀名刹，始建于明代万历年间。这座庙很有来头，是得了宫中认可的，所以大号叫"敕建护国保安关帝庙"。

此庙可谓风水上佳：背靠繁华市井而面朝"巴沟低地"田园风光，山门前有平板古石桥两座，日夜流水淙淙，香火易盛又不失道人清净。因庙中关公像红脸，赤兔泥马，朱砂色彩画红土粉壁围墙，夕阳远去，余晖映照红墙稻浪，好一番岁月静好，所以它也有"红庙"之称。自万历开山至清代乾隆、同治、光绪年间均有修葺。1928年、1936年及1947年北平市社会调查局均对此庙有登记，可见香火梵修始终平稳。

此庙占地约三亩，有树众多，寺院坐北朝南，山门殿三楹歇山顶，中间石拱券门，明堂门额上嵌有"敕建护国保安关帝庙"，楷书石匾，光绪年款。前临大路，影壁南嵌"亘古一人"，北嵌"绿龙抱佛"，为琉璃饰件。北大殿三楹，带耳房前出廊。东西耳房天井处各有随墙门可通跨院，跨院内有菜地、平房。大殿明堂有石基座，上置大木龛，龛中供泥塑关公像，左侍关平，右侍周仓，前左有泥塑赤兔马，据说是出自名家的雕塑珍品，而廊前有铸铁青龙偃月刀一把，重八十二斤，为明代遗物，甚为珍贵，可惜于1958年大炼钢铁时被毁为炉渣。西配殿主供鲁班，称"鲁班殿"。鲁班像由圆明园工匠集资敬塑。东配殿则是停灵之所，专门收容客死海淀的异乡人尸骨，说是"暂厝"，择机还乡，谁知道能否魂归故里。彼时寺院也酌其能力进行某种程度的社会公益与慈善事业。

1947 年官方的登记内容很简单，有"主持僧为宝明"之记。新中国成立之初，这里发生了一件大事。山东省政府派人抓走了老爷庙僧人，说此人俗名叫王殿甲，多年前在山东老家有命案在身，隐身老爷庙多年，现在家乡人揭发便被捉去。谁知此人在回籍途中，竟然吞金自尽。这个王殿甲与宝明是否为同一人不得而知，但王殿甲被抓后，这间小庙便被收缴充公。王殿甲用后半生出家修行为善，也没有完成冉阿让式的救赎。后来这里就一直是六郎庄养鸭厂，直至 20 世纪 70 年代。

南界寺庙为"倒座观音堂"，俗称"倒座庙"，位置在海淀南路和苏州街路口处，坐南朝北。原庙面阔三间，二层楼阁式建筑，另有东西配殿各三间，楼阁式建筑和里面木质的千手观音极具历史与艺术价值，且建在路中，是京城少见的当街庙，曾是海淀街景一大特色。可惜 1988 年拓宽马路时，此庙被彻底拆除。今天仍有"倒座庙"这一地名。

北界寺庙为今天硕果仅存的北京大学西南角之"火神庙"。为什么它是唯一？因为黄庄双关帝庙是彻底拆除重建的，里外里的新东西，而现存火神庙建筑则是由它原有的后殿加固、整修、粉饰而来的。它位于海淀西栅栏外，清梵寺之北，是明代古刹。但所谓明代遗迹已无寻。庙内现有两通石碑，一通为清乾隆五十九年（1794）火神庙碑，另一通则实在是刻录漶漫不清无法辨识，有人说是天仙庙那通隆庆石碑，但无法证实。侯仁之先生很确定地表示，天仙庙那通明碑毁于"文革"。但这通石碑的漶漫程度倒是真让人觉得是明朝的，需要专业人士予以考证。

北大学生宿舍43号楼紧挨着火神庙，我们毕业那年着过一次火。有同学说，是不是怠慢了隔壁的火神真君啊？火神庙主供本尊是祝融火神君，他是长期以来被广泛祭祀的火神。《晋书》有记载：帝高阳之子重黎为"夏官祝融"。祝融以火施化，号赤帝，后尊为火神、水火之神、南海神，虽然燧人氏钻木取火，但真正可以管理火、运用火、控制火的真人是祝融。而祝融丰美的形象还在于他是一位音乐家，可以在高山之巅奏起动人心魄的乐曲，融化百姓之心，激发光明美好的生活愿念。故祝融也被尊称为火德真君，其庙正名为"火德炎君庙"。

清朝畅春园开山、建设三山五园，海淀镇逐步成为商业集镇，有商号百余家，而彼时房屋多系木结构，常有火灾之虞，于是人们于镇北建火神庙一座。现有清碑上记载：

祠众善人等芳名开列于左：……天福寺局，全盛

印局，隆元印局，兴福煤厂，内监王玉平，内监马朝凤，丰益仓等，三益号，源顺号，公顺号，太和号，元增店，日升号，广盛局，亿顺局，隆和号，永泰号，东升楼合兴号。

由此可见火神庙系当年合镇绅商集资修建之公产。

火神庙的基本档案比较清晰。1928年北平市政府社会局庙宇档案记载：火神庙东西长8丈5尺，南北长4丈5尺，有房屋17间、勾结搭6间、廊子18间以及戏台1座；庙内法物有佛像6尊、站童8位、小神像27位、挂钟1口、铁磬1口、铁鼎炉1个、供桌3张以及水井1眼；已辟为海淀水会及北平总商会海淀镇分会事务所办公地。其后1936年的档案登记大致如此。令人印象深刻的是这里有一座戏台，说明民国时期这里也是海淀镇的文化娱乐活动场所。

1954年修海淀路时，庙之南部小戏台及房屋被拆毁，仅存北殿三楹殿，硬山式挑大脊，砖雕火焰文，正中嵌有雕砖"国泰民安"及卧碑二通，三间房屋和玺彩绘，坐北朝南。新中国成立后归海淀供销社使用。这便是我们今天看到的由北京大学管理、大明眼镜店使用的火神庙后殿（也称北殿）的情况。历经新中国成立后各种文物破坏运动，它因作为海淀供销社职工宿舍而得以保全。

北京的隐秘角落

可见，海淀镇的四至庙供奉的都是和烟火嘈杂的市井生活息息相关的神祇。关公信仰某种程度上是儒家文化在民间宗教精神秩序上的体现，百姓似乎在关公这里找到了社会存在价值的共同点，"仁义礼智信"教化的具象体现。观音、娘娘是百姓生活切身问题的解决途径，诸如生育、疾病、个体平安等。火神庙比财神庙更为实用，商贾尚可以苦心经营孜孜牟利，但一个没有现代消防体系的烟火聚落，保不齐会火烧连营，那就供上祝融君祈求远离火患，也是一个警醒众人小心火烛的教育场所。

除此，隐藏于镇子里的寺院还有很多，有些甚至是官方记载的名寺。今天苏州街西大河庄园小区里的老槐树就属于《日下旧闻考》所录"白衣观音庵"，明万历年建。北京大学32号楼原址为"天仙庙"，明隆庆年建。"永通寺"位于原太平庄胡同七一棉纺厂，今天海淀中街至海淀东三街之间"巴比伦时尚酒店"的位置，明嘉靖年建。"清梵寺"，紧邻火神庙，大致在今天海淀桥的位置，清朝时供奉雍正、乾隆手书门额。

林林总总大庙小寺，湮没在海淀镇日出日落的生活里，也是海淀镇人民生活方式的一部分，几百年来他们追求过上锦衣玉食的生活，优渥无忧，一如今天的我们。唯一不同的是他们还有宗教建立起的精神生活秩序，而我们已打破这一共识，每个人都追求做更聪明的生活赢家，喜欢琳琅满目的物质，新奇的东西，时时关照与周围人的比较分别。我们的时代是狂放而嘶鸣的时代，是精神信仰无须安放的时代，我们停不下来，我们抛弃一切信仰（除非信仰为我所用），独尊自己，唯信自己，冲着物质文明无限度膨胀的未来狂奔而去。

所有一切如梦幻泡影，随着 2000 年中关村西区破土动工，轰隆隆铲车上阵，像挖一个大西瓜的瓤子，一勺一勺，把整个海淀镇掘地 N 多丈，从根儿上刨了个大地真干净。于我，只是那点儿大学灰溜溜往事，一顺边的黑雨鞋。于那些从胡同里收集到楼房里的人，他们或许唏嘘的还有其他，但唏嘘只是暂时的，毕竟，海淀镇的旧岁月是落后的，而落后是可耻的。我们不反对毁掉一个旧世界，建立一个更现代化的新世界，但我们不要毁掉或者忘记那些承载先人叹息与脚印的历史，那是因为古朴、简单、贫穷和纯净而拉扯出来的一段悠长的历史。

2016 年 8 月 23 日　于万柳

寻找淹没于现代北京城的
皇家古寺

　　"我曾经来过"一语来自一个只活到第十二个年头的女孩，她希望家人在她的墓碑刻上这几个字。一个无奈而短暂的生命对无穷尽的宇宙弱弱地说上一声"我曾经来过"，但这是多么富有存在主义哲理的一句话！是啊，其实作为一个无灾无难的人，有相对长一点儿的人生可以消遣，在太平静好之世、春风得意之时往往容易膨胀，以为一切的满足、惬意便是不会改变的，所以总会说"幸福永远""万代荣华"等妄语。那是因为我们活得短暂并对过去、未来无更多的认知，我们只是误以为眼前的刹那即是恒常。我们生下来在一个地方，或者我们相对长一点的时间生活在一个地方，便以为这个地方原本即是如此，这就是我们的经验。而事实上，一个地方，几十年便有变迁，一两百年便是翻天覆地，更何况千年万年。

　　我居住在一个叫万柳的地方，位于海淀镇的西部，这是个只有十来年历史的名字，据说是万泉庄与六郎庄的合体。万泉庄是个比较古老的村庄，六郎庄则名称多变，曾经叫牛栏庄、柳浪庄云云。但事实上万柳的范围并没有包括六郎庄，它基本是巴沟村与万泉庄的范围（还有一个民国时期自然聚落的小村子——长春桥村，但这个村子乏善可陈）。叫"巴万"或者"万巴"都比较难听，于是借了与这个地区相隔一条四环路和一片高尔夫球场的六郎庄的前称——"柳浪庄"，合成了这么个诗意盎然的名称。万柳的东面即是海淀镇，相隔一条万泉河快速路。当然海淀镇已经是个过去十几年的旧名了，现在它叫"中关村西区"，遍布清一色的玻璃幕墙与钢体结构的写字楼，满街是焦虑的 IT 民工或者心机重重的创业野心家。到了周末，这里便是死气沉沉的鬼城。万柳与中关村西区相隔一条城市快速路——万泉河路，这里是一片居住数十万人的生活区，配套完善，地价高昂，人声鼎沸，车水马龙，道路、社区规划齐整有序。它只是近十年才发展成这个样子的。走在这片漂亮的富有现代感的社区的道路上，我往往会发出这世界如此崭新的感慨。

直到有一天，碰到一位白衣飘飘的女子向我问路："请问圣化寺在哪里？"我这才注意到我走的路，路标上写着"圣化寺路"。我答："据我所知，万柳这个地方没有任何寺庙。"我也不懂为什么一条崭新宽阔的马路要叫

北京的隐秘角落

"圣化寺路"。于是，我去查阅有关"圣化寺"的资料，极少，苍白。没有关于这座寺庙的有趣的故事，譬如著名的僧人、神通的传说，甚至连编造的民间闲话都没什么。但是，在查阅相关资料的过程中，我逐渐对海淀正西部——万柳的地貌与历史人文变迁产生了极大的兴趣。这个地区的两百年历史演变竟是如此剧烈，甚至有某种意义上的沧海桑田般的变迁。

地理学上对海淀西部的描述，离不开一条古老的大河——永定河，离不开一组古老的山脉——太行山最北的余脉西山。北京的西山山脉峰岭连延，跨越今天的房山、门头沟、石景山、昌平等几个区，永定河贯穿其间，将西山截为南北两段。永定河是一条有三百万年河龄的北京城的母亲河，古称灅水，隋代称桑干河，金代称卢沟，继而称无定河，是海河流域七大水系之一。这是一条桀骜不驯的河流。它有两大发源地。一是太行山脉，即今天的山西省宁武县，至朔州即名桑干河（让人遥想丁玲的《太阳照在桑干河上》）。另一发源地是黄土高原，于内蒙古自治区兴和县的东洋河，汇合南洋河、西洋河后称洋河。每年 7 月至 8 月汛期，来自崇山峻岭与古老高原的河流如奔腾的骏马，突然间陷入逼仄陡峭的山谷川隘，难免脾气大变，喜怒无常。河水自燕山峡谷急泄，两岸峭壁林立，落差达 300 多米，最大流量为 5200 立方米/秒左右。浑浊的河水挟带大量泥沙，年含泥量达 3120 万吨。元明两代有浑河、小黄河等别称。由于河水迁徙无常，它亦有"无定河"之俗称，历史上曾留下多条故道。

其中离北京较近的大型故道有三条。第一条古故道是最古老的一条，由衙门口东流，沿八宝山北侧转向东北，经海淀，循清河向东与温榆河相汇。第二条西汉前故道，自衙门口东流，经田村、紫竹院，由德胜门附近入城内诸"海"，转向东南，经正阳门、鲜鱼口、红桥、龙潭湖流出城。第三条三国至辽代故道，自卢沟桥一带，经看丹村、南苑到马驹桥。史载这一故道历时九百余年，一直到清康熙三十七年（1698），进一步疏浚河道，加固岸堤，才改名为永定河。从桀骜不驯的无定河到相对温顺的永定河，康熙大帝无疑是治水大功臣。

历史上的永定河夏季奔腾，大致是从西山的崇山峻岭冲出今天的三家店山口，冲击出北京城的扇形平原，并肆意妄为变换河道。百姓依赖它的滋养灌溉，同时也因它性情不定的改道饱受泛滥之苦。

这一山一河，养育了千百年来燕京大地上的芸芸众生。今海淀区恰恰就位于西山山脉与永定河冲积扇的连接处，可以说它是迎着滋润万物的河水的前沿，见证了永定河在这里的肆意妄为，嬉戏打闹，然后变脸冲向东南，所以这里留下了丰富的潜水层。经年累月，丰富的地下潜流

北京的隐秘角落

在西山的东坡、山下平原汩汩涌出，泉眼星罗棋布，沟渠纵横，形成一片水乡泽国。我所讲述的万柳地区恰在西山东麓，扇形平原的上沿，离今天永定河出山口三家店不过二十余里。

但在距今七千年至五千年前，巴沟地区正处于永定河的河道上（就是前面提到的第一条故道）。当时这条河道从衙门口东流，沿八宝山北侧转向东北，过巴沟地区然后再转向西部，一直延伸到西北的丘陵及山麓。但随后，永定河不断向东南改道，经年累月的淤沙在东北岸堆积抬高地势，恰与原有的故道低地形成坡面。侯仁之先生的分析是，"巴沟低地的形成与海淀台地向北突出之状有不可分离的关系"，而这一切正与永定河冲击出的扇形平原相关，应了水往低处流之谚，形成了海淀自西直门向西北由高走低的地势。那时的海淀西部，正是坑塘遍地，树木无序，水草蛮生。

在辽代以前，人们似乎不知如何打理这些淤塞的坑洼荒地，更愿意到今莲花池及以东的广大地区定居，除了少数散居者，今海淀一带是"蛮荒沼泽"地区，没有成规制的村庄。到了元代，随着郭守敬对西山诸泉水源的开发，部分地区逐渐变得适于定居，这里逐渐形成村庄。著名的有"八沟村"（据说得名于村内曾有八条沟渠），也就是今天的巴沟村。到了明末清初，这里经过八百年开发，良田沟渠整治，成了一片适宜耕作定居的宝地。而明清以后，皇家贵胄更是视京城西北部为风水宝地，皇室苑囿、贵族赐园接踵建设。于是，人民不断聚居，繁衍生息，形成了海淀镇、万泉庄等村镇。

没有想到吧，到了明末清初，海淀西万柳一带，竟是风光旖旎的湖塘水乡。这里相关联的比较大的水系就是长河（玉泉山水系）、万泉河、万泉河的支流巴沟河（这条河的正式名称未见史料记载，但很多文字提及它）以及湖泊"丹稜沜"。今天海淀中关村西区有一条街名为"丹棱街"，即源于此。丹稜沜在康熙的《御制畅春园记》中是被这样描述的：

> 都城西直门外十二里曰"海淀"。淀有南有北，自万泉庄平地涌泉奔流，瀱瀱汇于丹陵沜。沜之大，以百顷沃野平畴，澄波远岫，绮合绣错，盖神皋之胜区也。

但从今人的理解，丹稜沜并非一个完整的大湖，而是一片较大的水域以及周边数不清的坑塘洼地，加之万泉河水系周边泉眼密布，形成数量庞大的支流小溪，可以想象，这是一幅沟壑纵横水渠密布的画卷。侯仁之先生认为玉泉山水系是在过去八百年间人力改造自然的一大杰作。这一

北京的隐秘角落

漫长改造过程造就了北京市的供水体系，如果没有它，北京城内的各个水景湖泊，当然包括后海、北海、中南海"三海"，就是干涸的。它通过长河从巴沟村西部南下，巴沟村作为它的东岸低地，也是通过水闸调蓄用水，灌溉田地。

另一条从巴沟低地东部自南向北的水系就是以泉水发源的万泉河水系了。这一水系汇聚丹稜沜，也弥漫于巴沟低地的沟沟叉叉，是这片湿地的来源。侯仁之先生考证称：

> 万泉庄水系导源于万泉庄西南巴沟低地上游。万泉庄在海淀镇南一公里半，正当海淀台地的最高处的西坡，地势陡然下降。就庄之西口俯瞰巴沟低地，田塍棋布，溪流纵横，较之海淀北口所见，更近乎江南景色。

这是 20 世纪 50 年代初的景象。《日下旧闻考》针对万泉河起源曾有大篇幅的勘正。因为过去的记载是南海淀之水也就是丹稜沜水来自北部，玉泉山水系青龙桥河（请注意，"青龙桥"这个地名现存）东南流入，进巴沟，汇丹稜。但乾隆年间对此地理进行考察，认定为讹传，乾隆帝特此在《御制万泉庄记》里给予明确更正：

> 盖丹稜沜本明戚清华园之迹，今畅春园其故址

也。园之前有水一溪，俗所称菱角泡子者，疑即其
地。其水实由南而北……盖高梁之水自由玉泉发脉，
汇为昆明湖，流为长河，以经高梁而为通惠河，其详
悉已具于向作之麦庄桥记，与此无涉也。今巴沟桥之
名尚存，而桥之南实有大沙泉、小沙泉在焉，其平地
淙淙出乳穴者，不可胜数，与二书所载东雊西勾水入
地中者颇合。独水尽向北流，从无涓滴向南者，此为
异耳。夫水性就下，人所易知。万泉庄高于巴沟，巴
沟又高于丹稜沜，则水之北流而不南流，不待烛照数
计矣，而犹有此讹焉。

乾隆在这里主要是对明朝朱彝尊及孙承泽的观点提出质
疑，认为这两位并没有亲自考察海淀湖泊。也就是说，乾
隆时期的水文考察者考察的结果是海淀一带的沼泽湖泊经
过万泉河的运送，其主要水源来自万泉庄的诸泉水流。而
高梁桥水是玉泉山发脉，经长河而下。

我综合各种文献记载后得知，万泉河的发源地在泉宗
庙一带，属于万泉庄西部一带（疑似民国时期的长春桥
村），也就是今天万柳南部——北京市公安局海淀分局、
海淀区政府、北大万柳公寓、中关村三小以及一个叫
"康桥水郡"的楼盘。这里的马路命名为"泉宗路"，倒
是遵从古意。乾隆在《御制泉宗庙记》言："兹万泉之地

实近长河之东堤，其伏流隐脉至此而一蓄一现，于是乎泛滥演漾溉町塍而资挹注。"由此可知，这一股股从地下涌出的泉水，依从水性，由高往低，向着巴沟低地，汇成万泉河水，向着更低的丹棱沜流去。

这条可爱的地区性的小河有两条主支流：一条叫东沟，也叫嵝峋河（好奇怪的名字）；另一条叫西沟，从巴沟往北经六郎庄进入西花园再汇入万泉河。万泉河继续向北汇入一条叫萧家河（肖家河村这个地名今天尚存，缘于萧家河，虽然村庄因为北大占地业已拆迁）的河流，这条河流也是来源于玉泉山水系以及从香山下来的水流，自西向东，流向清河。今天万泉河早已不见踪影。在它的一段故道上修了一段明渠，大概南起海淀妇产医院，北至北大畅春园宿舍，西再拐往蔚秀园、北大北墙、清华园，然后大约就变成暗沟了。名字还叫万泉河，但基本上是个排污渠和雨水沟了，经常干涸，即使有一点很不洁净的死水大约也没不过膝盖。1991 年 9 月 24 日年仅二十四岁的年轻诗人戈麦身上绑着石块自沉于万泉河，很是可惜。多年来我一直对这么浅的水沟亦能淹死人很是不解。戈麦还是败给了危险的青年期，如果他对历史演变有些许兴趣，说不定会敬重自己的生命。

无论是玉泉山水系而发展的长河还是万泉河水系，它们在明清时期都已被兴修水利之举整理成体系，体现了海淀西部万泉庄巴沟一带几百年人力疏浚的成果：将过去淤塞不畅的低洼地带，经过沟渠整理、疏导，形成河流，进而开发田塍，以水面养殖鱼虾、广种莲藕，以良田种植水稻，形成著名的京西稻产区。在 2000 年以前，万柳尚未开发之时，万泉庄巴沟一带还有很多鱼塘洼地。今天，如果你开车在稻香园路口违章，你去交通队查看违章记录，那里的摄像文字记录依旧是"渔场口"违章云云。

一片低洼沼泽排水不畅的土地，自元朝郭守敬治理水利以来八百余年，人类不遗余力地开发改造。明清之后，这里因为变得适合居住而不断有民众迁移，形成村庄，形成海淀镇。皇家贵族也看中了这里山水相映的美丽景色，皇家圈地造园，"三山五园"在乾隆中期竣完竣，亲王大臣们也是分得敕园，大兴土木，将园林技艺发扬光大。以侯仁之先生的观点，丹棱沜应该是后来（至少是明朝之后）文人典雅的杜撰，这里最先的名称应该就是"海淀"。"淀"是华北一带对浅湖的通称，"海淀"的意思就是大如海的浅湖。但后来经过劳动人民的不断开发经营，湖水的面积越来越小，而人口的聚落越来越多。明代蒋一葵的《长安客话》有云：

　　水所聚曰淀。高梁桥西北十里，平地有泉，潨洒四出，淙汩草木之间，潴为小溪，凡数十处。北为北

北京的隐秘角落

> 海淀，南为南海淀。远树参差，高下攒簇，间以水
> 田，町塍相接，盖神皋之佳丽，郊居之选胜也。

这段生动美好的描述就是四百年前海淀的景色。明朝之后，皇室看好这里的好山好水，至乾隆年间形成著名的"三山五园"之园林盛景。如今说起西郊的三山五园依旧人尽皆知，也是近些年房地产开发商宣传的一大卖点。

但还有一个所谓"小三山五园"就鲜为人知了。这小三山五园即是高梁河乐善园、玉渊潭钓鱼台、长河紫竹禅林、圣化寺、泉宗庙。万柳地区就包括了圣化寺与泉宗庙。大五园均系清代统治阶级游幸、驻跸、听政之处，主要建筑为内寝外朝之格局。小五园一般为清代皇室临时游幸憩息之所，园址大都在长河西岸，濒临水系。

千回百转，我们再次回到这个史料有限、踪迹全无的圣化寺。根据记载最多的《日下旧闻考》，它应该是一间清皇室寺院，附有周围的大片水稻良田，曾经优雅地在巴沟土地上存在了将近两百年，始于康熙，盛于乾隆，而涂炭于咸丰时期的英法联军。

在今天，圣化寺的所在地——万柳已是楼群密集，再无旷野。它迷失于岁月长河，也仅仅是北京城遗失掉的千百个寺院中的一个而已。它从来就不是民间寺院，由皇家出资打造，"样式雷"制图纸模型，曹寅主持修建，造园

水准相当高，是一间兼具精巧的园林设计与巧妙的寺宇搭配的完美和谐的建筑杰作。但这一切，仅历经两百多年，竟然灰飞烟灭到踪迹难寻，这便是时间的力量！仅仅就其确切位置，查遍今人的资料记载也是五花八门，甚至有说在"万泉庄堤南"。

我仔细观察侯仁之先生在 1951 年发表的《北京海淀附近的地形、水道与聚落》一文使用过的一张手绘地图，发现上面明确标注了泉宗庙的位置，就在我前面提到的今天万柳南部、长春桥东北侧。乾隆诗云"泉宗圣化寺，相去不三里"，倘若以此推测，圣化寺在巴沟村的位置也就是今天的万柳中部至巴沟村一带，应该是从今天的北起巴沟路地铁 10 号线，南至万泉庄路，也就是衔接碧水云天小区的地界，再往南，应该属于万泉庄地界了，万柳中部正是今天的万城华府尚园、圣化寺路以及新建的中关村三小的位置。恰恰与侯仁之先生所标注的在三里地左右吻合。

海淀文物管理所的焦雄先生在巴沟村未拆迁之前亲自访问故老，这样记述道：

　　据向巴沟村中故老访问，只说"在村中和村西南一带地方，有一座古花园遗址，这座花园全盛时期，它规模很大"。根据以上口碑，大致圣化寺、虚

> 静斋、德真斋、襟岚书屋等景观园址，均在巴沟村中和村西南一带地方。20世纪50年代末60年代初在巴沟村西、村西南仍存多条土山，其山脉走向有的呈南北向，在村南有山脉呈东西向，在山麓下，可以看出有的河池被垦为稻田遗迹。据推断，土山、稻田即昔日圣化寺挖池、推土、布局理水的遗迹。

根据《日下旧闻考》的说法，"出小西厂之南门二里许，为圣化寺北门"，如果推定小西厂即是畅春园西侧之西花园的附属部分（养马场），则二里许正是落在巴沟村一带。这样我们可以推测，圣化寺的大致范围恰恰在今天的万柳万城华府内，即东起圣化寺路西至万柳西路，北起巴沟路南至万泉庄路这个范围。所以，今人将一条北至巴沟路南至万泉庄路、穿过万城华府几个园区的马路命名为"圣化寺路"真是精准得不得了。

圣化寺修建于康熙年间，具体哪年开始哪年完竣都不清楚。现在看来，应该是康熙修葺畅春园之后，又向西建造了西花园，再向南两里地的样子营建了圣化寺。圣化寺附近有明代遗庵——延寿庵，也顺手修理了一番。（《五城寺院册》）总之，圣化寺不仅仅是敕建，根本就是皇家专属的花园式寺院。

根据"样式雷"图纸描述，圣化寺景区主要分为三个部分：一为寺庙区；二为虚静斋和九溪十八滩水景区；三为园林区。根据"样式雷"出具的圣化寺平面图的描述，是这样一番景象：

> 寺庙区建山门三楹，卷棚歇山顶，中为圆形拱卷门，两旁为椭圆形汉白玉雕窗墉。东西两侧各开小门一间，庙门两边摆置雕刻精美汉白玉石座狮一对。庙中路为三进殿堂，一层为硬山式歇山顶三间；二层为硬山式歇山顶五间；三层为硬山式歇山顶五间。后殿辟一小院落，庙北墙开垂花式后门一大间，二、三层东西各建配殿三间。后院建单檐四角方亭一座，院中散置山石，叠置错落有致，各具奇姿。庙东路建三层殿堂，为歇山顶各三间；中路殿堂顶铺砌黄色琉璃瓦，绿色琉璃瓦剪边，在阳光的辉映下，显得更加金碧辉煌，东西殿堂顶均为灰色筒瓦顶。庙中松柏四季常青，茂盛而繁密。

到了乾隆时期，《日下旧闻考》则是这样记载圣化寺：

> 出小西厂之南门二里许，为圣化寺北门，内西为河渠，东为稻田，前临大河。山门三楹，对河，为高台，大殿五楹。二门内三皇殿五楹，西角门内为观音

阁，东角门龙王殿三楹，后星君殿三楹。山门外左右建桥，由东闸桥度河，迤西为北所，宫门三楹，正殿五楹，西院正殿三楹。左为虚静斋，临河为欣稼亭。自北所东桥转西重檐宫门，内正殿三楹，为含淳堂。殿后重檐佛楼一楹，其右临池正宇五楹，佛楼后正宇六楹，为得真斋。其西为带岩亭，东为幂翠轩。轩东为仙楹。佛楼东宇为湛凝斋，左为敷嘉室。仙楹之东为襟岚书屋，稍南循廊而西为瞩岩楼，又南敞宇曰泉石且娱乐心。寺北门有行殿二所，东距行殿二里许为东门，门内为永宁观。

从上述描述可知，圣化寺被大河（很可能指西沟）一分为二，北区有河渠（大概是水景）有稻田。而从《日下旧闻考》对庙宇名称的描述来看更像个道观，除了西角门内的观音阁，这有可能与康熙时期同时重修的明朝遗留的延寿庵相关，也或许，就是出于降龙王治水之考虑，笃信佛教的康熙帝将庙宇作为一种管理事务的工具。即便如此，康熙帝还是亲自题写大殿额"香界联云"和观音阁额"海潮月印"这些极富佛教色彩的名称。但是到了乾隆年间，这里不知怎么变成了真的佛寺，而且是黄教喇嘛寺。寺内有额、联为证。乾隆题额："能仁妙觉"。题对联曰："三藏密微超色相，十分安稳得津梁"。并有诗云："梵宇百年多古树，黄衣列候喇嘛僧。"

乾隆皇帝非常喜欢圣化寺，他多次从畅春园方向，从泉宗庙方向，或舟行或轿行，来到圣化寺休憩玩赏，留下了众多诗篇。我非常喜欢乾隆八年（1743）皇帝从西花园泛舟来到圣化寺作的一首诗：

> 万泉十里水云乡，兰若闲寻趁晓凉。
> 两岸绿杨蝉唧唧，轻舟满领稻风香。
> 远山螺黛暎澄潭，润逼溪村绿意含。
> 谁向萧梁庾开府，帧头买得小江南。
> 淰淰轻寒上葛裳，物情人意酿秋光。
> 芰荷惆怅西风里，作意临波艳晚妆。
> 苾蒭一滴觅曹溪，觅得曹溪也是迷。
> 何似无心间逐景，好山迎我作诗题。
> 连朝甘雨活雕枯，水畛山畦翠更腴。
> 犹见西峰云气润，阿香重展米家图。

每每读乾隆这类东拉西扯的诗作我都不觉莞尔，也会联想到乾隆壮年之时身边的汉臣首揆——军机大臣兼文华殿大学士于敏中。这位博闻强记的金坛状元真是了不得，他时常伴驾左右，乾隆不少即兴诗文都是他陪驾时默记于心，再回去誊写出来的。乾隆收到于敏中所记之言，欣赏之余不觉拍案惊奇，由此对其更加倚重。可是，这位大才子大状元难免有文饰之嫌，当然，乾隆或许看着有更好的诗句也就笑纳不言了。

关于圣化寺，乾隆题诗杂咏非常多，几乎所有有些名堂的楼台亭阁都吟诗对句。喜爱之余，更不忘对圣化寺周边进行改造。甲申岁（乾隆二十九年，即 1764 年）开展了疏通万泉淤塞的大工程，更使圣化寺一带水渠畅通，花草繁盛。

从清室官方的记录看，有关圣化寺的记载持续了一百年左右，乾隆时期记载最多。《日下旧闻考》中更多的是乾隆游历畅春园、泉宗寺等，在京城西郊行走时过此休憩游玩的记录，甚至在《清实录·乾隆朝实录》卷五十九里记载了准噶尔来使"至圆明园宫门跪伏，理藩院阅受表文，并贡物，翻译呈览，引来使至吏部朝房列坐。赐食毕。馆之于圣化寺"，也就是这里暂时接待过远藩留宿。虽然从记录上看是一家黄庙佛寺，但具体有无僧人住持修行就不得而知了。

到了嘉庆以后，再也没有清帝巡幸圣化寺的记录了。是不是它逐渐从皇家疏离，交由僧人打理？因为据传后来圣化寺也俗称喇嘛庙，是不是真的由黄教住持还是待考的疑问。但无一例外，1860 年，圣化寺连同畅春园、圆明园等一并毁于英法联军的战火。再之后，清朝国力江河日下步入衰微，畅春园等康熙朝的首要皇家苑囿都无力重修，更别提这些附属的园林寺宇了。我猜想，如果没有朝廷出资维护，仅仅靠僧人维持也只能是苟延而已，更何况接下来的几十年战乱纷纷，庙宇倾颓，花园园林当然荒芜杂乱，而有些用途的实木瓦块肯定也是各方搬挖偷拿。焦雄先生访问的巴沟村故老，就是生于民国，他们回忆那时的圣化寺说，也就剩下些土梁子而已。

一座漂亮的园林寺院大约亭亭玉立过百年，然后化归于巴沟的泥土大地，像无声消隐的一场梦，在无数个昼夜轮转间，来过一次，又终归于无。

走过万柳地区的各条道路——万柳中路、万柳西路、巴沟路、万泉庄路、泉宗路，春来秋往，四季转换。这里已经是一片繁荣富裕的住宅区，作为消失的海淀镇的居住地补充，海淀镇的大部分地块已转换成写字楼林立的现代化商业区，而万柳退居其西，作为人们生活居住的配套地区发挥功能。这里大概居住着十万人以上，有现代化的购物中心——华联商厦，有配套的医院、学校，更有沿河而建的绿地公园——巴沟山水园，似乎希望恢复一丁点往昔记忆。是的，在这个山水园里有京西稻田，禾苗如同数百年来那样接受着大河水的滋养，根苗亦粗壮，似乎在这袖珍的人为造景中追忆些许早年风光。

北京的隐秘角落

岁月流转如温柔之刀，一代人能看到的当下只是一代人的当下。寺庙、河流、泉水、农人，皆被今天现代化的住宅及现代化的生活方式所替代，但这也不足惊奇，因为今天的一切也将走向历史，沧海桑田轮回转替即是恒常之道。

2015 年 10 月 7 日　于万柳

北京人心心念的大隆福寺庙会，
永远回不来了

在 2016 年即将结束的时候听到一则官方新闻，说是原来的京城传统商业区隆福寺地区，将于 2017 年 6 月隆重推出它的地标建筑——隆福大厦，隆福广场、长虹影院等工程继续推进。整个隆福寺地区预计将用两三年时间完成全面提升改造，隆福寺地区将从以往的传统商业彻底"脱胎换骨"，主打文化、创意体验式商业展示，传统风貌和建筑肌理将得到保持、恢复。

听完这则新闻，我笑了，不禁脱口而出："又来了！"要"脱胎换骨"，还要保持、恢复"传统风貌"，哪一样可以做好呢？随即对隆福寺的敬畏感油然而生：这座曾经闻名京城的最大的庙会所在地——隆福寺商圈，又要浴火重生了？记不清它重生了几次。但愿这次成了真真的金身不坏火凤凰！只是，事随境迁，在一个互联网商业席卷传统商业的时代，要以怎样的整容术救赎传统集市，保住传统风貌？要以怎样的妙手回春调理好曾经的风水元气？往昔老北京隆福寺那熙攘的庙市景象不可能重现了，但未来要主打的文化牌——文创商业、艺术文化聚集的综合商务区，给人的感受还是过于抽象，过于沦为"大山子798"的想象，只能拭目以待。

事实上，隆福寺失去了最后一次复建的机会。历经五百五十多年风霜雨雪的大隆福寺彻底梦断，再也回不来了。因为前文提到的"隆福大厦"占据的正是隆福寺原址，开发公司没有按照2012年的预想完整拆除之而重新建寺，只是重新包装该大厦，重出江湖。总有些人是不信邪的，总有些人不相信真会有什么古寺魅影、阴魂不散，倒是让我们这一代人去见证一段新的隆福历史。

传统的隆福寺商业是典型的老北京时代的平民市场，热闹、嘈杂、人头攒动、叫卖吆喝，不整洁不卫生不美观，是从早先的"庙市"转化而来的市民市场。而说到集市商业，必然要了解老北京的人口规模。清末民初，北京的人口达到何种规模，清朝没有官方统计，只有几位西方学者做过估测。我一直困惑他们的依据为何。但以西人的科学精神，并非离谱。其中法国地理学家夏之时估测在六十万至八十万，这个数字最接近民国初期的统计数字。据1916年的官方统计，当时北京的人口为801136人，这只是内外城的人口，大致相当于今天的三环以内，如果加上郊区二十万左右的人口，民国初期北京人口已经达到一百万。

一百万人口的城市在一百年前的中国堪称大型城市，但整体延续的生活方式依旧是明清以来的传统模式。商业以小型店铺、专业经营为主，综合类各色百货大卖场就是庙会、集市。

庙会起源于信众聚集寺庙进香，唐朝既已兴起，称为"庙市"，起初以宗教活动为主，也是寺院招揽信众扩大信众规模的方式。人们聚集在一起，在寺院的引领下，开展一系列法事活动，如进献供品、演奏梵呗、举行仪式等，这便是庙会的雏形。因为信众的聚集，小商贩便聚拢过来摆摊赚钱，渐渐地，但凡庙里有宗教活动，庙外商贩就过来经营，形成了"会"。久而久之，"庙会"演变成商业集市及庆祝活动和娱乐活动的场所，春节期间为甚。

老北京有五大庙会，其起源于清朝康熙年间，延续到民国甚至到 20 世纪 60 年代。五大寺庙分别是护国寺、白塔寺、土地庙、花市火神庙、隆福寺。只是越到后期，寺庙衰败，宗教色彩日趋淡化，而商业交易成为主流。

今天，上述五个地点，除了白塔寺还有原妙应寺白塔巍峨矗立，花市火神庙尚遗留少许殿堂，其他寺院的建筑已不复存在。

北京的隐秘角落

护国寺原名崇国北寺，也就是与"东庙"隆福寺对应的"西庙"，两者有一定相似度。今天护国寺之寺院了无踪迹，但依然是比较繁华热闹且以小吃见长的商业街。过去护国寺庙会亦颇具规模，据富察敦崇《燕京岁时记》记载，护国寺庙会上"凡珠玉、绫罗、衣服、饮食、古玩、字画、花鸟、虫鱼以及寻常日用之物，星卜、杂技之流，无所不有"。不仅内容繁多，且有颇上档次的东西，常常吸引城内有钱人家前来挑选。

白塔寺，又被称为妙应寺，位于阜成门内大街北侧，元朝忽必烈在辽代舍利塔遗址建"大圣寿万安寺"，并在寺中心建一座白塔（现存）。明朝重建，改名为妙应寺。白塔寺庙会和护国寺庙会离得非常近，所售商品有同质性，但其有特色的是碗和花草。白塔寺庙会一直延续到1960年。

土地庙，位于宣武门外下斜街，如今在宣武医院范围内。当年土地庙庙会的规模很大，每月逢三开市，农副产品、百货、饮食等琳琅满目，以售卖鸡毛掸子出名。

花市火神庙，位于北京市东城区西花市大街113号，是一个大型的人造花专业市场。火神庙，大号"敕建火德真君庙"，现为文物保护单位。此庙始建于明代，因集市以售卖假花、头饰等闻名，故称"花市"，以闺阁女子为消费对象。据清人震钧所著《天咫偶闻》中载，花市

"每逢四有市，其北四条胡同，则皆闺阁装饰所需"。民国后这个市场衰落了。

这五大庙会最富传奇色彩的当属隆福寺庙会，因为地处东城东四牌楼之西，距离外埠进京货运的集散地朝阳门很近，有些货品可直接运来销售。它在城市中心位置，离皇城最近，权贵聚居，繁华自不必说，历来都是与"西庙"护国寺齐名甚至更为出彩，民俗史学者历来将隆福寺庙会列为京城五大庙会之首（"诸市之冠"）。清嘉庆二十二年（1817）得硕亭所著《京都竹枝词》（又名《草珠一串》）载："东西两庙货真全，一日能销百万钱。多少贵人闲至此，衣香犹带御炉烟。"这样的销售额，是那个时代京城繁荣商业的缩影。

庙大，信众聚集，香火旺。首先，隆福寺作为佛教寺院就非比寻常，它始建于明景泰三年（1452），次年落成。景泰皇帝原本要到寺院看看，身边有人上疏说是"不可事夷狄之鬼"，"不可临非圣之地"，因为此寺院的特别之处是番（喇嘛）、禅（和尚）同住，景泰皇帝就没有驾临。后来发生了一起西域来的回人到寺里伤人的事件，衙府捉了回人问讯。回人说："轮藏殿里有三四个雕像是缠头的，眉棱鼻梁是我国人，讨厌被僧人讥诮，所以杀他们。"从这个事件可知，此寺在明朝时便不是汉制寺院。

　　该寺到清雍正元年（1723）重修，在清朝称"大隆福寺"，雍正御制隆福寺碑文，乾隆御书二匾额，名"法镜心宗""常乐我净"。这时它已成为纯粹的喇嘛寺，也是朝廷的香火院。寺院三世佛、三大士分别在大殿第二层和第三层。第四层，则左殿藏经，右殿转轮，中经毗卢殿，至第五层，乃大法堂。毗卢殿穹窿上的藻井精美绝伦，用色艳丽大胆，描绘的是天龙八部及华藏界，顶部蟠龙呼之欲出，艺术造诣和价值令人叹为观止。万幸的是这幅藻井拜唐山地震之赐，在1976年大殿成为危房之时，被有识之士拆下来运走，一堆散件放在黄寺喇嘛庙厕所边十五年，直到1991年在先农坛太岁殿里将散件修复，成为古代建筑博物馆的镇馆之宝，是国家一级保护文物。这幅藻井是隆福寺唯一的存世遗产。

　　因为地处京华繁荣的城市中心，庙里的香火十分兴旺。每旬九、十有庙会，游人如鲫，附近王府居住的人、东交民巷一带的外国人、普通市民和近郊农民都来赶庙会，摊贩为多赚钱，九、十两天之后依旧舍不得撤摊，继续营业一两天。这样隆福寺庙会就由每旬两天变为九、十和下一旬的一、二，共四天，而一个月三旬便有十二天有庙会。这是张中行先生1936年在《北平的庙会》里记录的。有些记载说是每月初一、初二和初九、初十开市，这是错误的，不是每月四天，而是每旬四天。

《日下旧闻考》引用《大清一统志》，记载着"每月之九、十有庙市，百货骈阗，为庙市之冠"。清人富察敦崇所著《燕京岁时记》云：

> 九、十开东庙，开庙之日，百货云集，凡珠玉、绫罗、衣服、饮食、古玩、字画、花鸟、虫鱼以及寻常日用之物，星卜、杂技之流，无所不有。乃都城内一大市会也。

可见清朝隆福寺庙会还真是每月初九、初十开，到民国后才开庙更频繁。

隆福寺庙会上不仅日用百货齐全，也不乏珠宝玉器、文玩古董，证明北京城"东富西贵"的说法不虚，有破落户出售家里老底儿，自有实力买家接单。

隆福寺离明清两朝的贡院（今建国门）不远，全国赶考举子愿意住在附近，文人书墨香，这里便自然形成几十家书肆，珍本、孤本也不稀奇，市井烟火与翰墨文存相映成趣。民国时期，位于沙滩的北京大学与此地更是近在咫尺，胡适就对大学生们说，没事去隆福寺走走，那里的书肆老板可并不一定比大学生知道的少呢。

隆福寺庙会另一大特色就是小吃，这也是后来主要的传承。小吃品种繁多，想吃什么都能找到。到底都有些啥美食呢？文字的记述不免苍白，我们可以听听相声女艺人荷花女（吉文贞）1942 年演唱的《饽饽阵》唱片，仿佛置身那热气腾腾的街档食肆，炉火正旺，白气弥漫，约上好友围炉而站，饱享口福。录这段太平歌词时吉文贞只有十六岁，京津腔调的大贯口炒豆子一般，干脆利落，音色成熟大方。两年后她在十八岁的妙龄之季香消玉殒，留下这份资料，包罗了京津乃至华北地区面食点心：烧麦、肉饼、锅盔、发面火烧、吊炉烧饼、荞面饼、核桃酥、到口酥、薄松饼、厚松饼、鸡油饼、枣花儿、耷拉饼、油糕、芙蓉糕、槽子糕、沙琪玛、黄杠子饽饽、麻花、茶汤面、螺丝转、豆花糕、豌豆黄、煎饼裹大葱、江米条、糖耳朵、蜜麻花、烫面饺儿、奶卷儿、鸡蛋卷儿、薄脆，等等。

北方人称这些面食为"饽饽"，今天这个词生僻了，但它的市民气息与繁复多样的民间巧作令人着迷。

隆福寺小吃摊上卖的还有北京特有小吃，如灌肠、扒糕、凉粉、油面茶、卷果、艾窝窝、芸豆卷、奶油炸糕、糖火烧、姜汁排叉、驴打滚、豌豆黄、象鼻子糕、馓子麻花、麻团、焦圈、门钉肉饼、杂碎汤、卤煮、爆肚、炒疙瘩、炒肝、豆汁等各种，在今天的京城依旧盛行。据说当年有一种"喇嘛豆汁"非常出名。喇嘛是指隆福寺本庙的郁德拉喇嘛，据说他的豆汁漂得干净，发酵得正好，所配卖的焦圈、芝麻酱烧饼香酥焦脆，小咸菜干干净净，拿玻璃罩罩着，卫生又好吃，搭上是喇嘛亲做便有佛沐福泽，在庙会上总是大受欢迎。不过，我推测"郗德拉"不是喇嘛尊号。一是这不太符合僧人法号制式，且喇嘛也不会保留俗家"郗"姓。二是难保有人吃喝：吃完干的来点儿"稀的啦"。所以"郗德拉"是不是"稀的啦"讹传而来？此名今后如果作为豆汁品牌倒是蛮有味道。

清末民初隆福寺已年久失修，大殿颓败，破烂的寺庙房屋多数放出去收租，以养活出家人。今天隆福寺商业再复萧条，近二十年来靠隆福寺小吃店勉力支撑，但小吃盛景已移步至"西庙"护国寺，北京人馋小吃了，还是去护国寺"锦芳"这等老店，那里不分钟点总是人头攒动找不到座位。

隆福寺今天很萧条了，这源于1993年的隆福寺大火。历史上给隆福寺打击最大的就是火灾，古代因避讳管失火叫"走水"，隆福寺"走水"就很伤元气。有记录的第一次"走水"是在光绪二十七年（1901），坊间传言是因庙内喇嘛用火不慎，一把火烧去了隆福寺的钟鼓楼、塔院和韦驮殿。本来殿宇已经破旧年久失修，大清国早没了还把它当香火院的心气，民间也无大施主肯施财重建，僧人们为了维持便将地皮按块租给摊商，收取地皮费，名为香火钱。由于西大殿相对完整，那些小

北京的隐秘角落

吃摊便集中在西大殿，一些卖汤汤水水的，如茶汤、油炒面、豆汁、杏仁茶等流食，还会摆个座位，桌上铺着桌布，挂着招牌白布帘，透着干净。好多老北京不为买东西，嘴馋了，就过来殿里吃点喝点，坐下来看着人来人往，你呼我叫，热闹，过瘾。

1949 年后，佛教寺院被停止宗教活动，僧人还俗，"庙会"的说法就不成立了。但这一带依然是商业中心，僧人被赶走，大殿成了储物仓库，空地上搭起四个售货大棚，除原有摊商，还从德胜门小市、东单市场招商千余户，被称作"东四人民市场"。

1956 年实行公私合营，东四人民市场成为国营商场。经过了 1964 年、1972 年和 1975 年三次翻建，建成四层楼的综合性商场。商场职工一千六百余人，建筑面积四千多平方米，成为当时京城有名的四大商场之一。商场的基址就是隆福寺建筑群，逐建逐拆。

20 世纪 70 年代末到 80 年代，这里又迎来了十年左右的繁华。改革开放伊始，个体经营的小店小摊鳞次栉比，街道拥挤，人潮涌动，休闲购物吃小吃，周末尤其热闹。个体户们去南方倒腾款式时尚的服装，挂满街道两旁。因为服装款式时髦新颖，在当时古旧沉闷的北京城是一道亮丽的风景线，年轻的女孩子穿上倒儿爷们从南方趸来的花裙子，飘飘忽忽，伴着银铃笑语。

　　1988 年，政府决定拆除隆福寺残余庙堂，扩建改造原有商业大楼，升级业态，建一座高级的商业大厦——隆福大厦。这栋在隆福寺庙堂原址上建造的商业大厦建筑面积接近三万平方米，由新八层大楼、旧四层楼宇及一些贯通建筑组成，当时的年销售额高达五亿元。而有五百五十多年历史的明清大寺隆福寺，便寿终正寝彻底消失了。

　　隆福寺的商业命运就是从寺庙被彻底拆除后发生转折的。时隔几年，到了 1993 年 8 月 22 日夜里 10 点多，隆福大厦发生了一场大火灾，大火整整烧了八个小时，直接经济损失达二千一百万元。老楼四层被烧掉三层，救火的消防员有一些受了伤，幸亏没有造成人员死亡。那天发现大火的不是大厦的安保护店人员，而是从三楼舞厅提前离场的一对青年男女。下楼时他们发现透过铁皮门闸已经是火光乍起，这俩年轻人赶紧找到正在门房分奖金的护店员，复又跑回舞厅，唤出仍在热舞的近百名年轻人赶紧逃生，否则还不知道灾难几何。

　　这次大火在北京坊间还是议论纷纷，被称为"灵异大火"，甚至被列为京城不解之谜：大火焚烧了整个大厦，吞噬财产数千万，但没有索人一条性命。便有议论说，界壁儿（北京土话，意为隔壁）是五百多年的大庙，佛祖也不忍心烧老街坊啊。而东四一带胡同街巷人员居住之密匝，消防车很难进入，火烧连营轻而易举，但大火并未去侵扰，只是专心致志火烧隆福大厦一家，烧啊烧，烧完八个小时，隔壁邻里毫发无损。坊间百姓便有关于寺庙神灵意志的各种揣测。

老北京有俗谚说："大火不烧旺地。"而隆福寺作为北京城传统旺地，风水宝地，实在是经不住这一火劫。1998 年政府启动重建，多少有些嘀咕心生敬畏，于是在神路街隆福大厦入口处架设了传统牌坊，在大厦门口左右各请石狮子一尊守护。最惊人的是，建设者在新楼九层楼顶，仿古建法式营建了四座古大殿和四座古角楼，部分再现了古寺面貌，只不过这是商业与观光的结合，没有寺院的实质内容。这副模样很怪异，谁见过把庙堂顶在现代化商业大楼脑袋上的？早知如此，又何必拆掉真大殿呢？仿佛冥冥中建设者也感觉得罪了神明，略做补救以期转势。但是，商业大厦装饰假庙堂，终究挽不回隆福寺失去的元气。复建的隆福大厦的硬件档次在当时的京城属于一流，有当时罕见的高层滚梯，装修豪华气派。我去过此大厦，但总感觉高、空、大，空荡荡的。

2001 年隆福大厦闭门谢客，此后又改造成类似秀水街的服装市场，批发纺织品。2003 年又变身为隆福大厦数码广场，但只一年，2004 年 6 月便再次关门停业，一直到今天。而且，周边街市的门脸商铺都被牵连，生意惨淡萧条，渐渐地，人气四散再难聚。大火之后，不管谁来经营谁来投资，都是铩羽而归不见起色，这十多年空留一对把门石狮，默默地注视着车辆往来而鲜有行人驻足徜徉的东四西大街。昔日辉煌的隆福寺封存在了过去的岁月里，只剩下一些生意寡淡的街边小店，还有一个占地露天早市，清晨热闹一阵，丢弃一地垃圾便四散而去。吃东西的地方就剩下白魁老号及小吃店，还有一家颇有名气的"丰年灌肠"，算是给这凄冷的街市抹一点儿亮色，其他的就不值一提了，隆福寺的败落成了老北京人心中的痛。

在 2016 年年底，让我们期待在新的一年，隆福大厦重现昔日繁华。其实在我看来，每一段岁月应该有专属于每一段岁月的美好与光彩，不是但凡古老的、放任的破旧都能被标签上光鲜的神圣，那无疑是一种脱离现实的臆想，古老岁月里也有那么多的贫瘠苦痛，庙市也是乞丐成群。如果传承的是令市民愉悦、舒服的热闹氛围与气息，自然而轻松，便是真正传承了传统。在一个平凡而嘈杂的市场中，找到随便安放身心的惬意，在风中站立于街角吃着炸灌肠，嚼着焦圈配豆汁，耳边掠过京腔京韵的大呼小叫，百姓的市场应该如此自由自在。

但是，萦绕于我心中的碎碎念还是那个：大隆福寺，永远回不来了。

2016 年 12 月 23 日　于万柳

参考文献

一 古籍类

1. 《明实录》，台湾"中央研究院"历史语言研究所 1962 年影印本，上海：上海书店，1982 年。

2. 《清实录》，北京：中华书局，1985 年影印本。

3. （清）张廷玉等：《明史》，北京：中华书局，1974 年。

4. （明）刘定之：《否泰录　北使录　正统临戎录　北征事迹　正统北狩事迹》，长沙：商务印书馆，民国 27 年（1937）。

5. （清）计六奇：《明季北略》，北京：中华书局，1984 年。

6. 四库全书存目丛书编纂委员会编：《四库全书存目·集部》，济南：齐鲁书社，1997 年影印本。

7. （明）冯梦龙编著：《智囊全集·语智部》，北京：中国文史出版社，2011 年。

8. （明）李贽著，张建业译注：《焚书续　焚书》，北京：

中华书局，2011 年。

9. （明）李贽：《续藏书》，北京：中华书局，1959 年。

10. （明）蒋一葵：《长安客话》，北京：北京出版社，1960 年。

11. （明）蒋一葵、刘若愚：《长安客话 酌中志》，北京：北京古籍出版社，1982 年。

12. （明）刘侗、于奕正著，孙小力校注：《帝京景物略》，上海：上海古籍出版社，2001 年。

13. （明）张居正：《张太岳集》，上海：上海古籍出版社，1984 年。

14. （清）纳兰性德著，张草纫导读：《纳兰词集》，上海：上海古籍出版社，2009 年。

15. （清）潘荣陛、富察敦崇：《帝京岁时记胜 燕京岁时记》，北京：北京古籍出版社，1981 年。

16. （清）沈德符撰，杨万里校点：《万历野获编》，上海：上海古籍出版社，2012 年。

17. （清）孙承泽：《天府广记》，北京：北京古籍出版社，1984 年。

18. （清）于敏中等编著：《日下旧闻考》，北京：北京古籍出版社，1985 年。

19. （清）震钧：《天咫偶闻》，北京：北京古籍出版社，1982 年。

二 汇编资料

1. 北京图书馆金石组编：《北京图书馆藏中国历代石刻拓本汇编》，郑州：中州古籍出版社，1989 年。

2. 北京市档案馆编：《北京寺庙历史资料》，北京：北京档案出版社，1997 年。

3. 故宫博物院掌故部编：《掌故丛编》，北京：中华书局，1990 年。

4. 鲁迅研究室编：《鲁迅研究资料》，北京：文物出版社，1977 年。

5. 中国第一历史档案馆编：《雍正朝汉文谕旨汇编（影印本)》，桂林：广西师范大学出版社，2008 年。

三 专著类

1. 董毅：《北平日记》，北京：人民出版社，2015 年。

2. 冯其利：《寻访京城清王府》，北京：文化艺术出版社，2006 年。

3. 洪业：《洪业论学集》，北京：中华书局，1981 年。

4. 侯仁之：《北京城的生命印记》，北京：三联书店，2009 年。

5. 侯仁之著，邓辉、申雨平、毛怡译：《北平地理历史》，北京：外语教学与研究出版社，2014 年。

6. 侯仁之：《历史地理研究：侯仁之自选集》，北京：首都师范大学出版社，2010 年。

7. 李文儒主编，故宫博物院编：《故宫博物院八十年》，北京：紫禁城出版社，2005 年。

8. 林洙：《困惑的大匠：梁思成》，济南：山东画报出版社，2001 年。

9. 彭兴林编著：《北京佛寺遗迹考》，北京：宗教文化出版社，2012 年。

10. 乔丽华：《我也是鲁迅的遗物：朱安传》，上海：上海社会科学院出版社，2009 年。

11. 陶菊隐：《新语林》，上海：中华书局，1940 年。

12. 信修明：《老太监的回忆》，北京：北京燕山出版社，1992 年。

13. 徐征、冯黛虹：《海淀老街巷胡同寻踪》，北京：学苑出版社，2010 年。

14. （法）白晋著，马续祥译，春林、广建编：《康熙帝传》，珠海：珠海出版社，1995 年。

15. （美）I. T. 赫德兰著，吴自选、李欣译：《一个美国人眼中的晚清宫廷》，天津：百花文艺出版社，2002 年。

16. （意）马可·波罗著，肖民译：《马可·波罗游记》，西安：陕西人民出版社，2012 年。

四 期刊论文

1. 侯仁之，岳升阳：《海淀镇与北京城——历史发展过程中的地理关系与文化渊源（续）》，《北京规划建设》，2000 年第 2 期。

2. 焦雄：《略述清代京西寺庙园林圣化寺泉宗庙的园林艺术》，《中国紫禁城学会会议论文集（第六辑上）》，2007 年。

五 电子文献

1. （明）王鏊：《姑苏志》，http：//www. guoxuedashi. com/guji/6881m/，最后访问日期：2017 年 9 月 6 日。

2. （清）赘漫野叟：《庚申夷氛纪略》，https：//yuedu. baidu. com/ebook/ef9229f2aa00b52acfc7ca96，最后访问日期：2017 年 9 月 6 日。

3. 孙荣芬：《迦陵禅师与雍正皇帝》，http：//www. bjww. gov. cn/2006/4 - 5/1611. html，最后访问日期：2017 年 9 月 6 日。

4. 颐和吴老：《周肇祥生圹》，http：//blog. sina. com. cn/ s/ blog_ 485b09aa0100rvmx. html，最后访问日期：2017 年 9 月 6 日。

图书在版编目（CIP）数据

北京的隐秘角落／陆波著. -- 北京：社会科学文
献出版社，2018.1（2018.4 重印）
ISBN 978 - 7 - 5201 - 0931 - 4

Ⅰ. ①北…　Ⅱ. ①陆…　Ⅲ. ①北京 - 地方史　Ⅳ.
①K291

中国版本图书馆 CIP 数据核字（2017）第 136905 号

北京的隐秘角落

著　　者／陆　波

出 版 人／谢寿光
项目统筹／董风云　段其刚
责任编辑／周方茹　甘欢欢

出　　版／社会科学文献出版社·甲骨文工作室（010）59366551
　　　　　地址：北京市北三环中路甲 29 号院华龙大厦　邮编：100029
　　　　　网址：www. ssap. com. cn
发　　行／市场营销中心（010）59367081　59367018
印　　装／三河市东方印刷有限公司

规　　格／开　本：889mm × 1194mm　1/32
　　　　　印　张：10.875　插　页：0.625　字　数：192 千字
版　　次／2018 年 1 月第 1 版　2018 年 4 月第 2 次印刷
书　　号／ISBN 978 - 7 - 5201 - 0931 - 4
定　　价／58.00 元